음악치료학의 이해와 적용

개정판

음악치료학의 이해와 적용

정현주 지음

Music Therapy :
Understanding and Application

이화여자대학교출판문화원

◦ 서문 ◦

이 책의 1판이 출간된 지 10년이 지나고 있다. 그동안 국내 음악치료학은 괄목할 만한 발전을 보였고 앞으로도 이러한 흐름이 지속될 것이라고 해도 과언이 아닐 정도로 '치료(therapy)'의 인식과 수요가 증가하고 있다. 비록 다른 학문에 비해 역사는 짧지만 그 어느 학문보다 빠르게 성장하고 있다고 볼 수 있다.

이러한 성장에 부응하기 위해서는 음악치료의 학문적 기반은 물론 현장에서 필요로 하는 치료사의 역량 또한 중요하다. 지난 10년 사이 유수의 대학에 음악치료가 '전공'이 아닌 '학과' 규모로 개설되었고, 연구 영역도 확장되었다. 동시에 음악치료에 대한 인식이 높아지면서 서서히 제도권 내에 흡수되고 있고 양질의 전문성을 가진 치료사 양성의 필요성이 대두되고 있다. 국내 대학 및 대학원에서 배출되는 음악치료사의 전문성 관리를 위해 창단된 사단법인 전국음악치료사협회(NAKMT)가 제도화한 자격 관리 및 보수 교육 체계는 매우 고무적이며 국내 음악치료 역사의 한 획을 그었다고도 볼 수 있다.

2005년 출판된 이 책의 1판은 음악치료의 학문적 정체성과 과학적 기반을 강조하기 위해 문헌 연구를 토대로 서술한 반면 본 개정판에서는 선행 연구들의 결과를 토대로 실제 현장에 필요한 기술적 측면들을 강조했다.

본 개정판은 총 10장으로 구성되어 있다. 전반부에서는 음악치료에 대한 이해를 토대로 인간의 음악적 행동을 이해하는 것에 초점을 두었다. 먼저 1장은 음악치료학의 정의와 범위, 치료 철학에 대해 알아보면서 음악이 왜 치료적인지에 대한 당위성과 타당성을 논하고 치료 도구로 활용되기 위해서 알아야 할 기본 전제를 살펴본다. 2장에서는 여러 가지 발달 영역에서의 기능과 음악이 갖는 치료적 관련성을 알아본다. 즉 음악 행동과 인간 행동 간의 관련성을 이해함으로써 음악이 행동 변화를 유도하는 도구로 사용되기 위해 필요한 논거를 정립한다. 3장부터 5장까지는 차례대로 음악치료 현장에서 만나는 아동, 성인, 노인 대상군에 대해 설명하고 음악이 치료적으로 기여할 수 있는 목표 영역과 전략들을 소개한다.

후반부에서는 수집된 내담자 관련 자료를 토대로 구성해야 할 음악치료의 실제를 다루고 있다. 6장은 음악 활동을 통해 어떻게 내담자의 기능을 진단할 수 있는지를 알아보고, 7장에서는 수집된 진단 정보를 토대로 설정되어야 할 음악치료 목표와 이에 필요한 자료 수집 방법들을 소개한다. 8장에서는 음악 요소군의 치료적 특성과 음악 활동이 지닌 심리정서적 기능에 대하여 알아본다. 9장에서는 전반적인 세션 구성, 치료사 윤리 및 대처 전략을 제안하고 있으며, 마지막으로 10장에서는 음악치료의 평가와 연구 방법을 살펴본다.

음악치료를 가르친 지 20년이 지나고 있는 이 시점에도 음악치료 저서를 쓰는 데 항상 도전을 느낀다. 이는 '음악'이 시간적 예술로서 추상적 속성을 지니고 있고, '치료' 역시 심리적 동기 및 정서 변화에 기반하기에 음악치료 입문생들에게 명료한 그림을 전달하는 데 소통적 어려움이 있다. '음악'을 보여주기보다는 각자의 음악 경험을 토대로 개념을 습득하고, '치료적 프로세스'를 보여주기보다는 각자의 치료적 체험을 공유하면서 통찰해야 한다. 하지만 그러한 도전으로 인해 음악치료학이 과학적 근거에 기반한(evidence-based) 학문으로 성장해야 하는 과제가 주어지고 이것이 곧 발전의 동력이 되고 있다.

본 개정판을 준비하는 과정에서 다채로운 아이디어와 방향 설정에 도움을 주었던 임상분석팀의 모든 선생님들께 감사드린다. 매주 임상분석 회의에서 나눈 전공생들이 갖는 공통적인 어려움들은 본 개정판을 구성하는 데 많은 도움이 되었다. 또한 학과의 발전에 항상 헌신적으로 기여해 주시고 학자로서의 롤 모델이 되어주시는 동료 교수님들과 초심을 잃지 않고 성실히 임해주는 박사 과정 선생님들의 열정에도 감사드린다.

마지막으로 방학 중에도 개정판 작업에 몰두하는 엄마를 이해해준 사랑하는 딸 소은이와 아들 주호에게 항상 건강하고 든든하게 존재해주어 깊은 감사를 전하고 싶다. 무엇보다 1997년 음악치료 과정이 개설된 이후 꾸준히 내실 있는 연구와 학문적 본질에 충실할 수 있도록 허락해준 사랑하는 이화, 그리고 이 모든 것을 역사하시는 하나님께 깊은 감사를 올린다.

이화 동산에서
저자 정현주

○ 차례 ○

제1장

음악치료란 무엇인가

    음악치료학은 1940년대 서구에서 처음 학부 교과 과정으로 개설되었다. 그리고 현재까지 독자적인 학문적으로서의 정체성과 신학문으로서의 위상이 꾸준히 발전하고 있다. 음악치료학은 이론(학문)과 실제(임상)라는 두 가지 정체성에 기반하고 있으므로 '이중정체성'을 지닌다(Bruscia, 1989). 또한 응용 학문으로서의 음악치료학을 이해하기 위해서는 음악치료의 정의와 그 기본 전제가 매우 중요하다. 동시에 음악치료 영역에서도 시대적 패러다임에 근거한 치료적 접근방식과 치료 모델이 발달되고 있다. 따라서 이 장에서는 다양한 철학에 기반한 음악치료 접근 방식과 음악치료학 실제가 제공되는 영역을 소개한다.

1. 음악치료의 정의

음악은 고유의 독립적인 학문으로서의 음악치료가 발전하기 이전부터 이미 오랜 시간 동안 임상 영역에서 활용되었다. 정신 건강, 의료 및 특수 교육 분야에서 음악이 치료에 접목되었고, 서서히 음악치료는 하나의 전문 분야로 인정받기 시작했다. 이에 따라 음악치료의 학문적 체계와 교육 과정의 필요성이 대두되어 1946년 캔사스 대학교(University of Kansas) 학부에 음악치료 전공이 정식으로 개설되면서 세계 최초 음악치료 학위 과정이 시작되었다. 치료에 있어 음악의 필요성과 효과는 이미 오래 전에 입증되었으나 단지 학문적 영역으로 자리 잡기까지 오랜 시간이 걸린 셈이다. 여기서 말하는 학문은 인간의 음악적 행동과 정서에 관한 다양한 이론을 토대로 체계화된 지식 영역을 의미한다. 여기에는 음악과 관련된 음악 이론은 물론 이론적 바탕을 토대로 실전에 적용하는 기술과 기법에 대한 연구가 포함된다.

음악치료의 정의는 음악치료가 학문으로 자리 잡는 과정에서 계속적이고 다양하게 변화해왔다. 음악치료의 영역과 치료사 철학에 따라 약간의 차이가 있지만 음악치료를 구성하는 개념과 관련 요인은 일관적이다. Bruscia(1998b)는 음악치료를 "내담자의 건강을 회복시키기 위해 음악 경험을 통해 역동적인 변화를 이끌어 내는 체계적인 치료 과정"이라고 정의했다. 또한, 미국음악치료학회(AMTA)는 "음악치료는 정신 건강과 신체의 복원, 유지, 향상과 같은 치료적 목적으로 음악을 사용하는 체계적 과정"이라고 했다. 이외에도 여러 음악치료 학자들이 각자 고유한 철학에 따른 다양한 정의를 내놓았다. 공통적인 부분은 음악치료가 음악적 경험 내에서 일어난다는 것과 체계적인 과정이라는 것, 그리고 치료적 접근은 중재(intervention)와 변화(change)를 목적으로 해야 한다는 점이다. 다시 말해 음악치료는 음악을 이용하여 내담자의 역동적인 변화를 유도함으로써 목표된 신체적·정신적 건강을 성취할 수 있도록 도와주는 중재의 체계적인 과정인 것이다. 여기서 '역동적(dynamic)'이라는 의미는 설정된 목표에 따라 제시된 음악적 중재로 인해 다양한 차원에서 반응하는 내담자의 정신, 심리, 정서, 그리고 신체적 상호 작용이라고 할 수 있다.

음악치료 세션을 구성하기 위해서는 다음과 같은 네 가지 조건이 필요하다.

첫째, 전문적인 훈련 과정을 수료한 음악치료사에 의해 진행되어야 한다. 음악치료란 음악 영역과 치료 영역에 대한 포괄적이고 전문적인 지식을 필요로 한다. 인간에 대한 충분한 이해, 장애와 병리에 대한 이론 그리고 임상 훈련을 갖춘 음악치료사이어야 한다. 학위 이수는 물론 자격증을 소지해야 하며 협회의 규정에 따라 임상 경험을 꾸준히 유지하는 것이 필수적인 요건이다.

둘째, 변화를 필요로 하는 내담자를 대상으로 세션이 진행되어야 한다. 흔히 "화초를 키울 때 음악을 들려주면 잘 자란다"고 하는데 이것도 음악치료의 맥락인지 묻곤 한다. 기본적으로 음악치료는 인간을 대상으로 삶의 질을 향상시키는 것을 목적으로 한다. 그러므로 화초의 예는 음악치료라고 할 수 없다. 음악치료는 신체 혹은 심리에 어떠한 변화를 필요로 하는 대상을 상대로 음악을 활용하는 것이므로 구체적으로 어떠한 변화를 필요로 하는지 설정되어야 한다.

그렇다면 치료를 필요로 하는 대상과 그렇지 않은 대상을 나누는 기준은 어디에 있을까? 관점에 따라 다를 수 있다. '건강'의 기준을 신체에 두는지, 정신에 두는지, 아니면 사회/문화적 통념에 두는지 등 어떠한 기준을 부여하느냐에 따라 달라진다. 또한 치료 철학, 문제의 원인을 어디에 두는지에 따라서도 달라질 수 있지만 대체적으로 음악치료적 관점은 인간 중심의 학문이기 때문에 '기능'에 초점을 둔다고 할 수 있다. 내담자가 인지, 운동, 의사소통, 심리 정서, 그리고 사회적 영역에서 필요한 기능을 충분히 지니고 있는지, 적소적시에 발휘할 수 있는지를 기준으로 할 수 있다. 따라서 이러한 기능의 변화들이 궁극적으로 개인 삶의 질을 개선하는 데 기여하도록 하는 것이 음악치료의 관건이라 할 수 있다.

셋째, 음악치료는 음악적 진단과 다른 전문적인 진단을 검토하여 설정된 목표를 가지고 체계적인 치료 단계를 설정하여 제공되는 하나의 중재 과정(intervention process)이다. 음악치료에서의 치료(therapy)란 구체적인 변화 또는 중재(intervention)를 요하는 목표에 도달하되 그 과정은 심리 정서적 동기에서 시작한다는 사실을 전제로 한다. 그것이 바로 음악치료에서 음악이 주요 도구로 사용되는 치료적 당위성이라고 볼 수 있다. 즉 음악치료는 음악적 행위에 수반되는 심리적 동기, 정서 변화, 참여도 강화 등을 전제로 한 목표에 도달하는 것이다. 이러한 점이 바로 음악치료를 대체 또는 완화 매체로서 기능할 수 있게 한다.

넷째, 음악적 경험이 중요한 요소이다. 여기서 음악은 고전 음악에서 실용 음악까지, 대중 가요에서 종교 음악까지, 자장가에서 장송곡까지, 구조화된 음악에서 즉흥적으로 연주되는 비구조화된 음악까지 등 치료적 목적으로 사용될 수 있는 다양한 장르의 음악을 포함한다. 음악치료에서 어떤 음악을 어떻게 적용할지 결정할 때에는 많은 요인들을 고려해야 한다. 이에는 크게 대상 관련 요인과 음악 관련 요인이 있는데 대상 관련 요인에는 내담자의 음악적 선호도와 기질적 성향, 상호 문화적 배경, 그리고 치료 목표가 포함된다. 음악 관련 요인에는 크게 음악이 제시되는 방법, 즉 적극적인 차원과 수동적인 차원에서의 다양한 음악 활동, 그리고 그 활동에 쓰이는 음악의 요소별 특징 등이 있다.

2. 음악치료의 기본 전제

음악치료는 인간의 음악적 행동에 기본적으로 내재되어 있는 심리·정서 이론과 음악에 반응하는 원리에 근거한다. 이러한 생득적인 음악의 치료적 기제는 지속적으로 연구되어 왔다. 다음은 음악치료사가 인식해야 할 음악치료의 다섯 가지 기본 전제이다.

A. 인간과 음악의 생득적 관계

인간과 음악의 관계는 출생 전 양수환경에서부터 시작된다. 여기서 음악은 두 가지 소리의 속성으로 나누어 그 관계성을 살펴볼 수 있는데 시간적 배열에 근거한 소리(음가)와 그 소리가 지닌 공간적 속성(음고)이다. 양수환경에서 이 두 가지 소리의 속성에 대한 태아의 반응을 살펴본 결과 엄마의 심장박동(음가)과 목소리 억양(음고) 및 강세를 통해서 태아는 엄마의 정서를 간접적으로 경험하게 된다. 출생 이후 신생아는 이러한 소리의 정서적 특성에 충분히 노출되어 주양육자인 엄마의 목소리의 다양한 특성, 빠르기, 악상 등 비언어적 특성이 지닌 정서적 의미를 인지할 수 있게 된다. 이러한 말의 정서적 교감을 강조한 비언어적 특징은 '신생아대상언어(infant directed speech)'라고 불릴 만큼 음악의 정서를 인지하는 데 매우 중요한 기초가 된다.

McDonald(1990)에 의하면 유아는 엄마가 부르는 노랫소리를 들으면서 음악의 부가적인 의미를 습득하게 되며, 엄마가 불러 주는 자장가와 요람 노래는 모성의 청각 자극(maternal auditory stimuli)으로 발전된다. 이는 중간 선율

(transitional tune)이라고도 불리는데, 이 중간 선율은 대상 관계 이론에서 논의된 중간 대상(transitional object)의 개념에서 비롯된 것이다. 중간 대상이란 엄마로부터 분리되는 경험을 해결하기 위해 유아가 선택하게 되는 대처 방안으로서 주로 불안을 극복하기 위한 방어책으로 사용된다.

초기 유아기에 유아는 주양육자인 엄마에게 온전히 애착되어 있다. 성장하여 4개월 이후가 되면, 엄지손가락, 곰 인형, 담요의 끝자락, 털실뭉치 등과 같이 엄마가 아닌 다른 친숙한 대상에게도 애착을 느끼기 시작한다(Grosskurth, 1986). 엄마의 부재 시 분리 불안을 감당하고자 환경에서 어떠한 물건이나 대상을 탐색하는데 이러한 행동을 중간 현상(transitional phenomenon)이라고 한다. 이때 자장가는 중간 대상의 하나(중간 선율)로서 기능을 수행하게 되며, 불안을 극복하기 위한 방어책으로 사용될 뿐 아니라 엄마와 아이를 음악적으로 연결해주는 역할도 수행한다.

이러한 자장가는 전 세계적으로 비슷한 특성을 가지고 있는데, 주된 특징은 리듬이 일정하고 단조로우며 몸을 흔드는 듯한(rocking) 구조적인 형식이다(Gaston, 1968). 유아, 아동들은 리드미컬한 반복적 행동을 함으로써 즐거움이나 긴장 상태에 반응한다. 모든 인간은 선천적으로 음악에 반응하며 나아가 자연스런 음악적 표현이 가능하다는 점이 곧 음악치료의 기본 전제라고 할 수 있다. 이렇게 음악은 정서적 안정을 가져다 줄 뿐 아니라 의사소통 이상의 중요한 역할을 수행한다.

음악에 반응하고자 하는 인간의 내재된 성향을 '음악아이(music child)'라고 한다(Nordoff & Robbins, 1977). 모든 아동들은 성장 과정에서 어떤 형식으로든 음악적 표현과 반응을 즐긴다. 이때 나타나는 음악적 반응의 깊이와 강도는 개별적이고 다양하므로 결국 음악은 개인적이다. 즉흥적이기도 하고 자발적이기도 하다. 즉 의식하거나 계획되지 않은 반응이라는 것이다. 이러한 자연스러운 음악 행동 또는 음악 반응은 자기 표현과 자기실현을 촉진시켜 준다.

음악 교육자인 Carl Orff의 부인이자 음악치료사였던 Gertrud Orff는 인간에 내재된 음악성을 '기초적 음악(elemental music)'이라는 개념을 통해 설명했다. 이 개념 안에서 모든 인간은 선천적으로 율동, 동작, 소리, 노래 등을 이용하여 즉흥적으로 음악을 만들어 낼 수 있는 내재된 능력과 음악에 대한 자율적인 표현 방법을 가지고 있다. 뿐만 아니라 공통적으로 인간이 가지고 있는 리듬적 요소(심장 박동, 행동적 템포)와 멜로디적 요소(목소리)도 언급하고 있다. 따라서 음악치료의 목적 중의 하나는 특정 장애와 무관하게 내재된 '음악아이'를 일깨워 타고난 잠재력을 개발시켜 주고 성장하도록 돕는 일이다.

B. 기본적인 욕구 충족 및 승화 도구로서의 음악

인간은 음악 교육을 받은 정도나 배경에 상관없이 음악을 감상하고 음악을 통해 자신을 표현하려는 기본 욕구를 가지고 있다. 출생 이후 발달 과정을 통해서 충분히 음악 활동을 접하게 되면 누구나 이러한 욕구 충족의 기제가 개발될 수 있다. 노래, 연주, 율동 등 음악에 대한 선호도와 표현 정도는 개인차가 있겠지만 음악을 통해서 자신의 존재감을 확인하고 자아를 실현시키고자 하는 욕구는 우리 모두에게 내재되어 있다.

이러한 내재된 욕구로 인해 인간은 다양한 감정을 다루고 승화시키는 데 음악을 활용한다. 정적 정서는 충분히 탐색하여 긍정 에너지로 승화시키고, 부적 정서는 발산을 통해서 음악적 산물로 승화시킨다. 또는 감상과 연주를 통해서 자신이 인지하지 못했던 감정을 확인하는 기회를 갖기도 하는데 이는 감상이 감정을 유도하고 연주가 잠재된 에너지 분출을 유도하기 때문이다. Gaston(1968)은 이러한 이유로 인해 음악이 인간을 가장 인간답게 만든다고 했다. 음악을 감상하고 연주하는 과정에서 감정을 경험할 수 있다. 감상을 하면서 정서가 자극되고 연주를 하면서 에너지를 분출시킬 수 있는 것은 인간이 가진

'감정(emotion)'이라는 속성 때문이다.

감정을 나타내는 단어, 'emotion'은 'e'와 'motion'으로 나눌 수 있는데, 여기서 e는 out을 의미한다. 자극된 에너지가 밖으로 나가려고 하는 동적 상태에 있다는 뜻이다. 이렇게 자극된 에너지는 어떠한 방향으로든 분출될 필요가 있다. 이러한 필요에 따라 인간은 감상하고자 하는 음악을 선곡하게 되는데 이는 감상하는 동안 자극된 에너지를 다루어 주기 때문이다. 그러므로 음악을 접하는 형식이 수동적이든(감상), 능동적이든(연주), 두 경우 모두 개인적으로 의미 있는 경험이 될 수 있다.

C. 음악 행동의 전이

음악치료의 또 하나의 전제는 음악 환경에서 보여진 행동은 비음악적 환경에 전이된다는 것이다. 인간이 음악적 환경에서 보이는 행동이 외부 세계, 곧 사회적인 상호 작용에서 보이는 행동과 많은 부분 일치하며, 반대로 그 사람의 사회적 행동 성향 역시 음악적 환경에 노출되었을 때 보이는 행동 양상과 유사하다. 곧, 개인이 가지고 있는 정서, 사회적 행동은 주어진 환경과 자극에 따라 반응하는 양상과 비슷하고, 행동의 전이와도 어느 정도 일관성이 있다는 기본 가정에서 비롯된다. Bruscia(1987)가 이야기하는 '음악적 조건 대 사회적 조건(Musical Given vs. Social Given)'이 바로 이 전제에서 나온 개념이다.

한 예로 신체 기능에 초점을 둔 음악 활동을 계획할 때에 음악 외적 환경에서 필요시되는 행동을 음악 행동으로 고안하여 관련 기능을 강화시킨다. 일정한 리듬에 맞추어 북을 치는 활동에는 눈과 손의 협응감이 필요한데 연주를 통해서 습득된 협응감은 이것이 필요시되는 양치와 같은 기술로 전이될 수 있다.

또 다른 예로 그룹 세션에서 즉흥적으로 음악 연주를 한다고 가정해보자. 연주 시 주도하는지, 아니면 다른 사람의 음악에 끌려가는지 등을 살펴보면 음악 행동에서 보여진 적극성 또는 수동성이 평상시 타인과의 관계에서 유지하는 자신의 태도를 반영하는 경우가 많다. 그러므로 그룹에서 연주를 지휘하고 선율을 리드하는 훈련은 음악 외적 환경에서도 자신의 목소리를 내는 힘과 주도력으로 전이될 수 있다.

음악치료사는 음악 활동을 통해 내담자의 모든 잠재력을 개발시키고, 이러한 성장을 외부 환경에 전이시키고 확장시켜 주는 역할을 한다. 이처럼, 음악 안에서 일어나는 모든 변화들이 실제 일상에서도 전이되어 변화가 일어나야 한다는 것이 음악치료의 궁극적인 목표이다. 이미 언급한 것처럼 음악치료의 궁극적인 목표는 훌륭한 음악 작품이 아니라 음악 활동을 통해 함양하고자 하는 인간의 건강과 삶의 질에 있다고 할 수 있다.

D. 음악 활동에 관련된 발달적 기술

인간의 행동은 발달 영역별로 나뉘어 설명되는데 음악에서도 인지, 신체/운동, 언어/의사소통, 사회/정서 영역별로 기능과 기술들을 분석한다. 동시에 인간 행동은 어떤 행동이든 한 영역에만 국한되지 않기에 한 영역 이상에 걸친 행동들을 살펴보아야 한다. 예를 들어 노래, 악기 연주, 작곡, 또는 음악 청취를 하려면 모든 감각 기관을 총동원해야 하고, 기본적인 지각 및 인지 과정을 거쳐야 한다. 또한 정서를 체험하고 나눠야 하고, 자신만의 생각과 느낌을 표현할 수 있어야 하며, 타인의 음악 세계와도 교감할 수 있어야 된다. 그렇기 때문에 음악치료에서 음악은 일종의 총체적인 체험이라 할 수 있다.

한 예로 가창 활동을 살펴보자. 노래를 하기 위해서는 기본적으로 가사를 읽거나 외울 수 있는 능력, 박자를 기억해 조절할 수 있는 능력, 언어적으로는 조음과 호흡, 전반적인 협응감, 노래를 부르기 위한 정서적인 동기와 안정감, 그리고 음악을 경험하려는 의욕 등 많은 부분이 총체적으로 가동되어야 한다. 이러한 전제는 음악적 환경이 아동의 발달 과정에 중요한 요소임을 시사한다. 음악을 통해 아동의 수용, 인지 및 표현 기술이 종합되고 이로 말미암아 성격 체계의 여러 가지 측면이 통합된다. 만약 아동이 음악이 완전히 배제된 환경에 놓여 있다면 그만큼 자극은 결여된다. 그로 인해 아동에게 선천적으로 주어진 사회성이나 의사소통의 잠재력이 발휘되거나 성장하지 못할 수 있다. 즉 음악은 내담자의 감각운동, 지각 및 인지 과정을 통괄하고, 사고와 정서를 자극해 변화시키며, 자신을 표현함으로써 창의력을 발휘할 수 있게 할 뿐 아니라, 사회, 여흥 및 종교 활동을 목적으로 사람들을 결속시키는 힘을 가지고 있다.

E. 인식의 연속성을 유도하는 음악

음악치료는 음악을 인식의 도구로 수용하면서 의식수준과 그 깊이를 확장한다. 이러한 인식의 과정은 인식-각성-만남(awareness-excitement-contact)으로 전개된다(Boxill, 1985). 먼저 음악의 인식은 소리 정보를 처리하는 감각 지각에서부터 시작된다(인식). 인식과 함께 에너지가 동원되어 심리적, 신체적 감각을 깨우고 감상자의 내재된 필요를 충족하도록 이끈다(각성). 이러한 동기와 함께 음악에 대한 집중이 강해지면서 다른 환경적 자극은 배경으로 분리되고 음악은 전경으로 초점이 맞추어진다(만남) (〈그림 1-1〉).

이러한 인식의 연속성은 전치된 의식 수준으로 심화되는데 음악을 통해 공간과 시간을 초월하여 음악에 몰입하는 체험을 한다. 심층적 감상과 연주에서 흔히 체험될 수 있는데 이러한 경험은 외부 보상이 없더라도 감상자의 존재감과 자기의식을 강화시켜 주며, 그 경험 자체를 유의미한 시간으로 느끼게 한다고 했다. 이렇게 내적 동기와 보상을 경험하는 의식의 수준을 '몰입'이라고 했다(Sloboda & Deliège, 1996).

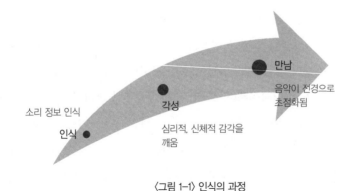

소리 정보 인식

인식 ●

각성

심리적, 신체적 감각을
깨움

만남

음악이 전경으로
초점화됨

〈그림 1-1〉 인식의 과정

3. 음악치료학의 역사

A. 의학 영역에서의 음악치료 역사

• 원시시대

음악이 치료 도구로 쓰일 수 있는 것은 음악에 대한 인간의 선천적 반응과 행동 때문이다. 다른 분야의 학문적 역사에 비하면 짧지만, 음악을 치료 도구로 사용한 역사는 성서 기록에까지 거슬러 올라간다. 또한 고대 그리스 시대 음악 정서론과 도덕론에서도 볼 수 있듯이 많은 철학자들이 음악이 인간에 미치는 영향을 인식했다. 이처럼 오래 전부터 음악이 인간의 인성, 기질, 그리고 도덕성에 영향을 미치기 때문에 좋은 음악을 감상해야 한다는 이론이 계속해서 이어져 왔다.

• 14~17세기

14세기 르네상스 시대가 시작되면서 실험 물리학, 해부학, 생리학이 급속히 발달했다. 청각 기관에 대한 해부학과 음향학에 대한 연구도 여기에 포함된다.

이와 함께 음악과 인간에 대한 객관적인 연구가 시작되었다. 르네상스 시대의 사회, 정치 개혁은 정신 건강에 대한 새로운 시각과 치료 방법에도 영향을 미쳤다. 이 시기에 수용소, 전염병 치료를 위한 병원, 클리닉과 정신병원이 설립되기 시작하면서 다수의 환자들을 대상으로 한 실질적인 연구가 가능해졌다. 그리고 이러한 과학적인 접근이 음악치료에 큰 변화를 가져왔다. 그 첫번째가 음악에 의학적인 시각을 적용한 네 가지 체액설인데 인간의 기질에 따라 음역과 선법 등 음악적 요소들을 연관시킨 이론이다.

17세기 바로크 시대에는 갈릴레오, 뉴턴 등에 의해 과학적 대발견이 일어났다. 사물에 대한 인과적 관계가 강조되면서 음악 자극과 인간의 반응에 대한 선형적(linear) 관계를 찾으려는 다양한 연구가 시도되었다. 이러한 시각의 변화로 음악치료가 학문적, 임상적으로 자리 잡는 데 필요한 기반을 갖추게 되었다.

• 18세기

18세기부터는 인간의 생리적인 변인을 중심으로 음악이 인간에게 어떤 영향을 미치는지 보려는 노력이 시작되었다. Diserens(1948)는 음악의 영향에 대한 초기 연구들에 대해 보고했는데, 순환과 호흡 기능, 피로, 몸에서 나타나는 떨림과 같은 일반적인 기능에 음악이 미치는 영향이나 음악적 자극으로 인해 일어나는 가시적인 반사 작용을 다루었다고 설명한다. 또 음의 높낮이, 다양한 강도, 서로 다른 리듬, 장단조의 모드(선법) 등이 공통적으로 인간의 감정과 정서적인 의식 상태에 영향을 미친다고 했다.

많은 정신과 의사들 가운데서도 Benjamin Rush는 펜실베니아 대학교(University of Pennsylvania) 정신과 교수로서 실제 임상에 음악을 치료 도구로 활용해 생리적 변화를 유도한 다양한 사례 연구들을 발표했으며 음악치료의 임상적 효과성을 알리는 데 많은 공헌을 했다(Carlson et al., 1981). 1874년 정신과 의사인 Whittaker는 『의학으로서의 음악(Music as Medicine)』이라는 책에서 음악적 반응들이 생리학적, 심리학적, 그리고 사회문화적 요인들과도 관련이 있다는 점을 강조했다. Whittaker는 음악이 마음과 육체에 영향을 미친다는 전체적인 이론(holistic theory)을 주장했는데, 이러한 이론은 다른 임상가와 이론가에 의해 많은 지지를 받았으며 그의 글은 다른 연구에서도 자주 인용되었다(Davis, Gfeller, & Thaut, 2008).

• 19세기

1882년에 정신과 의사인 Beardsley는 「음악의 의료적 활용(Medical Use of Music)」이라는 논문에서 신경증과 정신과적 증상의 치료를 위한 음악 사용에 대해서 설명했다. 이어서 1889년 Wimmer라는 의사가 「음악의 영향과 치료적 가치(Influence of Music and Therapeutic Value)」라는 논문을 통해 음악이 육체와 마음의 조화를 이루게 하는 기능이 있다는 점을 강조했다. 이러한 문헌들을 통해 음악이 정신과 기관에 유의미한 치료 프로그램이 될 수 있음을 인정을 받게 되고, Blummer를 포함하여 많은 정신 의료 관련자들에 의해 음악치료 프로그램이 병원 내 정식 프로그램으로 제공되기 시작했다. 음악치료 프로그램이 제공되면서 음악치료의 효과성 입증에 대한 과학적인 연구도 활발해졌다. 1899년 Corning은 진동 의학(vibrative medicine)이란 치료법을 연구하기 위해 통제군을 포함한 실험 연구를 실시하여 음악의 치료적 효과성을 입증했다.

• 20세기

제1, 2차 세계대전 이후 음악이 실질적으로 의료 영역에 활용되었고, 이후 많은 병사들을 치료하면서 임상적으로 발달되었다. 음악의 생리적 그리고 심리적 반응에서부터 시작하여 증상과 장애별로 다른 음악치료 적용 방법도 연구되었다. 이러한 결과들을 토대로 내담자의 개인적 필요와 요구에 따라 음악과 음악 활동이 선택되었다. 건강과 관련하여 몸과 마음을 하나로 보는 전체적 시각(holistic)이 강조되면서 예술의 심리치료적 기능이 확인되었고 대체 의학 영역에서도 효과적인 치료 수단으로 부각되었다.

특히 1, 2차 세계대전을 겪으며 정신적, 신체적 문제를 갖게 된 군인들을 대상으로 음악치료가 시행되었는데, 작업치료(Functional Occupational Therapy: FOT) 영역 내에서 기능 강화를 위해 활용되었다(Tyson, 1981). 예컨대 부상을 입은 군인들이 악기 연주 활동을 함으로써 손상된 운동 능력을 회복할 수 있었다. 음악을 작업 치료에 접목한 FOT에 사용된 악기 연주는 근육의 힘과 관절의 유연성, 움직임의 협응과 같은 기능 강화를 보여주었고 취주 악기는 심폐 기능과 후두 기관의 기능을 향상시켰다.

B. 교육 영역에서의 음악치료 역사

서구의 여러 나라 중 가장 먼저 특수 교육 현장에서 음악을 사용한 나라는 미국이다. 미국 교육의 역사를 살펴보면 특수교육 영역에서의 음악치료 역사의 흐름을 확인할 수 있다. 1700년대 후반부터 장애 아동을 위한 교육의 필요성이 거론되기 시작해, 1817년에 교육자 Tomas Gallaudet에 의해 장애 아동을 위한 최초의 교육 프로그램이 개발되었다(Stainback, Stainback, & Bunch, 1989). 이후 미국 여러 도시에서 시각장애, 청각장애, 지적장애 아동을 위한 교육 프로그램이 개발되기 시작했고, 이러한 교육 프로그램은 장애 아동들을 위한 정부 보호 시설이나 기숙 시설에서 정상 아동들과 격리된 상태로 시행되었다(Adamek, 1996).

1800년대 초기부터 음악은 청각장애, 시각장애, 지적장애 아동들의 훈련과 교육 과정에서 중요한 역할을 담당해왔다(Gfeller, 1999). 초기 교육 프로그램에는 항상 음악 수업과 개인 레슨, 그리고 소규모 음악 합주 활동 등이 포함되었다.

대표적인 예로 Lowell Mason은 1832년부터 1836년까지 미국 보스턴에 위치한 펄킨스 시각장애학교(Perkins School of Blind)에서 노래와 피아노를 가르쳤고, 이러한 음악 활동이 교육 프로그램에서 중요한 역할을 담당했다는 보고가 있다. 이 같은 음악 프로그램은 구체적인 행동 목표에 따라 구성되었으며 주로 청각장애와 언어장애를 진단하고 이에 필요한 기술을 향상시키기 위한 수단으로 사용되었다. 노래 부르기는 호흡과 발음의 향상을 목적으로, 그 외 다른 음악 활동은 적절한 사회적 상호 작용 수단으로 제공되었다.

19세기 초부터 20세기 중반까지 특수 교육 현장에서 사용되었던 음악치료의 형태를 음악치료의 초기 단계로 볼 수 있다. 이후 1975년 미국공법(PL) 94조 142항, 장애인 법령(Individuals with Disabilities Act)이 의회를 통과하면서 음악치료가 더욱 제도화되었다. 교육 제도를 통합 방식 형태로 적극 추진한 변화도 고무적이었다. 장애 아동을 일반 아동과 분리해 교육받도록 하던 기존의 수업 방식 역시, 장애 아동의 성공적인 통합 교육을 지원하는 방식으로 변화했다. 음악 교사나 음악치료사는 장애 아동 개개인에게 적합한 교육을 지원하고자 다양한 장애 유형에 따른 아동의 능력과 수준에 맞춘 적절한 교육 기법과 특수 지도법을 사용했다. 또한 통합적 음악 수업에서 특정한 기술이나 행동이 필요한 경우에는 정규 음악 수업 외 별도의 개별 치료나 집단 음악치료를 제공했다. 장애 아동 중 정규 음악 수업에 효과적으로 참여하기 어려운 경우에는 소규모로 구성된 음악 수업에 참여하게 했다. 이러한 방식으로 개개인의 능력을 고려한 치료 및 교육적 접근이 가능하게 되었다.

개별 혹은 소규모 단위의 그룹 음악치료, 혹은 비장애 아동의 통합 수업은 개별화 교육계획안(Individualized Education Plan: IEP)에 의해 결정되었다. 이러한 비장애 아동의 통합 음악 수업은 각 학생에게 가장 적합한 교육 프로그램을 제공하려는 취지에서 비롯되었다. 개별화 교육계획안은 각 학생에게 최적화된 교육 프로그램을 계획하고 구성하는 것을 의미한다. 학부모들은 담임 교사, 학교 심리학자, 교육 및 기타 여러 분야의 전문가들과 회의를 거쳐 학생에게 필요한 교육과 보조적 서비스, 교육적 배치(educational placement)를 논의하여 결정하게 되어 있다.

이러한 교육 프로그램은 최소 제한 환경(least restrictive environment) 규정에 따라 제공되었다. 이는 장애 아동들이 일반 아동들과 함께 교육받을 수 있는 시간뿐 아니라 교육적 보조를 최대한으로 지원하는 제도이다. 이때 장애 아동의 교육 수준과 개별 능력을 고려해 일반 정규 학급이나 특수 학급에서 받을 수 있는 교육과 물리치료, 미술치료, 음악치료와 같은 다른 보조 치료 여부를 결정한다.

장애인 법령에는 장애 아동의 교육 프로그램에서 예술 활동을 적극적으로 활용할 것을 권장하는 사항을 포함한다. 뿐만 아니라 예술 활동이 장애 아동을 위한 효과적인 교육 방법이라고 제시하고 있다. 음악은 통합적 음악 교육 형태나 개별 혹은 소규모의 음악 교육 형태로 실시되었으며, 장애 아동의 개별화 교육계획안에 따른 목표 달성을 위한 보조 프로그램으로 사용되었다. 이러한 과정에서 많은 연구를 통해 음악 활동이 장애 아동의 전반적 발달과 교육의 촉진을 도모한다는 결과를 보고했다. 또한 교육자들은 음악 활동이 장애 아동의 사회성을 발달시키고, 이들이 자연스럽게 지역 사회와 상호 작용할 수 있도록 돕는다고 했다(Gfeller, 1999). 이후 음악치료는 꾸준히 개별화 교육계획안에 명시된 보조 서비스의 하나로 제공되어 오고 있다.

4. 음악치료의 영역

수세기 동안의 음악치료의 발달은 현재 음악치료가 시행되는 영역을 정립하는 데 기여했다. 음악치료가 시행되는 영역은 임상적 목표와 내담자, 그리고 치료사의 관심에 따라 크게 교육 영역, 심리치료 영역, 의료 영역, 사회복지 영역으로 구분될 수 있다.

A. 교육 영역

교육 영역에서는 학습에 필요한 개념과 일상생활과 사회 적응에 필요한 기술들을 습득하는 데 음악이 치료적 또는 교육적 도구로서 활용된다. 그 대상은 주로 학습 환경에 있는 아동이다. 내담자의 전반적인 기능을 강화시키기 위해 각 발달 영역에서의 문제점을 개별적으로 규명하고, 기능을 향상시키기 위해 체계적으로 구조화된 음악을 활용한다. 교육 영역에서는 대표적으로 특수 교육 기관의 발달장애 아동들, 일반 학교의 과잉행동장애와 같은 정서 행동 문제를 가진 아동들을 대상으로 음악치료가 시행되고 있다.

B. 심리치료 영역

심리치료 영역에서 음악치료는 정신과 병원, 상담 센터 등 심리치료 전문 기관에서 제공된다. 이 영역에서 음악은 치료사와 내담자의 치료적 관계를 토대로 일상에서의 원활한 기능을 방해하는 미해결된 문제를 치료하여 온전히 기능할 수 있도록 한다. 이때 활용되는 음악 경험은 음악 감상을 투사적 기법으로 이용하는 수준에서부터 역동적인 연주를 통해 카타르시스와 자기 통찰을 경험하는 수준까지를 포함한다. 내담자가 주어진 소리나 음악을 어떻게 이해하고, 어떤 반응을 보이는지 주관적으로 분석할 수 있기 때문에 자극을 받아들이는 내담자의 심리정서적 이슈를 알아볼 수 있다. 여기에서 음악의 역할은 언어가 할 수 없는 기술을 수행하므로 치료사의 역할만큼 중요하다.

C. 의료 영역

의료 영역에서 수행되는 음악치료는 내담자의 신체적 건강을 증진하는 데 초점을 둔다. 의료 영역에 음악이 활용되는 범위와 깊이는 시간이 흐름에 따라 점차 확장되고 있다. 의학적 모델을 중심으로 음악치료가 행해지는 영역으로는 질병을 치료하는 의료 기관이나, 음악적 개입을 과학적으로 연구하는 물리치료와 같은 재활 센터가 대표적인 예가 될 수 있다(Bruscia, 1998b).

의료 기관에서는 암 병동(oncology unit)이나 신생아실(neonatal unit)의 경우, 대체 의학 차원으로 음악을 제공하고 이에 대한 효과성을 검증하는 추세이다. 근래에 대체 의학에 대한 관심과 연구가 활발해지면서 음악을 활용한 접근과 이에 대한 과학적인 평가가 이루어지고 있다. 이와 더불어, 예방학 차원에서 음악이 면역성 증진과 통증 감소 등에 도움이 된다는 연구가 나오면서 면역성 강화를 위한 음악적 개입(intervention)이 도입되고 있으며, 수술 환자들의 이완 및 스트레스 감소를 위한 음악치료 프로그램도 시행되고 있다. 재활 기관에서도 물리치료 시 체계적인 음악을 같이 사용할 때 훨씬 그 효과가 높다는 연구 결과로 인해 음악적 개입을 접목한 프로그램이 제공되고 있다(Thaut & Hoemberg, 2014).

재활 의학에서는 다양한 뇌 관련 질환을 가진 대상에게 음악을 재활 도구로 활용한다. 신체 재활, 인지 재활, 그리고 언어 재활에 음악이 사용되는데 이중 신체 운동 재활에서 음악의 치료적 기능이 가장 활성화되어 있다. 기능적인 움직임을 수행할 수 있는 능력을 회복시키는 데 리듬과 근육의 움직임을 일치시켜 활성화하고, 운동의 범위를 증가시키는 데 음악이 효과적인 역할을 한다는 사실이 임상적으로 연구되면서 재활 영역에 음악은 중요한 치료 도구로 자리잡아 가고 있다.

D. 사회복지 영역

사회복지 영역에서 음악치료는 사회복지시설, 종합복지관, 양로원이나 요양원, 또는 호스피스 기관에서 제공된다. 그중 양로원이나 노인 복지관에서는 특정 기능의 강화나 향상보다는 삶의 질을 높이는 데 목표를 두고 음악을 활용한다. 의학적 시각에서 노인 질환은 기능 향상보다는 잔존 기능들을 유지하도록 돕는 것이 더 현실적이다. 이러한 맥락에서 특히 치매의 경우, 음악적 개입이 효과적이다. 잔존 기능을 계속적으로 활용할 수 있도록 체계적으로 구성된 음악적 작업을 제공하고, 이 안에서 즐거움과 보상, 성취감을 느낄 수 있도록 함으로써 노년의 삶의 질을 높이는 데 목적이 있다.

호스피스의 경우 실질적인 의료보다는 전체적 모델에 근거해 몸과 마음, 그리고 정신의 균형을 유지하는 치료에 목적을 두고 음악을 활용한다. 삶의 여러 과정을 겪으며 정리해야 할 이슈들, 이 과정에서 경험하는 심리적인 힘겨움, 우울함 등을 긍정적으로 대응하고 처리할 수 있는 지혜와 성숙함, 그리고 나름대로의 전략들을 세우는 데 초점을 맞춘다.

5. 음악치료의 철학

음악치료 철학은 특정 시대에 정립된 인간관, 그리고 문제 행동의 원인을 바라보는 건강관으로부터 많은 영향을 받았다. 문제 행동의 원인에 따라 그 치료적 접근이 달라지므로 음악치료사는 명료한 치료 철학과 논리를 가지고 음악을 사용할 필요가 있다. 음악치료 철학은 매우 다양하지만, 이 장에서는 다음과 같이 행동주의적, 인지적, 정신역동적, 인본주의적, 그리고 전체주의적 접근을 살펴보고자 한다.

A. 행동주의적 음악치료

서구에서는 17세기경 새로운 사고 체계를 기반으로 합리적이고 과학적인 접근의 심리학이 부상했다. 일방적인 성서적 지침이나 종교적 권위로부터 벗어나고자 하는 노력에서 사고 체계의 전환이 시작되었고, 19세기 말이 되기까지 실험을 통해 가설을 실제로 확인하는 경험과 실증주의(positivism)가 철학적 사고의 주류를 구성했다.

초기의 행동주의는 실증주의의 영향으로 인해 인간 행동의 양적인 측정과 모든 행동 형성의 가능성을 강조했다. 그리고 이러한 행동주의가 인간의 마음과 행동에 대한 객관적인 연구를 인정하는 과학적인 심리학이 자리 잡는 데에 이바지했다. 이 같은 행동주의 철학에서부터 행동치료가 생겨났으며, 1950년대 후반에 와서는 행동치료가 심리적 장애의 진단과 치료를 위한 체계적인 접근 방법으로 자리 잡기 시작했다. 1960년대와 1970년대에 미국에서 활동했던 음악치료 선구자들은 행동 과학으로서의 음악치료에 객관적·과학적으로 접근할 것을 강조했다.

행동주의적 시각은 인간의 문제 행동에 관해 다음과 같은 전제를 둔다.

첫째, 치료가 필요한 문제 행동은 관찰이 가능하고, 양적으로 측정이 가능해야 한다. 관찰된 행동의 치료 전후에 수집된 자료는 객관적이고 과학적이게 된다. 나아가 치료적 중재에 대한 효과를 양적으로 입증할 수가 있다. 이때 관찰과 측정이 불가능한 내적 심리 구조나 과정, 즉 의식, 성격, 사고 등은 일단 행동적인 문제로 전환해 연구한다.

둘째, 대부분의 인간 행동은 학습된 것이다. 그러므로 어떤 행동에 따르는 환경 자극을 조절, 통제하면 새로운 행동을 형성, 유지하거나 제거할 수 있다는 것이다. 다시 말해, 부적절한 행동은 생활 환경 안에서 우연히 주어진 자극들에 의해 독특하게 강화되고 유지된 것으로 본다. 그리고 문제 행동과 그 행동과 연관된 선행 자극, 후속 자극의 관계를 분석하고 이를 변화시키는 데 중점을 둔 중재 방식을 정한다. 이 방법은 관찰과 측정이 가능한 행동을 연구 대상으로 하여 모든 부적절한 행동을 학습의 문제로 개념화하고, 그 학습 경로와 치료 과정을 실험적으로 검증함으로써 행동 수정이 가능하다는 것을 보여주었다.

셋째, 문제 행동의 치료에서는 과거보다 현재가 중요하다. 과거의 어떤 경험이나 자극이 문제 행동의 원인이 되었다 하더라도 지금 그 요인들을 통제할 수는 없다. 따라서 현재 노출된 환경에서 문제 행동을 일으키는 현실적인 요인을 분석하고 통제한다.

이러한 전제를 토대로 음악치료에서는 긍정적인 행동의 증가 및 부정적인 행동의 감소 변화를 사전 사후 평가를 통해 양적으로 비교함으로써 음악의 효과성을 객관적으로 보여준다. 이에 음악을 강화나 보상으로 이용하는 등의 행동치료 전략을 적용한다. 예를 들면, 강화기법을 적용한 음악치료를 통해 지적 장애 아동의 언어 능력과 학습 능력을 증가시키고, 행동적 접근을 적용한 음악치료의 사례를 통해 음악이 어떻게 치료의 도구로 적용될 수 있는지 보여준다.

B. 인지적 음악치료

인지적 모델은 본인 자신과 환경에 대한 비이성적인 사고에서 문제가 기인한다고 본다. 이때 문제 행동은 인지 과정에서 일어나며, 비이성적인 사고는 부적절한 감정과 스트레스를 일으킨다는 점을 강조한다. 인지적 모델은 1960년대부터 등장하기 시작했으며 행동주의 학파로부터 발전되었다. 인지주의 심리학자들은 문제 행동이 인지 과정에서 비롯되기 때문에 인지 과정을 치료하면 문제 행동도 완화된다고 주장한다. 인지주의 학파인 Ellis의 합리정서치료(Rational Emotive Therapy: RET)는 모든 인간은 이성적이고 올바른 사고와 동시에 비이성적이며 왜곡된 사고를 가지고 태어났다고 한다(Corey, 1986). 또한 개인의 감정은 대면한 삶과 환경에 대한 반응, 받아들이는 시각, 판단하는 과정에서 일어난다고 했다. 따라서 내담자가 이러한 문제에 대한 요인들을 객관적으로 규명하고, 부정적인 사고들을 통제할 수 있는 전략과 기술들을 배워야 한다고 주장한다. 이성적이고 효율적으로 사고하는 방법을 배우게 되면, 감정적인 반응들을 이성적인 사고로 대체시킬 수 있게 된다.

RET가 주장하는 인간 행동의 가장 중요한 요소는 비이성적인 사고와 시각에 대한 탐지력(detection)이다. 이러한 탐지력은 '해야 한다', '해야 했다'와 같은 사고를 규명하는 것에서 시작된다. 이러한 단어들은 자신을 억압하는 요구들을 보여주는 비이성적이고 비효율적인 사고를 암시한다. 예를 들어, 바이올린 연주자가 '퍼스트 연주자가 되어야 한다'고 생각하는 경우, 그렇지 못한 스스로를 실패자로 여기는 것은 건강한 사고라고 볼 수 없다. 이때 치료사는 가이드의 역할을 해야 한다. 치료사는 내담자가 어떤 부분에서 강박적인 혹은 완벽주의적인 사고를 하는지, 또는 어떤 상황에서 비이성적인 사고를 자극받는지를 규명하고, 이를 표현해 갈등을 해결하도록 돕는 역할을 한다. 또한 내담자가 자기 피해적인 사고로부터 벗어나 본인 그 자체를 받아들이고 진실에 도전할 수 있도록 도와주어야 한다.

인지적 음악치료에서 음악은 비이성적인 사고를 인식하고 교정하는 목표에 활용된다. 이러한 목표를 달성하기 위해 여러 음악치료기법 중 노래심리치료가 가장 자주 활용되는데, 노래심리치료는 인간의 보편적인 삶, 감정, 그리고 경험들을 주제로 한 가사들을 통해 현재 본인의 문제를 탐색하고, 해결 방안들을 모색하며 통찰력을 기르는 치료 기법이다. 주제에 관련된 노래들을 적절히 선곡함으로써 개인의 갈등을 인지화하여 이에 따른 문제해결력을 기른다(Tyson, 1981).

C. 정신역동적 음악치료

정신역동적 심리치료는 모든 인간이 영유아기 때부터 잠재되어 온 무의식적 사고를 지니고 있으며, 이러한 무의식적인 사고와 생각이 의식적인 사고와 갈등 상태에 놓이게 되면서 정서적인 문제가 발생한다고 본다. 치료는 개인의 무의식에 내재되어 있는 억압된 감정을 표출해 가는 과정을 중심으로 이루어지며, 치료 목표로는 의식과 무의식의 자각을 통해 내담자의 성격 구조를 수정하는 방법과 본능적 행동보다는 현실에 맞는 행동을 할 수 있도록 자기(self)를 강화시키는 데 둔다(Gorman, 1996).

정신역동적인 음악치료는 행동주의와는 극히 다른 시각으로 인간의 행동을 야기하는 원인을 분석하고 치료하는 접근법이다. Wolberg(2013)는 심리치료란 훈련된 치료사가 환자의 왜곡된 행동이나 사고의 패턴을 재조정해주고, 문제 해결을 위해 긍정적인 내면의 성장과 발전을 가져다 주는 것이라고 정의했다. 음악치료사는 훈련되어야 하고, 내담자와의 관계를 형성하며, 내담자의 정서적인 행동을 유도해내기 위한 노력을 하기 때문에 전문성을 가진 심리치료 전문가라고 할 수 있다.

이러한 정신역동적 음악치료의 기본 가정은 첫째, 우리가 의식하고 있는 것은 우리 정신 생활의 극히 일부에 불과하며 의식의 밑에 깔려 있는 거대한 무의식의 세계가 우리의 생각과 행동에 영향을 미치고 있다는 것, 둘째, 무의식의 영역은 우리의 욕구나 충동이 담겨 있는 깊은 저장고로서, 본인은 그 존재를 전혀 의식하지 못하지만 이 본능적 충동은 끊임없이 밖으로 표출하려는 성향이 있다는 것, 마지막으로 인간 행동의 근원은 무의식적 본능에 있다는 것이다. 그러므로 정신역동적 음악치료는 비언어적인 표현을 촉진하고 자아 정체성의 확립을 위한 자기-인식과 내면의 통찰력을 증진하는 데 치료 목표를 둔다. 여기서 음악치료 활동은 두 가지 이상의 정신 치료적 접근이 적용될 수 있는데,

어떤 음악 활동을 했는지, 그리고 왜 그러한 음악 활동을 했는지에 따라 구분될 수 있다(Wheeler, 1981).

정신역동적 음악치료에서는 내담자와 치료사, 내담자와 음악, 그리고 내담자와 또 다른 내담자 사이에서 일어나는 상호 역동성이 중요하다. 첫째, 내담자와 치료사의 관계에서 대인 관계적 역동성을 관찰하는 것은 매우 중요하다. 또 전이와 역전이의 이슈들을 규명해야 하며 가능한 한 긍정적인 전이를 형성해야 한다. 둘째, 치료사의 역할은 내담자의 정서적인 성장과 성숙을 유도하기 위해 문제 해결을 위한 분석가(analyst)에서 지지자(supporter)로 변화한다. 치료사는 내담자의 내적 자기(inner-self)가 표현하고자 하는 것을 표현할 수 있는 통로(channel)를 제공해야 한다. 셋째, 내담자는 음악치료를 통해 자각한 문제의 해결을 위해 치료받고자 하는 의지를 가지고 있어야 한다. 또한 내담자는 치료 과정에서 치료사의 역할을 이해하고 수용해야 하며, 치료사의 지시에 반응할 수 있어야 한다. 내담자-치료사 사이에 이러한 관계가 형성되지 않는다면 내담자는 자신의 내적인 감정을 치료사에게 편안하게 표현할 수 없기에 결과적으로 치료적 변화는 어려워진다. 의미 있는 상호 작용을 위해서는 치료사는 내담자에게 신뢰할 수 있는 대상으로 인식되어야 한다.

D. 인본주의적 음악치료

인본주의적 시각은 인간이 삶의 기본적인 문제에 대처하지 못하고 자신과 타인에 대해 책임감이나 의미를 갖지 못할 때 문제가 야기된다고 본다.

인본주의적 이론들은 인간이 기능하는 데 필요한 욕구들을 규명하고 확인하고자 한다. 인본주의 심리학자들은 일상이나 삶, 다시 말하면 열정에 대한 긍정적인 측면을 강조한다(Rosenhan & Seligman, 1984). Maslow는 인간의 욕구를 피라미드로 설명했다. 피라미드는 가장 필수적이고 기본적인 생리적인 욕구부터 안전의 욕구, 사회적 욕구, 존경의 욕구를 넘어 자아실현의 욕구까지를 포함한다. Carl Rogers는 치료사가 가져야 할 소양으로 무조건적인 지지와 사랑, 감정 이입을 강조했다. 따라서 인본주의적 음악치료에서는 음악을 통한 자기실현을 도모하는 것에 목표를 둔다.

인본주의적 모델에서 음악치료사의 역할은 언제든 내담자를 위해 있어 주고, 내담자가 '지금-여기(here and now)'와 연관된 일상의 다양한 이슈들에 초점을 맞추도록 돕는 것이다. 여기서 치료사의 태도는 기술과 이론에 대한 지식만큼이나 중요하다. 치료사가 꾸준한 보호, 존중, 수용, 이해를 제공한다면 내담자가 더 높은 차원에서 기능할 수 있다는 전제가 강조되어 있다. 예를 들어, 내담자가 어떠한 반응을 해주길 기대하거나 특정한 주제에 대한 이야기를 하도록 유도하는 대신, 내담자가 즉흥 연주로 만들어 내는 음악적 자료 그대로를 지지해주고 반영해주는 것이다(Wheeler, 1981).

음악치료사는 내담자가 자기 내면의 참고 체계(internal frame of reference)를 탐색하도록 도와 준다. 또한 내담자의 자아를 지지하면서 그가 만든 음악을 최대한으로 강화해준다. 이 모델은 자기실현과 깊은 관계가 있는데 모든 인간은 선택과 전략, 계획을 수행할 수 있는 주체이며, 그 사람의 생각과 느낌은 그가 말하고 행동하는 것만큼 중요하다고 한다. 음악치료사의 지지와 음악적 표현을 통해 내담자는 사고와 감정에 대한 양면적인 성향에 대해 점차 성찰하게 된다.

Maslow는 한 개인이 자신의 삶에서 충족감과 의미를 찾지 못할 때 감정적 장애가 생긴다고 강조한다. 이 철학에 근거한 음악치료에서는 음악치료사가 내담자를 지지하여 자기실현을 돕고 내담자로 하여금 자신이 가장 소중한 존재임을 깨닫게 해준다. 또한, 인본주의적 음악치료는 음악의 심미적 경험과 절정 경험의 치료적 측면을 강조한다. 최상의 절정 경험은 그 순간이 감각적, 정서적, 인지적, 예술적, 그리고 영적 연루를 경험하게 하며 존재의 가치를 확인시켜 준다. 또한 이러한 절정 경험은 음악에서 쉽게 얻어지며, 변화를 유도하는 데 있어 매우 치료적인 경험이 될 수 있다.

E. 전체주의적 음악치료

전체주의적 음악치료는 전체적 모델(holistic model)에 기반하며, 앞에서 설명된 여러 모델에 비해 가장 최근에 소개되었다. 이는 인간의 건강은 몸, 마음, 그리고 정신의 조화와 융화로 인해 유지된다는 전제를 가지고 있으며, '전체'를 의미하는 그리스어 'holos'에서 유래했다. 이 모델은 병을 치료하기보다는 인간을 치료하는 데 초점을 두고 있다(Mattson, 1982). 인간은 몸, 마음, 정신, 세 가지를 가지고 있고 이들은 상호 작용하므로, 이중 하나의 변화는 곧 다른 부분에 변화를 가져온다는 주장이다. 그러므로 질병은 이 세 가지의 균형이 깨짐으로써 발생하게 되며, 한 가지 원인에 인과성을 부여할 수 없다는 점을 강조한다.

건강에 관한 이 같은 사고의 변화는 미국 내에서 기관으로부터의 의료적 도움을 점차 신뢰하지 않게 되고 자가치료(self-help)에 대한 인식이 증가하면서 일어나게 되었으며 곧 패러다임의 변화로 이어졌다(Naisbitt, 1982). Naisbitt은 건강에 대한 시각 변화의 세 가지 경향을 지적했다. 첫째는 개개인이 가지고 있는 건강에 대한 시각 변화, 둘째는 전문적인 도움이 필요하지 않은 차원에서 자가치료에 대한 인식, 마지막으로 참살이 또는 웰비잉(well being)과 예방 의학처럼 이전까지 특정 증상에 대해 받아온 수술적인 처치나 약물 치료보다 건강의 전체적인 개념을 중요시하게 되었다는 점을 들었다. 전체적 모델은 삶과 건강을 복원하고 유지하는 차원에서 건강을 중심으로 한 생활 패턴을 강조한다.

이러한 경향이 20세기 후반부에 높아지면서 자기실현과 내면적 성장을 추구하는 다양한 치료 접근들이 시도되었다(Unkefer, 1990). 이 모델을 바탕으로 전체적 원리들이 발전했으며 주로 대체 의학에서도 많이 활용되었다. 치료적 환경에서 치료사는 '교육자'로서의 역할을 하고, 내담자로 하여금 건강을 어떻게 관리할 것인지에 대한 정보를 제공하기도 한다. 또한 자기 치유에 대한 내용도 소개한다.

음악치료의 전체적인 접근은 음악과 이완, 음악과 심상, 또는 수용적 음악치료 기법을 통해 내담자가 자기 자신을 인식하고 성찰을 얻도록 하는 치료 목표를 가지고 있다. 내담자 내면에 갇혀 있는 에너지를 생산적으로 승화시키고, 가치를 탐색하도록 함으로써 자기 내면과 접촉하도록 돕는다. 더 나아가 치료를 통해 환경에 대한 탄력성을 기르고 생활의 균형을 유지할 수 있게 돕는다.

제2장

음악과 발달

인간은 출생 전 양수 환경에서부터 엄마의 목소리 선율과 심장 박동의 리듬에 노출되며 출생 후 엄마의 목소리는 계속적으로 유의미한 모성 자극으로 기능한다. 성장하면서 유아는 외부에서 들리는 음악에 다양한 반응을 보인다. 음악은 이러한 성장과 발달 과정에서 다양한 기술 발달을 촉진할 수 있는 매개체로 사용된다. 음악을 통해 말하기, 추상적 사고, 자기 표현뿐 아니라 타인과의 상호 작용 기술을 배울 수 있으며 성공적인 음악 경험을 통해 성취감과 자아실현을 경험할 수 있다. 따라서 이 장에서는 특별히 아동의 발달 영역, 즉 인지, 운동·신체, 언어·의사소통, 그리고 사회·정서 영역과 관련된 다양한 음악 기술 이론에 대하여 살펴본다.

1. 음악 발달 이론

A. Piaget 인지 발달 이론에 근거한 음악 발달

Piaget는 아동의 인지 발달을 네 단계로 나누어 설명했다. 각 발달 단계에서 특별히 음악성 발달에 관하여 언급하지는 않았지만, 음악 교육자나 치료사들은 이에 대한 지적 능력, 사회성, 그리고 운동 능력 발달과 관련된 음악 기술을 연구했다(Davis, Gfeller, & Thaut, 2008) (〈표 2-1〉).

첫 단계는 출생부터 2세까지의 '감각운동기(sensory-motor stage)'로서, 이 시기에 유아는 환경을 해석하고 이해할 수 있는 자아가 아직 발달되지 않아 부모가 어르고 자장가를 부르는 등의 감각적, 운동적 자극을 통해 환경을 받아들인다. 출생 후 6개월 동안 영아는 많이 듣는 양육자의 목소리에 익숙해지며, 출생 시에는 청력이 충분히 발달되지 않았지만 한 소리를 다른 소리와 구별할 수 있으며 소리의 근원(source)을 안다(McDonald & Simmons, 1989; Standley & Madsen, 1990). 18개월이 지나게 되면 목소리의 음악적 특성, 즉 음색, 강도, 억양 등을 인식하는 능력과 성악곡(노래)과 기악곡(악기 연주) 음색의 차이를 구별하는 능력이 발달된다(Davis et al., 2008).

영아가 성별과 목소리 음색을 구별할 수 있는지를 연구한 Dubois, Serbin, Kenyon, & Derbyshire(1994)에 의하면 유아들에게 여성과 남성에 대한 청각적 정보(녹음된 목소리)와 시각적 정보(사진)를 제공했을 때, 여성의 사진에 시선을 더 고정시키고 여성의 목소리가 들리는 쪽으로 고개를 돌리는 행동을 보임으로써 여성적인 자극에 더 민감하게 반응한다고 보고했다. 또한 이 연구는 사회적 상호 작용 훨씬 이전 그리고 각 성별과 연관된 정형화된 행동과 특징에 대한 지식이 생기기 전인 6개월에서 1세 사이에 이미 유아가 성별에 대한 이해를 획득하는 것을 암시한다(Chong, 1999).

두 번째 단계는 2세에서 7세까지의 '전조작기(pre-operational stage)'로서, 이 단계의 특징으로는 빠른 언어 발달과 사고의 성장(conceptual growth)을 들 수 있다(Davis et al., 2008). 이 시기에 아동의 운동 능력과 협응력이 발달하면서 다양한 동작을 포함한 음악 활동이 가능해진다. 감각적이고 운동적인 경험에만 의존해 환경을 이해하던 것에서 벗어나 직접적인 경험과 상징적인 표상을 연결할 수 있는 능력도 갖게 된다. 따라서 이 단계에는 언어 발달, 사회성 발달, 신체적 발달을 촉진시키는 다양한 음악 활동이 요구된다.

세 번째 단계는 7세에서 11세까지의 '구체적 조작기(concrete operation stage)'로서, 이 단계의 특징은 문제 해결력의 발달이다(Davis et al., 2008). 문제 해결력은 이 시기의 아동이 기보법(musical notation), 리듬 개념, 화성 개념을 학습하는 데 도움을 준다. 또한 이때 아동은 사회 활동에 참여하기 시작한다. 교회 성가대, 합창단, 음악 밴드 그리고 그 외의 사회적 경험도 가능하다. 이 같은 사회적 경험들은 개인적 정체성(individual identity)과 사회적 정체성(social identity)을 발달시키는 데 매우 중요한 요소로 작용한다. 뿐만 아니라 이 과정에서 경험하는 음악을 통해 사회적 상호 작용과 그룹 내에서의 협동심을 키울 기회를 얻는다.

마지막 단계는 11세부터 성인기에 이르는 '형식적 조작기(formal operation

〈표 2-1〉 Piaget 인지 발달 단계와 음악 능력

Age	0	1	2	3	4	5	6	7	8	9	10	11	12	13	14	15
지적 발달 / 음악적 발달	감각운동기				전조작기			구체적 조작기				형식적 조작기				
지각																
강도	·····──────────→															
음색	·····────────────→															
박자			·····──────────────→													
음길이			·····────────────────→													
음고				·····────────────────→												
화음								·····────────────────→								
반응																
감상	·····──────────────────────────→															
동작	·····──────────────────────────→															
노래		·····────────────────────────→														
창의적			·····──────────────────────→													
조작적				·····────────────────────────→												
구상																
표현				·····────────────────→												
음길이				·····──────────────────→												
음고				·····────────────────────→												
형식				·····────────────────────→												
화음					·····────────────────────────→											
스타일						·····──────────────────────→										

stage)'이다(Davis et al., 2008). 이 단계에서는 추상적으로 생각하는 능력이 발달되면서 자신을 둘러싼 환경과 관련된 문제를 경험적, 체계적으로 해결할 수 있는 능력을 기른다. 아동이 점차 성장하여 청소년기에 접어들면 폭넓은 음악

적 경험이 가능해진다. 음악 연주 그룹에 참가하거나 음악 레슨을 받는 적극적인 형식, 또는 여가 시간에 음악을 감상하는 등의 소극적인 형식을 포함해 일상에서 음악이 차지하는 비중이 커진다.

Piaget는 아동이 능동적으로 경험을 조직하고 해석함으로써 자신의 환경에 적응할 수 있는 유기체라고 간주한다(Wicks−Nelson & Israel, 1997). 인지 능력의 발달과 함께 음악적 기술은 일정한 과정에 따라 발전하며 습득된다. 이러한 의미에서 아동의 인지 발달은 음악 기술과 상호 연관성이 높다. 인지력은 음악적 정보를 해석하는 능력에 있어 음색에 대한 반응과도 관련 있으며 한 단계 높은 음악 작업을 수행함에 있어서 필요한 기술들을 제공한다(Chong, 1999).

B. Hargreaves 음악 발달 이론

음악 능력 발달에 대한 이론은 Hargreaves가 Piaget의 발달 단계에 근거하여 감각운동, 형태, 구조, 규율, 그리고 초인지 단계로 나누었다(Sloboda & Deliège, 1996)(〈표 2−2〉). 첫 번째 감각운동 단계(sensorimotor phase)는 Piaget의 기존 발달 이론과 공통적으로, 추상적 상징 개념이 없는 '전상징적(pre−symbolic)' 단계를 강조한다. 이 시기는 2세까지인데 운동적 조작과 청각 자극에 대한 인식과 반응이 중요한 발달적 특징이다. 예를 들어, 물건을 떨어뜨려서 나는 소리에 흥분하는 등의 반응은 물건이 움직였을 때 주어지는 청각적 보상을 재경험하기 위해 계속 떨어뜨리는 행동을 반복하게 된다. 이 단계에서는 사물에 대한 시각적 형태와 이와 관련된 청각적 정보가 중요한 역할을 한다.

둘째는 형상 또는 형태 단계(figural phase)로서, 상징적 능력의 발달과 함께 시각적 표상(graphic representation)이 가능한 단계이다. 이 시기는 5세까지이며 이때 리듬과 같은 소리의 시간적 배열을 나름대로 시각화할 수 있는 능력이 발달되고 학습된 동요나 노래 구절을 재생산할 수 있게 된다. 이 단계에서 음

단계	연령(세)	노래	시각적 표상	선율 지각	창작
감각운동/ 전상징적	0–2	옹알이, 리듬적 동작	낙서하기		감각적이며 조작적 경험
형상/형태	2–5	'개요'적인 차원 의 음악적 작업: 즉흥적인 선율 만들기	형상적/회화적: 일차원적 개념 습득	선율의 전체적 흐름 인식	문화에 동화되는 음악적 활동 참여
도식	5–8	일차적 차원의 음악적 작업: 구 조화된 선율 만 들기	형상(회화)– 박절적: 일차원 이상의 개념 습득	선율적인 특성 보존	문화 중심의 음악 구조 인지
규율/체계	8–15	음가, 음계 개념 인식	형식–박절적	음정과 조성 이 해 및 인식	음악의 규율과 형식, 관용적 표현 인지, '열린 귀' 습득
초인지/ 전문성	15+				음악적 규율 초월 및 탐색

보존 능력이 보여지기도 하는데 이때 선율의 전체적인 흐름(contour)을 인식할 뿐 아니라 음악적 구조에 대한 개괄적인 규율이나 논리를 인지할 수 있는 능력도 나타난다. 가창 활동을 예로 들면, 전체적인 선율의 흐름뿐 아니라 가사, 후렴, 도입, 반복, 그리고 발전부와 같이 구조와 형식에 대한 이해가 가능해진다.

도식 단계(schematic phase)에서는 음악을 그림으로 표현할 수 있는 능력이 발달되는데, 그것은 형상적(figural) 표현과 박절적(metric) 표현으로 특징지어진다(Bamberger, 1991; 박유미, 2004). 형상적 표현은 실제의 음악 기보와는 다르더라도 아동이 인지한 음악적 정보의 구조를 표현하기 위해 음악적 사건을 덩이를 지어 표현하는 것을 말하며, 박절적 표현은 음악적 사건을 구성하는 음들의 길고 짧음을 크기로 각기 표현하는 능력을 말한다. 이러한 박절적 표현이

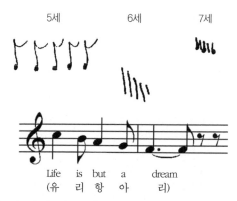

〈그림 2-1〉 연령에 따른 음악 기보 능력(David & Scripp, 1988)

더 기술적이라고 보는 전문가도 있겠지만 실은 선율의 형식을 감지할 수 있는 능력은 형상적 표현에서 더 많이 보인다(박유미, 2004).

이 단계에서는 단순한 선율이나 리듬 오스티나토를 사용하는 작업(coherent idiom)이 가능해진다. 이 시기는 8세까지로 음악의 시각적 개념은 물론 공간적 개념에 대한 인지력이 발달되는데, 음의 길이는 물론 높낮이를 인식하고 이를 시각적으로 표현할 수 있는 능력이 생긴다. 예를 들어 5세, 6세, 그리고 7세가 "Row, row, row your boat(리리릿자로 끝나는 말은)"라는 곡의 마지막 두 마디 "life is but a dream(유리 항아리)"을 듣고 기보하는 작업을 했다고 생각해 보자. 각자 표현한 그림에는 연령에 따른 차이가 나타날 것이다(〈그림 2-1〉). 이는 아동의 연령별로 음이 가지고 있는 공간적 특성과 음의 배열에 대한 구조를 이해하고 이를 가시화할 수 있는 능력이 다르다는 사실을 보여준다.

넷째, 규율과 체계 단계(rule and system phase)는 15세까지를 포함하는데, 이 단계를 규율과 체계 중심 단계라고 하는 이유는 8세 이후로 아동들은 음악 내에 있는 특정한 패턴과 규칙들을 접하고 이해할 수 있는 능력이 생기기 시작하기 때문이다. 그러므로 이 단계에서는 음악과 연관된 다양한 영역에서의 적절한 음악성과 음악적 기술들을 발휘한다(Sloboda & Deliège, 1996). 예를 들어, 음악적 전개에 대한 이해가 가능하고, 음악의 규율이나 관용적 표현들을 인지할 수 있다. Parsons(1987)의 연구에 의하면 5세까지는 미적 경험이 시각적인 것에 더욱 강하지만, 성장하면서 청각적인 자극에 대한 이해도가 증가된다고 한다. 예를 들어, 이전까지는 악기를 보면 누가 악기를 연주하는가에 더 많은 관심이 있지만, 이후에는 그 악기를 통해 어떠한 음악이 연주되는지에 관심을 보인다고 했다(Gardner, 1993; Castell, 1982). 이외에도 음악적 스타일을 구별할 수 있는 능력과 함께 음악적 취향이 결정되고 문화권 내에서 자주 노출된 음악 이외에도 다양한 음악을 접하고 즐길 수 있다. 8세 이전까지는 주어진 음악에 대한 '귀'였지만, 이후로는 2차적으로 본인의 취향을 중심으로 음악을 접하는 '열린 귀'를 가짐으로써 음악에 대한 소양(musical literacy)이 높아진다(박유미, 2004).

다섯째는 초인지 혹은 전문성 단계(meta−cognitive/professional)로서 15세 이후부터 시작된다(Swanwik & Tillman, 1986). 처음에는 이 단계를 초인지 단계라고 불렀다. 이는 음악을 지각하고 인지하는 과정에서 '사고에 대한 사고(thinking about thinking)'가 가능하기 때문이다. 이 단계에서는 사고하는 동시에 사고 내용의 전개를 평가하고 판단할 수 있는 능력이 발달한다. 크게 두 가지 수준에서 수행되는데 첫째, 상징적인 수준(symbolic level)에서는 음악을 수용하는 깊이와 표현이 더 섬세해지고 이를 타인과 나눌 수 있다. 둘째, 체계적 수준(systematic level)은 음악으로 인한 연상과 같은 정신 기능이 발달하므로 음악을 분석하고 이해하는 능력과 함께 음악적 규율을 초월한 탐색이 가능해진다. 이러한 인지 능력은 음악과 같이 창의적이고 추상적인 작업에서 매우 중요하다. 개발된 다양한 음악 자원은 결국 음악 기술들을 성취하게 해주며 새로운 음악적 작업에 적응할 수 있는 능력을 배양하게 해준다.

2. 음악과 발달 영역

음악 활동은 발달 영역 내 다양한 기술 발달을 촉진한다. 아동기를 포함한 발달 과정에서 아동은 여러 가지 음악 활동에 수동적, 적극적으로 참여하게 되며, 이를 계기로 발달 영역의 다양한 기술들이 촉진된다. 1장에서 언급한 것처럼 한 가지의 음악 활동은 각기 다른 발달 영역의 기술들과 상호 관계가 있다. 예를 들어, 노래를 하기 위해서는 악보를 읽을 수 있는 인지력과 발화와 발성, 조음에 필요한 언어 기술 그리고 호흡 조절에 필요한 운동 협응감 등 다양한 영역에 걸친 기술들이 필요하다. 음악 기술이 관련된 발달 영역은 크게 인지, 언어 · 의사소통, 운동 · 신체, 그리고 사회 · 정서 영역으로 나눠지는데, 각 영역이 음악 활동과 어떤 연관이 있는지는 다음에서 살펴보도록 한다.

A. 지각 · 인지 영역

1) 음악의 지각 과정

인간이 언제부터 음악 또는 음악을 구성하는 소리의 속성을 지각할 수 있는지에 대한 연구는 양수 환경에까지 거슬러 올라간다. 먼저 Hepper, Scott, & Shahidullah(1993)의 연구에 의하면, 태아는 출생 3개월 전부터 어머니의 목소리를 인지할 수 있는 능력이 발달한다. 임신 7개월 정도부터 청각 기능이 완성되고 귀와 뇌를 연결하는 신경이 발달하며, 출생 시에는 외부의 소리에 반응할 수 있다고 한다. 이러한 청지각의 발달로 인해 유아는 출생 후에 자신을 돌보아 주는 사람들의 목소리 음색을 구별하게 되고 이에 따른 선택적 반응과 선호도를 보인다(DeCasper & Fifer, 1980).

음악의 청각적 지각 과정은 크게 세 부분으로 분류한다. 이 과정은 음악을 구성하는 소리의 물리적 변인을 감지하는 단계부터 소리에 대한 의미와 정보를 얻어 내는 단계까지 포함한다. 첫 번째는 소리가 근원지로부터 공기를 타고 진동의 형태로 청각 감각 기관인 귀까지 도착하는 과정이다. 두 번째는 진동이 귀의 청각 신경을 자극하여 하나의 음으로 지각되는 과정이다. 이 과정에는 소리의 물리적, 음향적인 측면이 분석되는 작업이 포함된다. 마지막으로 세 번째는 음에 대한 의미가 수집되고 이해되는 인지 과정이다. 이때는 청각 정보를 충분히 수집한 이후에 의미를 적용한다. 피아노 소리를 예로 들자. 피아노 건반을 누르면 함께 연결된 작은 망치(해머)가 피아노 줄을 튕긴다. 해머와 줄의 마찰로 생성된 물리적인 에너지는 공기의 진동을 타고 귀까지 다다른다. 청각 기관인 귀에서 소리의 크기와 높이가 지각된다. 지각된 정보들이 뇌에 전달되면서, 들은 소리에 대한 의미와 더 구체적인 정보가 처리되는 과정을 거친다. 그 과정에서, 어떤 음들로 구성된 화음인지, 몇 도 화음인지 등의 음악적 해석이 주어지는데, 이는 개인의 음악적 지식, 지적 능력과 같은 개별적 특성에 따라 달라질 수 있다.

이렇게 하나의 소리가 생성되는 시점부터 귀에 도달하여 이해되기까지, 세 단계의 과정에서 '소리'는 각기 다른 이름으로 불리운다. 진동에서 귀까지 도달하는 과정에서는 소리는 물리적 변인(physical variable)이라고 불린다. 하지만 청각 신경에 의해 감지되는 과정에서는 감각적 변인(sensory variable)으로 불리고, 뇌에서 인지되는 과정에서는 지각적 변인(perceptual variable)으로 불린다(이석원, 2013). 소리의 물리적 특성은 객관적으로는 주파수(Hz), 강도(dB)를 포함하여 정량화해 설명될 수 있지만, 지각적 특성은 듣는 사람의 주관적이며 개인적인 판단에 의해 설명된다. 심리음향학자들은 소리의 객관적인 측면과 이에 대한 반응을 다루는 반면, 음악치료사들은 소리의 인지 과정과 이로 인한 정서적, 행동적 변화에 초점을 둔다(〈표 2-3〉).

보통 정상 청력은 20Hz에서 20,000Hz까지의 주파수를 가진 소리를 들을 수 있으며, 보편적으로 일상에 노출되는 소리는 400Hz에서 6,000Hz까지이다. 강도

〈표 2-3〉 소리의 변환 과정

속성	변인	용어	위치
물리적	진동	빈도(주파수) 폭(진폭) 시간(진동시간) 모양(파형)	공기
↓ 감각적	소리	고저 강약 장단 질	귀
↓ 지각적	음	높이(음고) 크기(음량) 길이(음가) 색채(음색)	뇌

에 있어서도 가장 작은 소리는 0dB이며, 속삭임의 경우엔 30dB 그리고 보통 대화는 45~50dB 정도이며, 아주 큰 소리, 굴삭기 작동 소리의 경우는 100dB 정도이다(Batshaw, 1997).

2) 음악의 인지 과정

인간은 음악의 전체적인 구조 내에서 음들의 구성을 청각적으로 인지한다. 이러한 경험을 통해 음악을 받아들이는데, 무작정 음악을 듣기만 하는 것이 아니라 특정한 원리에 근거해 음악을 이해하게 된다. 청각정보를 구조화하는 법칙들(organizing laws)은 정보를 특정 형태로 구성하여 인지하는데, 이러한 형태를 '게쉬탈트(gestalt)'라고 한다(Bower & Hilgard, 1981). 다시 말해, 청각적 정보를 인지할 때 '게쉬탈트 덩이짓기 기제(gestalt grouping mechanism)'를 통해서 정보가 처리된다고 할 수 있다.

게쉬탈트 개념에서 가장 중요한 것은 전경과 배경을 분리하는 작업이다. 형태심리학에서 인간은 선천적으로 전경과 배경을 분리하려는 보편적인 능력을 지니고 있다고 한다(이석원, 2013). 인지할 정보를 배경으로부터 분리하는 작업은 모든 유형의 정보 처리 과정에서 중요하다. 대부분의 경우, 전경과 배경이 명확히 구분되지만 가끔씩은 불분명한 경우도 있다. 일단 자극들이 전경으로 규명되어 배경과 분리되고 나면 다음과 같은 게쉬탈트 원리들을 적용해 정보의 이해를 돕는다.

첫째, 단순성의 원리(principle of simplicity)는 주어진 정보를 지각하는 과정에서 가능한 일관성과 통일성을 찾으려는 성향이다. 이러한 일관적 요인을 '적절한 게쉬탈트(good gestalt)'라고도 한다. 음악적 정보를 접할 때 일관적으로 발견되는 특정한 요인 또는 반복되는 패턴을 찾아내고, 이를 중심으로 음악적 정보를 그룹핑한다. 예를 들어, 다음 제시된 악보에는 12개의 음이 있다. 보통 음들이 연주될 때, 감상자는 청각적 정보를 덩이짓기해 단위화하고 기억하게 된다. 아래의 예시를 보면, 세 음씩 반복되는데(솔파#솔, 레도#레, 시라#시, 솔파#솔) 세 덩이의 각각 다른 음(솔, 레, 시, 솔)에서 시작하되 일관적인 패턴을 지닌다. 이러한 청각적인 정보를 단순화하여 처리하는 능력은 인간에게 내재된 특성이며 선율지각에 있어 필수적인 기술이다.

둘째, 유사성의 원리(principle of similarity)는 제공된 청각적 정보를 유사한 종류나 특성끼리 묶어 구분짓는 작업을 말한다(Deutch, 1982). 예를 들어, 두드리는 타악기 소리와 현악기 소리를 들었을 때 음색이나 음의 높이가 비슷한 소리를 중심으로 구분되는데, 이를 '소리 가방(package)'이라고 한다(Bower & Hilgard, 1981).

한편 음악을 지각할 때 소리가 들려오는 물리적인 위치에 따라서 소리를 그룹핑할 수 있다. 소리는 시각적으로 확인할 수 없으며 양쪽 귀에 전달될 때 시간

차가 생기기 때문이다. 또한 음의 고저에 따라 다른 위치에서 소리가 생성되어 들릴 경우에도 다르게 지각될 수 있다. 특히 서로 다른 두 가지 음색의 소리들이 들린다면 소리를 더욱 명료하게 구분할 수 있다. 그러므로 유사성의 원리는 악기 음색, 음역대, 위치 등 다양한 변인에 따라 구분하는 지각처리 과정을 설명한다.

셋째, 근접성의 원리(principle of proximity)이다. 청각적인 자극이든 시각적인 자극이든, 주어진 요소들이 가지고 있는 시간적 혹은 공간적 개념이 근접할 때, 그 기준으로 그룹핑하는 것을 의미한다. 시간적으로 가장 근접하게 묶인 음들로 하나의 그룹핑을 구성하며 이와 마찬가지로 공간적으로 가깝게 있는 음들로 하나의 그룹핑을 이룰 수 있다. 위에 제시한 예처럼 이렇게 근접한 것끼리 모으려는 성향 때문에 상위의 음들이 이루는 선율과 하위에서 반복되는 또 하나의 선율이 생긴다. 결과적으로는 하나의 선율이지만, 근접성에 기준하여 두 가지 선율로 들린다.

예를 들어, a에서 계속 반복되는 '솔'은 직선(㉠)을 이루지만 아래에서 순차 진행되는 음들은 곡선의 흐름(㉡)을 이룬다. b는 이러한 근접성이 시간적으로 근접한 음들로 단위화된 예이다.

a. 선율적(공간적) 근접성

b. 리듬적(시간적) 근접성

여기서 감상자는 여덟 개의 개별적인 음들을 기억하는 것이 아니라 두 개의 덩이를 지어 기억한다. 그리고 뒤따르는 선율에서 유사한 덩이가 지각되면 또 덩이짓기가 일어난다. 이러한 과정을 통해 일관적으로 제시된 선율 혹은 리듬 패턴을 이끌어 낸다고 볼 수 있다.

넷째, 연속성의 원리(principle of good continuation)이다. 이는 완결성의 원리라고도 불리는데 전체성을 보느냐 아니면 완성의 기능을 보느냐에 따라 결정된다. 이 원리에서는 음들이 하나의 선율적인 흐름을 구성하면서 예측 가능한 특성을 가지고 있을 때 '좋은 연속성'으로 표현한다. 공간적인 개념에 근거해 음들이 나열된 선율을 하나의 형태로 보았을 때, 상향이든 하향이든 흐름을 가지고 진행된다면 전개될 선율에 대한 예측을 가능하게 한다. 이는 선율의 '연속성(continuation)'이 중요한 음악적 맥락(musical context)을 제공하기 때문이다.

다음 예시의 경우 첫 2마디(a)는 선율적 공간 내에서 음들이 도약하며 공백을 메꾸는 반면 3번째와 4번째 마디(b)는 일정한 연속성을 가지고 상행한 후 그 다음 하행한다. (b)의 경우 선율의 마지막 공간이 주어진다면 감상자는 쉽게 '도(c)'를 예측할 것이다. 동시에 완결성의 원리는 좋은 연속성으로 인해 마지막 채움을 인지하게 한다. 이러한 감상자의 인지는 공백을 메꿈으로서 완성을 추구하는 보편적인 성향을 반영한다.

3) 음악과 학습 기술

인지 과정(cognitive process)은 학습과 기억, 언어 및 사고 과정으로 이루어지며 환경을 인식하고 이해하는 데 중요한 부분을 차지한다. 여기서 학습이란

<표 2-4> 인지 영역과 음악 활동 예시

개념	음악 활동
소리 지각	배경 음악에 맞추어 자신의 악기를 연주하다가 음악이 멈추면 연주를 멈춘다.
시지각과 공간 지각	북의 위치를 바꾸며(상하/좌우/전후) 특정 마디에서 제시할 때, 악기와의 거리를 인지하며 연주한다.
소리 강도 구별	4/4 또는 3/4박자에서 강박과 약박을 구별하여 소리 크기를 조절할 수 있다.
소리의 음색 구별	악기 음색과 관련 대상을 연관 지어 탐색한다. 예를 들어 플루트 소리는 새소리, 하프 소리는 물결 소리 등 소리에 따른 이미지를 떠올리거나 악기 소리를 목소리로 표현한다.
소리의 공간적 특성 및 방향성	음의 높고 낮음을 이해하고 선율의 상향, 하향 전개를 이해한다.
환경인식과 타인인식	그룹 활동 시 제시된 곡의 가사에 따라 타인의 동작을 모방한다.
단기 기억력	제시된 리듬패턴이나 선율패턴을 듣고 정확히 연주한다.
청각적 기억력	'도레미', '미파솔', '솔라솔라솔', '솔파미레도' 등 제시된 선율을 모방한다.
사물 인지와 변별하기	그림에 따라 동물 농장에 나오는 동물들의 소리를 악기로 연주한다.
신체 개념이나 신체 구조	"머리, 어깨, 무릎" 노래를 부르며 신체 부분을 가리킨다.
분류하기	악기의 재질, 크기, 모양 등을 구분할 수 있다.
수 개념	박자에 따라 일정한 박을 숫자만큼 연주한다.
색 개념	음계에 붙여진 3가지 색깔 스티커를 보고 해당되는 화음(I-V-V-I)의 핸드벨을 연주한다.
주의/집중력	자신의 핸드벨 색깔과 악보의 색깔이 일치할 때 연주한다.
지시 따르기	실로폰 상에 나열된 여러 가지 음을 지시에 따라 연주한다.
다단계(multi-step) 지시 따르기	노래를 부르면서 악기를 동시에 연주한다.

새로운 지식을 습득하는 것을 말하는데, 기억은 이를 보유하고, 언어는 이러한 지식을 표현해준다. 마지막으로 사고는 기억된 지식을 사용하고 활용하는 기능이다. 인지력은 기본적으로 음악적 자극과 소리를 지각하고 음악 활동에 참여하는 데 필수적이다.

음악에서도 다른 과제 수행과 마찬가지로 다양한 학습, 기억, 사고 능력에 필요한 기술들을 다룬다. 인지 과정은 이들 세부 과정들이 복잡하게 상호 작용하면서 이루어진다. 음악을 청각적으로 부호화하고, 저장하며, 마지막으로 인출하는 세 단계를 거친다. 여기서 저장이란 부호화된 정보를 보유하고 유지하는 기술이며, 인출이란 필요한 정보를 저장고에서 찾아 내서 우리가 의식할 수 있게 하는 기술이다. 과제를 수행함에 있어 계속적이고 연속적으로 음악을 제공하면, 참여자의 몰입이 유도되고 참여에 필요한 동기가 자극된다. 음악은 시간에 근거한 매개체로서, 구조화된 틀을 제시하며 과제에 필요한 기술과 집중력을 유도한다.

음악 활동은 복합 과제(multi-task)로 구성되어 있다. 특히 노래 부르기와 음악 연주시 시각적으로 악보를 따라가며, 기보된 부호들을 인지하면서 정확한 음정을 발성하거나 건반을 누르는 작업 등 몇 가지의 과제를 동시에 협응하여 수행해 내야 한다. 음악이 내재된 동기를 유도하는 만큼, 수행력을 증가시키는 데 효과적이며, 이러한 음악 과제와 난이도를 적절하게 조절하여 인지 기술을 강화시킬 수 있다(〈표 2-4〉).

B. 운동 · 신체 영역

음악 활동 중 감상을 포함한 모든 활동이 운동 기능과 관련이 있다. 작게는 긴장 이완을 위한 호흡 훈련에 음악을 활용할 수 있으며, 보다 적극적으로는 신체 기능 강화를 위한 재활 훈련 치료도구로 적용할 수 있다. 이렇게 음악을 통한 운동 혹은 신체 기능 강화가 가능한 것은 인간의 내재된 신체 리듬과 동조화(entrainment) 성향 때문이다. 이를 전제로, 악기 연주는 소근육에서 대근육 기능은 물론, 동작의 흐름과 유연성을 조절해주는 협응감을 증가시킨다. 가창 활동은 호흡에서부터, 구강 근육, 조음, 자세 등 소리 생성에 필요한 모든 운동 신경들을 자극하고 촉진시켜 준다. 다음에서는 운동 기능 및 신체와 관련된 음악 활동의 치료적 접근을 구체적으로 다룬다.

1) 운동 발달

성장 과정에서 적절한 운동은 신체적 안정감을 주고 이는 운동 기능을 발달시키는 데 결정적인 역할을 한다. 몸동작과 운동을 통해 신체 부위에 대한 개념을 얻고, 자신의 능력에 대한 자신감을 갖게 된다. 특히 유아의 발달 과정에서 대근육과 소근육의 정상적 발달은 매우 중요한데 음악을 적용함으로써 발달을 촉진시킬 수 있다. 유아기에 나타나는 기초 운동 신경을 다음과 같이 정리할 수 있다(〈표 2-5〉).

〈표 2-5〉 운동 영역의 발달 단계

	대근육 운동	소근육 운동
1단계: 1세 전후	걷기	블록 잡기
2단계: 2-3세	뛰기, 한발로 서기, 양발을 사용하여 계단 오르기, 깡총 뛰기	긁적거리기 단계: 처음에는 직선을 시도하지만 곡선과 나선형으로 변함. 차차 원, 삼각형, 사각형 등의 단순한 형태가 가능함. 블록 쌓기: 손조절 능력이 부족 종이 접기: 1-2회 정도
3단계: 3-4세	깡총 뛰기, 깨금발, 세발 자전거, 공 던지기	무늬 단계: 기본적인 형태를 조합한 무늬를 그림. 블록 쌓기: 안정적이며 세심한 주의를 기울임.
4단계: 5-6세	직선따라 걷기, 발 바꿔 층계 내려가기, 공 잡기	실제 사물 단계: 실제 사물을 그리기 시작. 속도와 정교성이 향상됨.

운동 기술(motor skills)은 신체 발달과 밀접한 관계를 가지고 있다. 운동 기능의 발달은 인간의 모든 생활의 기초가 되며, 이에 따라 행동 영역이 확대되며 결과적으로 성격 형성이나 자아 정체감 발달에 중요한 영향을 미친다. 음악이 시간적 예술이라는 것을 고려할 때 리듬은 음악에서 가장 중요한 기본 조직이 되는데, 리듬의 시간적인 구조화의 기능으로 인해 다양한 신체적 반응은 물론 운동 기술을 촉진시킨다. 감각운동 신경을 자극하는 데 있어 음악의 리듬

적 요소는 감각운동적 자극제로서 동작을 유도하고 조절하며, 더 나아가 필요한 유연성과 협응감을 가능하게 해준다. 운동 발달에서 중요한 부분은 동작에 따른 여러 근육들의 협응인데 음악의 리듬은 동작을 조절해주는 속도 조절제(pacemaker)와 이를 유지해주는 타임키퍼(timekeeper)로서 효율적인 역할을 한다(Thaut, 1988b). 음악의 템포에 따라 동작의 시간적 구조가 달라지고, 강도에 따라 운동의 범위가 달라지며, 선율에 따라 동작의 공간적 특성이 달라질 수 있다. 리듬은 청각 자극제로서 움직임을 유도하는 활성제로 사용되며, 리듬으로 구조화되고 촉진되는 동작들은 균형, 이동, 민첩성, 유연성, 힘, 측면 이동, 방향성 등의 다양한 운동 신경을 강화시켜 준다(Kwak, 2000).

운동 기술의 발달과 촉진을 목표로 음악치료를 할 때에는 음악을 활용해 기초 운동 신경과 협응감을 촉진하여 리듬이 가지고 있는 시간적 속성과 구조를 활용한다. 음악은 청각적인 지시(큐)로 기능할 수 있어 동작을 인지적으로나 시간적으로 구조화시켜 준다. 규칙적으로 발생하고 예측 가능한 리듬은 신호처럼 근육의 움직임과 조절을 촉진하는 데 효과적인 역할을 하는데 이는 음악에 내재된 리듬이 신체 움직임을 조절하는 신경 시스템에 신호와 같은 역할을 수행하여 여러 움직임을 보조하고 강화시켜주기 때문이다.

운동 영역에서 음악 활동의 범위는 아동이 움직이도록 유도하는 다양한 악기 연주나 동작, 그리고 춤을 포함한다. 몸동작의 변화는 대근육 기능을 강화하며 건반 악기나 작은 악기 연주는 소근육을 강화시킨다. 음악의 템포가 동작의 빠르기를 조절해준다면, 소리의 강도는 동작의 범위를 확장시켜준다. 특히 타악기 연주 같은 활동에서는 연주자의 운동 기능이 청각으로 확인된다. 더 나아가 음악은 동작의 정확성을 강화시켜 주며, 근육의 유연성과 같은 전반적인 운동 기능을 향상시킨다.

2) 대근육 운동 기술

운동 영역에서 대근육은 상체와 팔의 동작, 그리고 하체의 이동성 기능(loco-motive skills)을 포함한다. 대근육 기능 향상을 위해서는 신체 리듬을 촉진해 동작을 유도해야 한다. 음악 요소인 리듬은 주로 운동 동작을 명확하고 유연하게 하는데 이용된다. 리듬은 청각 신경계를 자극해 다음에 이어질 행동을 준비시키고 적절한 순간에 반응하게 하는 예측/준비 단위(anticipatory cue) 역할을 한다. 외부 소리 자극의 시간적 구조를 인지하고 이에 대한 반응을 준비시키며, 소리 자극과 동화된(synchronized) 움직임을 유도하는 것이다. 즉 외부에서 리듬이

〈표 2-6〉 대근육 운동을 위한 음악의 적용

운동적 개념	대근육 운동
소리와 동작	음의 길이(음가)에 따른 동작 작은 별: 걷기 유모레스크: 깽금질(Skipping) 라데스키 행진곡: 걷는 동작의 빠르기 및 보폭 조절
공간 지각 및 눈손 협응김	각기 다른 위치에 있는 악기들을 오른손과 왼손을 한 번씩 사용하여 연주하기
운동의 범위	근육의 운동 범위(ROM)를 증가시키며, 팔과 다리의 동작 범위를 증사키켜준다. - 레인스틱 위 아래로 돌리기: 소리 생성을 위해서는 악기의 위치를 바꾸어 연주한다. - 양쪽의 베이스바(bass bar) 치기: 신체의 중심 라인(midline)을 거쳐서 반대 방향에 있는 악기를 연주하게 함으로써 팔 동작의 범위를 증가시킨다.
강도에 따른 동작	큰 음악 소리에는 큰 발소리, 작은 소리에는 작은 발소리
템포에 따른 동작	빠른 곡에는 빠른 동작, 느린 곡에는 느린 동작

들려지면 신체의 움직임은 자연적으로 그 리듬에 맞춰지게 된다. 또한, 리듬을 어떻게 분할하느냐에 따라 동작과 에너지의 수준이 달라진다. 예를 들어, 4분음표가 걷는 페이스라면 8분음표는 총총걸음의 속도라 볼 수 있다(〈표 2-6〉).

3) 소근육 운동 기술

다양한 악기 연주는 소근육 발달을 촉진할 수 있다. 악기 연주를 통해서 향상되는 부분은 손가락의 기민성, 손가락의 잡는 힘(pincer grasp) 그리고 손바닥의 쥐는 힘(palmer grasp)이다. Thaut(1998)는 팔을 뻗어 악기나 채를 잡고 연주하는 과정에서 소리의 강도를 조절함으로써 쥐는 힘과 운동의 범위(range of motion)를 강화할 수 있다고 했다. 예를 들어, 채를 이용해 연주하는 타악기의 경우는 쥐는 힘에 더 초점을 두는 반면, 건반 악기의 경우에는 손가락의 높낮이를 조정해 음을 산출하기 때문에 소리의 강도로 근육의 힘을 평가할 수 있다.

〈표 2-7〉 소근육 운동을 위한 음악의 적용

운동적 개념	소근육 운동
잡는힘: 집게 쥐기 (pincer grasp)	개별적인 건반을 눌러 소리낸다. 각기 다른 채를 손가락을 이용하여 잡는다.
쥐는힘: 손바닥 쥐기 (palmer grasp)	오션드럼을 두 손으로 잡고 기울이며 연주한다. 셰이커를 손바닥으로 잡고 연주한다.
손가락의 기민성	각기 다른 손가락으로 두 개 이상의 음을 독립적으로 연주한다.
손목의 움직임	손목 벨을 이용하여 손을 흔들 때마다 소리가 날 수 있도록 한다.
순발력/민첩성	음악에 따라 다양한 동작을 한다. 리듬을 집중해서 듣고 이에 따른 다른 동작 패턴을 제시한다.
근육의 힘과 조절력	음악이 멈출 때까지 악기를 연주하고, 점차적으로 음악의 길이를 증가시켜 나간다. 빠른 곡, 느린 곡, 빨라지는 곡, 느려지는 곡, 크게 연주되는 곡, 작게 연주되는 곡. – 박자에 따른 강약을 연주하기: ff, p, mf, p, ff, p, ff
균형/편측성	두 손에 채를 각각 들고 주어진 리듬 패턴을 교대로 연주한다. 오른손으로는 작은북을 연주하고, 왼손은 심벌을 연주한다.

특히, 건반 악기 연주는 손바닥의 움직임으로부터 독립된 손가락의 힘을 주로 사용한다. 이는 소근육 발달에 효과적이며, 물건을 조작하는 기술에 도움을 준다(〈표 2-7〉).

C. 언어 · 의사소통 영역

음악은 비언어적 의사소통 수단이지만 가창은 아동들의 언어적 기능을 향상시키는 치료적 매개가 될 수 있다. 작게는 발화에 필요한 호흡을 강화할 수 있고, 크게는 제시된 주제에 관한 가사를 만들게 하거나 정확한 발음으로 노래하는 것을 목표로 할 수 있다. 음악은 매우 융통성 있는 도구이므로 아동의 필요와 요구에 따라 다양하게 활용할 수 있다.

1) 발성과 호흡

출생 후 영아들은 생물학적 기능에 수반하는 여러 가지 소리를 낸다. 3개월 정도가 되면 목울리는 소리(cooing)와 함께 여러 가지 모음 소리를 섞어 내기 시작한다. 5개월 전후가 되면 다양한 모음과 자음 소리를 내는데, 이를 주변적 옹알이(marginal babbling)라고도 한다. 6개월이 넘으면 "다다" 또는 "너너"와 같이 자음과 모음이 결합된 음절을 소리낸다. 12개월 이후에는 더 다양한 자음과 모음을 구사할 수 있게 되면서 연속적으로 연결된 음절이나 억양도 나타난다. 이 같은 발달 과정은 환경에 관계없이 보편적인 현상이다.

언어 기술의 기본 조건은 호흡 조절 능력이다. 아동의 호흡 조절 능력은 음색이나 목소리의 공명에 영향을 미친다. 따라서 적절한 언어를 구사하기 위해서는 기본 호흡을 유지할 수 있어야 한다. 리듬에 맞추어 숨을 들이마시고 내쉬는 기술, 취주 악기를 길게 불며 호흡을 일정하게 유지하기, 취주 악기로 장/

단·강/약을 조절하며 불기, 노래를 부름으로써 악보에 명시된 곳에서만 호흡하는 등의 음악 활동이 연습에 포함될 수 있다. 더 나아가, 호흡 훈련은 발화와 발성 뿐 아니라 이완을 유도한다. 이완은 신체와 발성 기관을 편안한 상태로 유지시킨다. 호흡 조절은 신체적 이완과 생리적 상태에 규칙적인 리듬을 가져올 뿐만 아니라, 적절한 발화 및 발성 활동에도 기본적으로 필요시된다. 김영태 (1996)는 다음과 같이 유아의 초성, 중성, 종성의 위치에 따라 음운 발달 유형을 음소 습득, 숙달, 관습, 그리고 출현으로 설명했다(〈표 2-8〉).

〈표 2-8〉 음운 발달의 연령별 유형(김영태, 1996)

연령	음소 발달 단계			
	완전 습득 연령	숙달 연령	관습적 연령	출현 연령
2세	ㅍ, ㅁ, ㅇ	ㅂ, ㅃ, ㄴ, ㄷ, ㄸ, ㅌ, ㄱ, ㄲ, ㅋ, ㅎ	ㅈ, ㅉ, ㅊ, ㄹ	ㅅ, ㅆ
3세	ㅂ, ㅁ, ㅇ	ㅈ, ㅉ, ㅊ, ㅆ	ㅅ	
4세	ㄴ, ㄸ, ㄷ	ㅅ		
5세	ㄱ, ㅋ, ㅈ, ㅉ	ㄹ		
6세	ㅅ			

2) 음운 발달

언어 기술 발달은 크게 네 가지 영역을 포함한다. 음운론, 구문론, 의미론, 그리고 화용론이 그것이다. 먼저 언어에서 가장 중요한 음운론을 살펴보자. 음운은 말의 뜻을 구별해주는 기능을 가진 소리 단위로 소리 체계를 이해하는 데 필수 개념이다. 소리의 강약, 억양, 발음, 조음 등이 여기에 포함된다. 음소는 음운론상의 가장 작은 소리 단위로서, 하나 이상의 음소가 모여 음절을 이룬다. 한국어의 경우에는 24개의 자음과 19개의 모음으로 총 43개의 음소를 가지고 있다. 아동은 연령 변화에 따라 음소를 배우고, 음운을 이해하는 능력이 향상된다. 음운 처리는 모음과 자음을 습득한 후 음절을 연속적으로 연결하는 기술을 말하는데, 약 1.5세경부터 나타나기 시작한다. 이러한 음운 처리 과정은 아동들이 산출할 수 있는 소리에 따라 언어의 소리를 변화시키는 방식을 의미한다. 아동들이 사용하는 음운 처리 과정은 다양하지만 부분적으로 다음과 같은 예에서 볼 수 있다(이현진, 박영신, 김혜리, 2011).

　대치 과정은 특정 소리가 다른 소리로 바뀌는 현상으로 '라면'의 [ㄹ] 소리가 '야면'의 [ㅇ] 소리로 바뀐다. 동화 과정은 어떤 소리가 이웃한 소리의 영향을 받아 닮아 가거나 처음 음절이 반복되는 현상으로 '빨강'의 [ㄹ] 소리가 '강'에 있는 [ㅇ] 소리의 영향으로 '빵강'으로 발음된다. 생략 과정은 어떤 음절이나 소리가 생략되는 현상으로 '사탕'의 [ㅅ] 소리가 생략되어 '아탕'으로 발음된다. 첨가 과정은 어떤 음절이나 소리가 첨가되는 현상으로 '오징어'의 [ㅇ] 소리에 [ㄱ] 소리가 첨가되어 '오징거'로 발음된다. 아동들에게 이러한 음운 처리 현상이 나타나는 것은 단어를 음절의 연쇄나 분리되지 않은 전체가 아니라 개별적인 음소로 표상할 수 있기 때문이다. 이러한 현상은 아동들이 모국어의 모든 말소리들을 능숙하게 발음하게 되면서 사라진다(〈표 2-9〉).

〈표 2-9〉 음운 처리 과정 예시

종류	예
대치 과정	라면-야면, 모자-모다
동화 과정	빨강-빵강, 나무-마무
생략 과정	사탕-아탕, 할아버지-하버지
첨가 과정	오징어-오징거

　음악 활동 중 노래하기는 이러한 음운 발달을 촉진할 수 있다. 체계적인 리듬과 구조화된 선율은 언어에 필요한 음역, 강도 그리고 속도를 향상시켜 준다(Cohen, 1994). 단어에 리듬과 선율을 적용한 노래 활동은 자연스럽게 음운을 처리하는 동시에 명확한 발음을 습득하는 음악적 접근을 제공한다. 예를 들어,

두 음절과 세 음절로 된 단어들의 경우는 각 음절에 적절한 음고와 리듬을 제공해 언어 산출이 촉진된다. 곡의 리듬적 구조에 맞게 선정된 단어 역시 언어적 표현을 촉진시켜 준다. 모음과 자음의 배열이나 자음과 자음의 배열에서 단어의 언어 리듬에 근거한 조음의 정확성이 향상된다. 이러한 목표를 두고 음악치료 세션을 구성할 때, 초기 단계에서는 전래 동요와 같이 음역이 그리 크지 않은 곡들을 선정해 음절의 정확성과 리듬의 규칙성을 활용한다. 예를 들어, 〈잘잘잘〉의 경우는 8분음표와 16분음표가 반복 제시되는데 이는 아동들이 박마다 하나의 음을 규칙적으로 소리내는 훈련으로 활용할 수 있다. 다음 예에서는 "잘잘잘" 외에도 목표 음절을 대체하여 계속 반복함으로써 조음을 향상시킬 수 있다(〈그림 2-2〉).

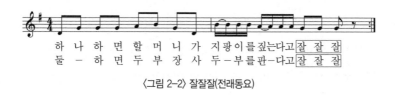

〈그림 2-2〉 잘잘잘(전래동요)

3) 언어 리듬과 억양 강화

음악 활동은 언어 리듬과 구강 근육을 강화시켜 주는 데 활용되기도 한다. 많은 연구들이 음악과 언어의 관계를 연구하면서 실질적으로 음악적 요소인 리듬과 선율이 언어 리듬 및 억양과 깊은 관계를 가지고 있는 것을 보여주었다(Davis et al., 2008). 예를 들어 '바나나', '사과', '수박' 등의 단어들을 나열할 때 노래가 가지고 있는 언어 리듬적인 구조와 음고(pitch), 장단(duration)에 근거해 노래한다면 언어 발달이 촉진될 수 있다. '안녕' 노래에서도 '안'이 '녕'보다 낮으며 '녕'이 높은 음을 가지고 있는 경우가 많은데 이는 단어의 억양과 언어 리듬을 고려한 것이다. 또 하나는 반복적인 음절이나 단어 혹은 선율절(phrase)

을 삽입하고 리듬에 근거해 조음의 정확성을 강화시켜 줄 수가 있다.

다음 예는 바나나를 이용한 노래이다.

언어 기술 중에서도 억양 강화에 목표를 둔 음악치료 세션은 언어 리듬과 음률을 다룬 활동 중심으로 구성된다. 언어는 리듬의 연속이다. 따라서 말할 때의 자연스러운 억양을 음악의 리듬과 선율에 적용해 치료적 요소로 사용한다. 또 음절과 음표를 연결해, 말할 때와 노래할 때의 리듬을 유사하게 하면 노래 부르기가 자연스러워 언어 습득이 촉진된다. 아동이 말을 하지 않는 상황에서 치료사는 언어적 지시 외에 의미 있는 시각적, 청각적 자극을 사용하여 아동이 자발적으로 말을 할 수 있도록 한다(Orff, 1980). 이러한 과정을 통해 구어의 자연스러운 억양을 담고 있는 노래를 반복해 부르면서 언어 발달에 필요한 억양 패턴을 익히게 된다.

4) 의미론

의미론은 말의 의미를 이해하고, 내용을 구성하는 기술에 관한 측면을 말한다. 유아는 평균적으로 10개월부터 30개월까지 단어의 의미론적 개념을 습득하게 된다. 이 시기에는 일상 생활에서 사용되는 단어들을 중심으로 의사소통에 필요한 어휘력이 증가한다. 표현 및 수용 어휘 수, 어휘 다양도, 의미 관계, 그리고 인지 발달에도 변화가 일어난다. 초기에는 단일어만을 이해하지만, 차츰

다단어 문장의 이해 능력으로 확대되어 가고 문장의 의미들을 이해하게 되면서 간단한 지시 수행 능력이 동반된다. 이렇게 유아의 사고 능력이 발달하고 경험이 풍부해짐에 따라 이해력이 늘고 세련된 언어 표현이 가능해진다.

음악 활동에서는 여러 종류의 노래 가사를 배우면서 어휘력이 증가된다. 노래를 배우고 부르는 행동은 단어 습득 과정에 많은 도움이 되는데, 노래에서 제시된 단어의 의미는 물론 내용과의 관계도 이해하게 된다. 따라서 음악치료 세션에서는 계속적으로 새로운 단어를 탐색, 습득할 수 있도록 소개해야 한다. 장유경(1997)의 연구에서는 20개월 전후로 아동들이 사용하는 단어들이 갑자기 8-10배가량 증가하는 현상을 지적했는데, 18개월 때는 22개의 단어를 알다가 만 2세가 되면서 단어 수가 118개로 증가한다고 한다. 이러한 맥락에서 다양한 주제의 동요 부르기는 언어 발달에 의미있는 영향을 준다.

노래의 주제에 따라서도 다양한 표현의 어휘들을 활용한다. 방향 〈빙빙 돌아라〉, 위치 〈둘이 살짝〉, 크기 〈달팽이집〉, 강도 〈리듬악기노래〉 등의 상대적 개념은 물론, 악기 소리를 중심으로 구별할 수 있는 의성어 〈작은 동물원〉과 의태어 〈오이밭에〉들을 다룬 노래들을 활용할 수 있다.

앞에서 말한 것같이 표현에 필요한 의미론의 발달은 노래부르기를 통해 향상될 수 있다. 더 나아가 어휘들을 활용해 수용적 언어 기술과 표현적 언어 기술을 향상시킬 수 있다. 유아의 언어적 기술에는 자신의 생각과 의도, 느낌을 정확하게 전달하는 표현적 기술, 그리고 상대방의 언어를 이해하는 수용적 기술이 있는데, 음악 활동에서는 이 두 가지 기술들을 동시에 향상시키는 데 목적을 둔다.

손을잡고오른쪽으로 빙빙돌아라　　손을잡고왼쪽으로 빙 빙돌아라

〈그림 2-3〉 빙빙 돌아라(아일랜드 민요)

〈그림 2-4〉 둘이 살짝(김방옥 작사/작곡)

〈그림 2-5〉 달팽이집(원곡: 작은별)

〈그림 2-6〉 작은 동물원(김성균 작사/작곡)

〈그림 2-7〉 포도밭에 포도가(원곡: 포도밭에 포도가)

〈그림 2-8〉 리듬악기노래(이계석 작사/작곡)

5) 구문론

구문론은 말의 언어학적 구조와 관련된다. 형태소 및 낱말의 나열이나 그들이 통합되어 구, 절, 문장 등을 이루는 방법을 의미한다. 가장 먼저 나타나는 구문의 형태로는 낱말을 단지 순서대로 나열하는 것으로, 3세를 전후로 시작된다. 차츰 동사, 형용사, 부사 등 이해하는 낱말의 품사가 늘어나고 문법 형태소들이 습득되고, 후기에는 문장의 어순 등을 이해하게 된다.

이러한 언어의 구문론적 측면을 발달시키기 위해서는 노래를 많이 사용하는데 기존의 곡들보다는 치료사가 아동의 필요를 위해서 특별히 개사하거나 작곡을 해서 활용하는 경우도 있다. 예를 들어 격조사(주격, 목적격, 처소격, 관형격 등), 어말 어미(존칭), 선어말 어미(시제, 부정 등)가 있는데, 이러한 부분들을 가사에 적용하여 노래를 통해 습득하고, 1절 이상의 절을 제시하여 적절한 단어만을 바꾸면서 문장 만들기를 유도한다(김영태, 2003)(〈그림 2-9〉).

〈그림 2-9〉 나는 멋있는 음악가(원곡: 나는 숲속의 음악가, 이요섭 작사/독일 민요)

6) 화용론

화용론은 의미론의 발달과 동시에 이루어지며 특정 상황에서 말을 하는 사람과 듣는 사람이 사용하는 말의 소통적 기능을 의미한다. 화용론적 능력이란, 듣는 사람에게 있어서는 말하는 사람의 의도를 인식하고 이해하는 능력이며, 말하는 사람에게 있어서는 듣는 사람의 의도를 인식하고 이해하는 능력이다.

화용론적 능력은 구문론, 의미론의 발달과 함께 이루어진다. 보편적으로 정상발달의 아동들은 3세 정도가 되면 대화를 부드럽게 이끌어 나가는 규칙이나 과정들에 대한 이해가 발달한다. 화용론적인 기술을 보여주는 언어적 행동이 특별히 규명되어 있지는 않지만, 전반적으로 이야기 전체의 의미를 분석하거나, 문장의 논리를 이해하고 반응하는 행동, 또는 간접적인 표현에 대한 이해, 그리고 상대방의 비언어적, 특히 얼굴 표정이나 강세, 억양 등이 전달하는 의미를 파악하는 기술 등이 있다.

이러한 부분들은 음악 안에서 가사가 전개하는 의미를 이해하고 이에 대한 발화를 통해 훈련될 수 있다. 〈숲 속 작은 집 창가에〉는 가사를 통해 시나리오

〈그림 2-10〉 숲 속 작은 집 창가에(외국곡)

를 제시하고 이에 적절한 반응을 표현하도록 유도한 예라 할 수 있다(〈그림 2-10〉).

언어 및 의사소통 영역에서는 음악 활동 중에서 노래가 가장 효율적인 활동이다. 노래를 통해서 아동이 언어적 지시를 이해하고 있는지, 비언어적 반응은 가능한지, 단어의 인지와 이해가 가능한지를 파악할 수 있으며, 추상적인 사고, 개념 습득 등의 능력을 관찰할 수 있다.

수용 언어는 인지 기능과 깊은 관계가 있으며, 실질적으로 표현 언어가 부족하다 하더라도 언어를 이해하는 데에는 특별한 문제가 없는 경우도 있다. 다양한 감정을 다룬 노래를 배우면서 적절한 단어 표현을 유도하고, 어휘력을 증가시켜줄 수 있다. 가사를 만들거나 기존의 노래를 개사를 하는 활동은 즉각적이며 자연스럽게 자신을 표현하는 기회를 제공한다(〈표 2-10〉).

〈표 2-10〉 세부적 언어 기술 강화를 위한 음악 활동 예시

수용 언어 (인지기능과 연관성 큼)	행동/동작 지시 이해	음악 안에서 제시되는 지시들을 수행할 수 있는지를 관찰할 수 있다. 예를 들어, "달팽이 집을 지읍시다. 점점 크게, 점점 작게, 점점 높게, 점점 낮게" 등의 동작의 크기를 달리하는 지시를 이해하는 지를 본다.
표현 언어 (다양한 세부 기술들이 포함됨을 참고 해야 함)	호흡	리드혼(reed horn): 소리 산출을 통한 들숨 날숨의 길이와 강도 조절과 호흡 유지력 강화 슬라이드 휘슬(slide whistle): 악기가 가지고 있는 선율적 전개를 완성하기 위한 호흡 유지력 강화
	발성/발화	악기 연주 시 악기 소리를 모방하면서 발성하기 　셰이커: 칙칙칙 　패들드럼: 둥둥둥 　클라베: 딱딱딱 　탬버린: 찰찰찰 　-발화: 〈아름다운 메아리〉를 부르면서 "야호"가 나오는 곳에서 발화를 유도한다.
	의문론/화용론	가사에 담겨진 시나리오를 달리하여 적절한 부분에서 언어 반응을 유도한다. 〈여우야 여우야〉 노래를 부르면서 여우의 다양한 행동들을 그린 그림을 같이 보여주고 들려주면서 행동에 대한 언어적 표현을 유도한다. 여우야, 여우야 뭐하니? 잠잔다 세수한다 밥 먹는다 이 닦는다

D. 정서(개인 내적) 영역

음악치료에서 의미하는 정서는 개인 내적 심리 및 감정을 의미한다. 개인적으로 자신의 감정을 이해하고 이를 소통하는 능력이 갖추어졌을 때 적절한 대인관계 형성이 가능하므로 사회적 기술을 보기 전에 먼저 개인 내적인 정서를 보는 것이 중요하다. 긍정적인 음악 활동은 자기 개념 형성에도 도움을 주며 자신의 정서를 표현하고 소통하는 기회를 제공한다.

아동이 성장하면서 감정 경험의 강도가 증가하고 감정의 유형이 다양해지면서 음악은 감정적 도구로서 정서 발달에 중요한 역할을 한다. 음악 활동에서 자신의 감정을 이야기해보고 이를 음악 소리로 표현하는 등 자신을 이해하게 되며 타인에게 인식시키고자 하는 동기도 강해진다. 음악은 내담자의 에너지와 감정을 전달하므로 치료사는 내담자가 만들어 내는 음악에 내재된 정서가 어떻게 표현되는지에 귀를 기울인다.

음악치료의 목표가 음악아이(music child) 또는 음악적 자기(self)의 실현이므로 음악 안에서 자신의 존재감을 확인하고 이를 즐기는 것은 음악이 치료적으로 작용하는 데 가장 기본이다. 음악치료에서 음악은 특정 기술과 수준이 아닌 참여 그 자체에 의미를 두며 만들어진 음악을 평가하기보다는 자신의 음악을 수용하고 성취감을 갖도록 하는 데 초점을 둔다.

한 예로 리듬 합주에서 본인의 내재된 에너지를 표출하고, 타인의 음악과 어우러지는 자신의 음악을 들으면서 존재감과 효능감을 느낄 수 있다. 내담자의 연령과 기능에 따라 다채로운 활동을 구성함으로써 여러 형태의 정서를 일깨워주고 이를 소통하고 나눌 수 있는 기회를 제공한다. 내담자의 충동적 에너지에 따라 연주의 형태가 고려되며 내담자의 정서적 문제가 내재화되었는지 혹은 외현화되었는지에 따라 음악 활동 구성이 결정된다(〈표 2-11〉).

〈표 2-11〉 개인 내적 요인과 음악 활동 예시

세부 기술	활동 예시
자존감	노래의 가사를 익혀서 큰 소리로 부른다.
충동 조절	연주되는 음악이 들리면 북을 연주하고 끝나면 멈춘다. 언제 다시 음악이 시작될지 모르므로 기다리다가 다시 음악이 들리면 연주한다.
자기 표현	각기 다른 정서의 곡들을 감상하고 이에 대한 소감을 이야기한다. 행진곡: 위풍당당 행진곡 장송곡: 모차르트 레퀴엠 왈츠: 강아지 왈츠
성취감	음악극과 같은 이야기 전개가 있는 활동에서 음악 역할을 통해 함께 이야기를 만들어 나가는 경험을 갖는다.
자기실현	타인들 앞에서 혼자 연주하거나 노래함으로써 외부의 관심을 수용하고 존재감을 확인한다.
주도력	핸드벨 즉흥 연주 등 앞에서 합주를 지휘하는 경험을 통해서 집단을 주도하는 시간을 갖는다.

E. 사회(관계적) 영역

음악치료에서 사회성은 대인관계 형성과 상호 작용 및 타인과의 교류에 필요한 기본적인 기술을 의미한다. 타인과 관계를 맺기 위해서는 기본적으로 타인 인식과 환경 인식이 가능해야 한다. 또한 사회적 기술은 가족 외에 또래 혹은 타인과의 관계를 형성하기 시작하면서 적절히 발달된다. 아동이 또래 관계를 형성하기 시작하면서 자기중심적인 사고와 행동들을 조절하게 되고 규칙, 협동심, 그리고 타협 기술을 배우게 된다. 이러한 사회적인 기술은 3~4세부터 시작되는데 비언어적 교류, 언어적 교류, 그리고 행동적 교류로 구분될 수 있다. 비언어적으로는 신체적으로 접촉하거나 미소를 통해 상호 작용을 시도하는 것과 언어적으로는 말과 표현을 통해 상호 작용하는 것, 그리고 행동적으로는 모방이나 놀이를 통해 적극적으로 상호 작용하는 것을 말한다(Bernard & Olivia, 1997).

이러한 상호 교류를 통해 아동은 타인에 대한 이해가 시작되는데 이는 사회

적 자아라고도 불린다(Bandura, 1989). 동시에 자기 통제가 발달하면서 약 7세
가 넘으면 다른 사람들이 자신의 행동에 대해서 어떻게 반응하는지, 또는 대상
에 따라 어떻게 자신의 행동을 조절해야 하는지 등을 사고할 수 있다. 음악 환
경에서 자신에 대한 이야기를 나누고 또래의 이야기를 들어보는 것은 타인 인
식과 관계 형성에 도움이 된다. 이러한 상호 작용은 자신에 대한 사실적인 정
보를 나누고 각자의 주관적인 표현을 수용해주는 것에서부터 시작될 수 있다.
노래 가사에 따라 자신의 이름, 나이, 형제, 좋아하는 음악, 악기, 가수 등 사실
적인 정보를 나누고 그 외에 무엇을 좋아하는지, 싫어하는지 등 음악적 구조에
서 다양한 정보를 교류하면서 또래를 이해하고 그들에게 자신을 이해시키는 경
험은 사회성을 개발하는 데 매우 중요하다.

　사회적 기술은 음악의 심리사회적 기능과도 관련이 있는데 사람 간의 공감대
를 이어 주는 합주나 합창과 같은 집단 활동은 기본적인 사회적 기술을 강화하
는 데 도움을 준다. 합주에서 내담자는 치료사의 음악과 함께 어우러져 역동적
인 음악이 만들어지는 성취감을 경험하게 된다. 같이 만드는 음악을 통해서 소
속감을 경험하게 되고 서로 교감하면서 하나의 음악을 만드는 과정은 배려심,
순응력, 공감 능력 등을 강화시킬 수 있다(〈표 2-12〉).

〈표 2-12〉 관계적 요인과 음악 활동 예시

세부 기술	활동 예시
타인과의 교류	다른 사람이 리듬을 듣고 모방하여 연주한다.
협동심	큰북, 작은북, 실로폰, 탬버린 등 각자에게 주어진 악기를 박자에 맞춰 지시에 따라 연주하면서 하나의 음악을 만들어간다.
소속감	각자 노래의 맡은 부분을 연습하여 완성된 노래를 부름으로써 집단의 공통된 음악적 성취를 공유한다.

지금까지 인간의 음악 행동에 대한 이해를 돕기 위해 음악 행동과 관련된 기술 및 기능 영역을 인지, 운동, 언어, 정서, 사회로 분류하여 설명했지만, 음악 행동은 관련된 다양한 하위 기능과 밀접한 관련성이 있다. 이러한 영역 내 세부 기능들은 근본적으로는 인간의 뇌에서 처리되는 정보의 유형과 이에 따른 지시 전달에 의해 이루어진다는 공통점이 있다. 즉 뇌에서 정보를 수용하고 이에 따른 반응이 발달 영역 전반에서 이루어지는데, 그 세부 기능 구분은 〈그림 2-11〉과 같다.

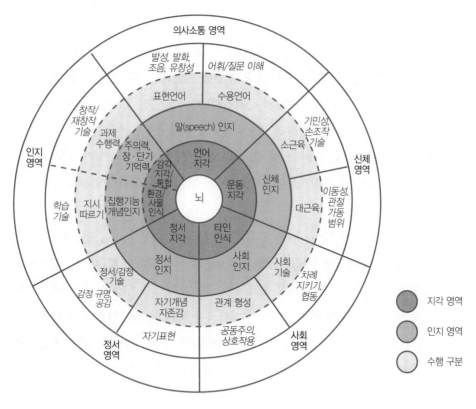

〈그림 2-11〉 발달 영역과 세부 기능 분류

인간 행동 수행의 첫 단계에는 뇌에서 기능 영역별로 요구되는 최초의 '지각'이 이루어지며, 이는 특정 행동을 수행하기 위해 필요한 뇌 영역의 활성화를 의미한다. '지각'이 이루어지고 나면 이어서 '인지'의 단계가 요구되며, 이 단계에서는 행동을 구현하는 데 필요한 구체적인 세부 기능을 어느 정도 활용 가능한지 알 수 있다. 기능 영역별로 구분되어 있는 인지 단계를 거쳐 수행 단계에 이르면 비로소 외현화되고 행동으로 관찰할 수 있다. 이를 '수행(행동)' 단계로 구분했으며, 수행은 이전 단계인 지각과 인지의 과정을 거쳐 나타난 것으로 볼 수 있다. 수행 단계는 개인이 처한 상황이나 요구되는 과제의 속성, 즉 난이도 혹은 복잡성 등에 따라 다양한 세부 기능으로 분류될 수 있다. 예를 들어 조음에 어려움을 보이는 아동의 의사소통 기능을 평가할 때 실제 표현 언어 기술상에서 어느 정도의 문제인지, 관련된 표현 언어 기술의 문제는 없는지 등을 살펴봐야 하며, 이것이 말 인지 단계의 문제인지, 아니면 언어 자체를 지각하는 데 필요한 발달이 충분히 이루어진 것인지를 판단해야 한다. 최종 단계에서 관찰된 하나의 문제행동을 직관적으로 판단하기에 앞서 뇌에서부터 인간 행동에 이르는 일련의 단계를 중심으로 살펴보고 어떤 기능의 세부 기술의 문제인지를 고민할 필요가 있다.

　　더 나아가 문제행동과 관련된 원인에 대한 다각적인 분석이 필요하다. 예를 들어 인사를 하지 않거나 눈 맞춤을 피하는 학생이 있다고 할 때, 이 행동이 상대방을 인지하지 못하는 지적 문제에서 기인한 것인지, 우울과 같은 정서적 어려움인지, 혹은 상대방과 관계를 형성하고자 하는 동기가 결핍된 사회성 결핍으로 인한 행동인지 등 다차원적인 분석력이 필요하다. 따라서 관찰된 문제점의 접근에 있어 영역 구분 및 기능 수준 단계에 대한 이해가 반드시 선행되어야 한다.

제3장

아동 대상 음악치료

　음악치료는 내담자의 필요와 치료 목표에 따라 음악을 활용하는 전문 분야이다. 따라서 음악활동 계획을 수립하는 데 있어 대상이 가진 장애 또는 증상 특성을 이해하는 일은 매우 중요하다. 음악치료 현장에서 만날 수 있는 다양한 대상 중 먼저 아동 대상이 가질 수 있는 발달적 문제와 이에 따른 치료 목표에 대해서 살펴보고자 한다. 이 장에서는 장애로 인한 발달적 기능의 어려움, 정서 행동적 문제점, 그리고 이에 대한 음악치료적 개입과 치료적 고려 사항들에 대해서 소개한다. 아동들의 기능 문제와 음악적 특성에 대한 이해는 타당한 음악치료 개입을 구성하는 데 매우 중요하다.

1. 아동 음악치료

아동 대상 음악치료의 경우 주로 발달장애에서부터 정서 또는 행동장애를 가진 아동들까지 음악치료가 제공된다. 주로 특수 학교, 특수 학급 또는 지역 사회 발달장애센터 등 발달적 기능에 어려움이 있는 아동들을 대상으로 음악을 치료 교육적 도구로 활용하는 경우가 많다. 즉 행동과학적 철학에 근거하여 구조화된 활동 중심의 음악치료 세션이 특징이라고 볼 수 있다. 특수 교육 분야에서 음악치료의 적용이 강화된 사례는 미국에서 가장 먼저 볼 수 있다. 최소 제한 환경(least restrictive environment)과 개별화 교육계획안(IEP)이 활성화되면서 다양한 장애를 가진 아동들의 의사소통, 인지, 감각 및 지각 운동, 사회·정서·심리적 필요에 따른 효과적인 접근이 발달되기 시작했다.

장애군에 따라서 음악이 사용되는 방법과 치료 목적은 다양하지만 가장 공통적인 부분은 음악의 감각통합적 기능이다. 감각 통합(sensory integration)이란 환경 정보를 감각적으로 수용하여 신체 내에서 그 다음 행동에 필요한 조치를 조직화하는 신경학적 메커니즘이라 정의할 수 있다(Ayers, 2005). 감각 신경들이 신체가 무엇을 하고 있는지 뇌에 전달해주고 나면, 들어오는 감각 투입(sensory input)이 서로 의사소통을 하고 있는 신경 세포들을 통해 운동계가 해야 할 일들의 명령을 내린다. 그러므로 감각 통합에서는 감각과 운동의 협응 과정이 중요하다. 감각 통합 이론은 장애의 상태를 개선하고자 하는 치료 교육 방법의 하나로 전정(vestibular) 감각, 근운동(kinesthetic) 감각, 촉감각의 기능을 최대한 이용한다. 감각 기관에 장애가 있으면 신체의 움직임 및 공간에서 몸의 위치를 정립하는 기술이나 촉각, 또는 위치 감각에서 여러 장애가 나타난다.

음악 자체를 감각 자극제로 활용하기 위해 다양한 감각 통합적 접근이 이루어져 왔다. 악기의 탐색적 사용과 선택적 사용이 촉각(악기 질감), 시각(악기의 시각적 다양성), 운동 감각(동작과 연주 행위), 청각(음색과 화성 전개)을 통합하고 최적화시켜 감각 통합에 도움을 준다(Thaut, 1988a). 기본적으로 북, 심벌과 같은 악기를 조작하고, 음악에 따라 동작하기 등 신체를 움직이고 다양한 빠르기에 반응하며, 질감에 따른 다양한 음색의 차이를 인식하고 악기의 공간적 위치에 따라 음고가 달라지는 등 다양한 감각적 정보가 통합되어 총체적 학습 환경이 주어진다고 할 수 있다. 이러한 음악의 이점을 토대로 장애 아동들이 가지고 있는 다양한 기능의 어려움을 여러가지 음악 활동을 구조화하여 강화할 수 있다.

2. 음악치료 주대상군

A. 자폐스펙트럼장애

1) 장애의 정의와 특징

자폐스펙트럼장애(Autism Spectrum Disorder: 이하 ASD)는 사회적 상호 작용 및 의사소통의 장애, 반복적인 이상 행동이 특징적으로 나타나며, 한 아동의 일생 동안 영향을 미치는 신경발달학적 장애이다(American Psychiatric Association, 2013). 자폐증은 1943년 처음으로 정신과 의사였던 Kanner가 11명의 독특한 증상을 보이는 아동들을 치료하면서 정의되었다. 그 후로도 계속해서 자폐 증상의 진단과 정의가 재정립되어 왔으며, 이 과정에서 자폐 아동들의 사회적 결함에 대한 견해가 부각되었다(강수균 외, 1999).

사회적 의사소통의 결함이나 행동 특징에 있어 다른 임상적 장애와 명료하게 구분되지만, 장애 정도나 언어 수준, 지능 수준 등에 있어 개별적 변이성이 커 하위 유형 분류 기준에 따른 세분화된 진단이 일관적이지 않다는 점과 관련해 지속적인 논의가 진행되었다.

정신장애의 진단 및 통계편람 제5판(Diagnostic and Statistical Manual of Mental Disorder: DSM-5)이 4판과 달라진 점도 이러한 추세가 반영된 시도라고 할 수 있다. DSM-IV(American Psychiatric Association, 2000)에서는 자폐성장애(Autistic Disorder)라는 명칭으로 진단이 이루어졌고, 아스퍼거장애(Asperger's Disorder), 소아기붕괴성 장애(Childhood Disintegrative Syndrome), 레트장애(Rett's Disorder), 달리 분류되지 않은 전반적 발달장애(PDD-NOS)와 함께 전반적 발달장애(Pervasive Developmental Disorder: PDD)의 하위 유형에 속했다. 그에 반해 DSM-5에서 자폐성장애는 아스퍼거장애 및 PDD-NOS와 함께 단일 진단명, 즉 자폐스펙트럼장애(ASD)로 통합되었고, 각 장애를 민감하게 구분하기보다는 연속선상에서 나타나는 장애 정도의 차이로 보고자 했다(American Psychiatric Association, 2013).

발달 영역별 특징을 보면 첫째, ASD 아동은 사회적 의사소통에 있어 현저한 결핍이나 기능의 이상성을 보인다. 해당 아동은 눈맞춤이나 신체 움직임 등 비언어적 상호 작용을 시도하거나 타인의 제스처에 담긴 의도를 이해하고 적절하게 반응하지 못한다. 사회적 상호 작용이 어렵고, 다른 사람에게 접근하는 시도가 이루어질 때도 부적절하게 타인을 만지는 등의 행동이 나타나기도 한다. 사물이나 대상에 대한 주의를 공유하는 것(joint attention)에 결핍이 있고, 또래에 대한 관심이 부족해 관계를 형성하고 유지하는 데도 어려움이 있다. 타인의 접촉에 반응하지 않거나 다른 사람의 감정에 공감하지 못하는 경우가 많다.

둘째, ASD 아동은 반복적인 이상 행동과 관련된 특징을 보인다. 많은 ASD 아동들이 특정한 목적과 상관없이 상체 흔들기, 원을 그리며 돌기, 손가락 흔들기 등 반복적인 신체적 움직임(stereotypic behavior)을 보인다. 동일한 것이나 의례적인 일과에 대한 지나친 집착으로 인해 환경이나 일과에 있어서의 작은 변화를 수용하지 못하거나 극도로 화를 내는 등의 모습도 보인다.

셋째, 발화나 발성을 통한 의미있는 상호 작용이 제한적이고, 상황에 적절하지 않은 말이나 의미없는 말을 반복적으로 중얼거리거나 타인의 말을 반복하는 반향어를 보이기도 한다. Baltaxe & Simmons(1985)는 자폐 아동들이 반향어를 사용하는 것은 구어를 이해하지 않은 상태에서 통합적으로 외우기 때문이라고 하면서 반향어를 그들의 형태적 또는 통합적(gestalt) 사고와 연관지어 설명했다. Siegel(1996)도 자폐 아동이 반향어를 하는 것은 청각적 자극을 수용하는 능력이 단어나 소리의 의미를 해석하고 이해하는 능력보다 앞서기 때문이라고 설명했다. 즉 자폐 아동의 청각 자극 해석 능력이 청각 자극 수용 능력보다 떨어지므로 이들은 자극을 단순히 반복함으로써 그 상황에 대처한다는 의미이다.

마지막으로, DSM-5에서는 이상 행동과 관련해 감각 자극에 대한 과잉 혹은 과소 반응이 진단 기준으로 추가되었는데, ASD 아동은 온도나 통증에 대해 무감각한 경우도 있고, 특정 물체의 재질이나 촉감에 과도한 수준으로 집착하거나 거울이나 빛 등의 자극, 혹은 빠르게 돌아가는 물체 움직임에 지나치게 몰입하기도 한다. 반대로 다른 사람과의 신체적 접촉을 극도로 피하거나 특정한 소리에 극도로 민감한 반응을 보이기도 한다(American Psychiatric Association, 2013).

2) 음악치료 목표

ASD 아동을 위한 음악치료에서는 인지, 언어, 사회 영역에서 필요한 다양한 기술들을 다룰 수 있다.

먼저 인지 영역에서는 주의력, 사물 인식 및 환경 인식 능력, 기본 학습 기술 및 과제 수행에 필요한 다양한 인지 기술들을 다룬다. 리듬 패턴이나 템포, 강도 등의 변화를 즉각적으로 알아차리고 반응하는 특징을 보인다. 이러한 특징으로 인해, 음악의 자극 수준을 조정함으로써 해당 아동의 반응을 목표하는 수준으로 조정하는 것, 주의를 이끌어내는 것에 있어 음악의 효과적인 역할을 기대할 수 있다. 언어적 단서나 학습 정보가 음악으로 패턴화되어 제공되었을 때 보다 용이하게 습득하는 경향이 있다. 또한 목표 행동 기술을 습득할 때 음악적 구조가 명료하면 명료할수록 의례적인 절차를 따르려는 아동의 성향을 충족시켜주기에 긍정적인 행동을 강화할 수 있다. 한 예로, 규칙적인 박이 반복되는 패턴이 제공될 때 상동 행동이나 이상 움직임이 효과적으로 감소하기도 한다(Accordino, Comer, & Heller, 2007).

사회영역에서 ASD 아동은 이름 부르기, 신체적 접근, 비언어적 제스처 등으로 제시되는 사회적 큐에 대한 반응이 제한적이고, 반응에 이어 제공되는 사회적 강화(eg. 상호 작용을 시도한 타인과 주의, 정서, 얼굴 표정 등)를 보상적으로 인식하지 못한다. 따라서 시도된 반응에 대해 즉각적인 피드백을 제공할 수 있는 음악적 자극이 효과적인 매개체가 될 수 있다(Gold, Wigram, & Elefant, 2006; Whipple, 2004). 이러한 맥락에서 공동주의나 상호 작용을 유도하는 음악적 단서가 제공되고, 아동의 행동에 대해 음악적 피드백이 제공되도록 활동을 구성할 수 있다. 또한 구조화된 음악 안에서 음악적 상호 작용을 유도하는 활동을 구성할 수 있다. 반복적이고 예측 가능한 틀을 지닌 음악을 사용하여 아동이 반응해야 하는 지점에서 유연하게 적용될 수 있는 음악적 공간을 제공함으로써 상호 작용에 반응하도록 한다(Dimitriadis & Smeijsters, 2011).

자폐스펙트럼장애를 가진 아동들에게 음악은 하나의 감각 자극과 구조화된 매체로서 활용된다. ASD 아동은 감각 자극의 하나로서 음악 자극에 대해 지나치게 민감한, 혹은 무감각한 반응을 보일 수 있다. 이는 음악 자체에 대한 부정적인 반응이라기보다는 제공된 음악이 해당 아동의 자극 적정 수준에 미치지 못하거나 과도하게 넘은 것으로 받아들임으로써 야기된 반응이라고 할 수 있다. 따라서 음량이나 템포 등을 변화시켜 음악 자극의 수준을 조정함으로써 즉각적인 반응 변화를 이끌어 낼 수 있다. 또한 목적에 맞게 재배열하고 조직화한 음악을 제공함으로써 감각 반응을 의도적으로 조절하도록 유도할 수도 있다.

감각운동 영역에서는 리듬을 이용하여 상동행동이나 부적절한 신체 움직임 등을 조직화할 수 있는데, 예를 들어, 특정 리듬 패턴을 제공하고 이에 따른 동작을 유도할 수 있다. 아동이 리듬 패턴에 단계적으로 노출되고, 그에 맞추어 청각 자극과 운동을 협응시키는 패턴을 조직화함으로써 감각 자극을 통합할 수 있는 기회를 제공받게 된다. 음악 활동이 충분한 감각 자극을 제공하므로 가능한 한 음악 구조 안에서 상동 행동을 음악적 행동으로 대체하도록 한다(Koegel et al., 1982).

특별한 경우 상동 행동의 유형에 따라 '상반되는 행동(incompatible behavior)'을 유도할 수 있다. 한 예로, 자기 자극 행동 감소를 위해 상반되는 자극제를 사용한 행동 수정 연구에서는 머리를 때리는 행동 감소를 위해 채를 쥐어 주고 북을 연주하게 했다. 또, 다른 연구에서는 상체를 앞뒤로 흔드는 상동 행동에 대해 행동의 속도에 따라 피아노를 연주하여 아동이 본인의 행동과 환경에서 제시된 청각적 큐를 인지하도록 유도했고, 이러한 청각적 큐를 조절함으로써 상동 행동을 감소시켰다.

언어 영역에서 음악치료는 반향어 감소를 위한 개입으로 가장 많이 사용된다.

Bruscia(1982)는 반향어를 음악적으로 분석한 후 이에 대한 치료적 전략을 구상했는데, 반복되는 반향어를 하나의 음악적 단위로 보고, 음악과 함께 승화시킬 수 있는 창의적인 접근 방법을 개발했다. 이러한 치료적 논거를 바탕으로 개발된 음악치료 프로그램을 실행한 결과, 30세션의 음악치료를 받은 후 자폐 아동의 반향어 사용이 95%에서 10% 이하로 감소했다고 보고되었다.

또 다른 음악치료 목표는 화용론적 측면에서의 소통 기술이다. 화용론은 언어적 또는 상황적 문맥에 따라 언어를 이해하거나 표현하는 언어의 기능적인 측면을 말한다. 어떠한 지시에 대해 "예" 혹은 "아니오" 등의 답변을 할지라도 지시의 의미를 이해하지 못하기 때문에 행동이 따르지 않는다(김영태, 2002). 여광응(2003)은 자폐 아동에게 언어적 교류에 필요한 능력이 결여되어 있으며, 사회성 결함으로 인해 상대의 마음을 읽거나 이해하는 능력이 부족하기 때문이라고 한다. 이러한 문제는 정서 문제와도 연관되는데, 다른 사람의 정서를 이해하거나 감정적 상황에 정서적으로 적절하게 반응하는 데 어려움이 있다.

3) 치료적 고려 사항

ASD 아동의 특성을 고려해서 치료사는 다음과 같은 전략을 활용하도록 한다.

첫째, 친숙하고 일관성 있는 개입을 구성한다. ASD 아동은 친숙한 환경을 선호하기에 가능한 익숙한 환경과 세션의 전개 역시 일관성있게 진행되어야 한다. 세션의 시간과 공간도 가능한 동일하게 유지하고 세션 내에서도 예측적인 구조를 제시한다. 그 안에서 해당 아동이 자신에게 제시될 상황이나 과제를 예측하고 그에 대처하도록 돕는 것이 중요하다. 새로운 과제나 활동을 제시할 때, 치료사는 아동에게 기대하는 것을 분명하게 전달해야 한다. 또한 아동에 따라 진행 활동 순서를 일관적으로 유지하거나 활동 순서에 대한 시각적 표를 만들어 제시할 수도 있다. 활동이나 과제의 종료 시에도 즉각적으로 활동을 멈추고 아동이 순응하도록 요구하기보다는 종료될 때까지의 구체적인 시간이나 횟수를 사전에 제시하며 그 시간 동안 아동이 자발적으로 활동을 마무리할 수 있도록 돕는 것도 한 가지 방법이 될 수 있다(Kern & Aldridge, 2006; Kern, Wakeford, & Aldridge, 2007).

둘째, 환경의 물리적 구조를 정비한다. 아동이 이상 반응을 보이는 특정 감각 자극에 대해 이해하고, 지나치게 집착하거나 거부 반응을 보이는 환경적 요소를 사전에 소거해야 한다. 타인의 신체적 접근이나 접촉에 대한 반응, 아동이 보이는 부적절한 신체적 행동 등도 사전에 확인할 필요가 있다. 이때 가정이나 학교에서 해당 반응에 대해 어떻게 개입하고 있는지 정확하게 알아야 한다. 허용되는 것과 허용되지 않는 행동에 대한 대처에 있어 부모나 교사 등과 일관적인 방식을 유지하지 않으면 부적절한 행동을 강화할 수도 있고, 음악치료 외 상황에서 이루어지는 개입에 부정적인 영향을 끼칠 수 있다.

마지막으로 문제 행동 분석에 따른 적절한 대처 전략이 필요하다. ASD 아동이 보이는 문제 행동의 기능 및 발생 원인에 대해 정확하게 분석해야 한다. 상동 행동에 대한 일차적인 동기는 자기 자극적인 강화를 통한 감각적 피드백일 수 있지만, 상황에 따라 관심, 과제로부터의 회피, 요구하기, 정서적 불안 등이 원인일 수 있다. 해당 행동이 발생한 상황과 맥락이 정확하게 확인되지 않으면, 그 행동이 일어났을 때 적절하게 대처하지 못해 소거해야 하는 행동을 오히려 강화하는 결과로 이어질 수 있다. 따라서 치료사는 정확한 분석에 근거해 해당 행동을 소거시킬 수 있는 중재 전략을 세우거나, 그 행동이 발생했을 때 적절하게 대처할 수 있어야 한다(Matson & Nebel-Schwalm, 2007; Tarbox et al., 2009).

B. 지적장애

1) 장애의 정의와 특징

지적장애(Intellectual Disability)는 우리나라의 특수 교육 대상 학생 중 가장 많은 비중을 차지하고 있다(교육과학기술부, 2013). 표준화된 검사 도구로 측정하는 지적장애는 지능 검사와 적응 행동 검사에서 모두 심각한 제한을 확인할 수 있어야 하며 18세 이전에 판별해야 한다. 단순히 지능뿐만 아니라 연령에 맞는 '개념적, 사회적, 실용적 기술' 등의 적응행동 발달 여부도 지적장애의 개념에 있어서 중요하게 여겨지는 부분이다. 장애명도 과거의 정신지체(Mental Retardation)에서 지적장애(Intellectual Disability)로 변경되면서 개인의 능력과 환경적 맥락을 강조하게 되었다(이소현, 박은혜, 2011).

미국지적장애 및 발달장애협회(American Association on Intellectual and Development Disabilities: AAIDD[2010])의 분류 기준을 보면 지적장애를 개인의 능력뿐만 아니라 요구되는 지원의 정도에 따라 간헐적, 제한적, 확장적, 전

〈표 3-1〉 지원 정도에 따른 지적장애 분류(AAIDD, 2010)

분류	지원 정도
간헐적(intermittent) 지원	'필요할 때'에 기초한 지원. 일회적 성격을 띠며, 항상 지원이 필요한 것은 아니고, 인생의 전환기(실직이나 심각한 건강상의 위기상황)에 단기간의 지원이 필요. 간헐적 지원은 고강도 혹은 저강도로 제공됨.
제한적(limited) 지원	일정한 시간 동안 일관성 있게 지원이 필요하고, 시간 제한적인 성격을 띠며, 집중적인 지원보다는 지원 인력이 덜 필요하고 비용도 적게 듦(시간 제한적인 직업훈련 또는 학교에서 성인기로의 전환기의 지원).
확장적(extensive) 지원	적어도 일부 환경(일터나 가정)에서 정규적(매일)으로 지원을 제공하는 것으로, 시간 제한적이지 않음(장기간의 가정생활 지원).
전반적(pervasive) 지원	항구적이고 고강도의 지원으로, 전반적인 모든 환경에서 제공되며, 삶을 유지시키는 데 필요한 지원을 의미함. 일반적으로 전반적 지원은 확장적 혹은 시간 제한적 지원보다 더 많은 인력과 개입을 요함.

반적 지원의 형태로 평가하기도 한다(〈표 3-1〉).

지능은 일반적으로 지능 검사에 의해 얻어진 IQ로 측정하는데 보편적으로 지
능 지수가 70미만일 때를 지적장애로 본다. 그러나 측정이 어렵고 개념이 일반
화되지 않아 IQ 검사 결과에 기초한 경도, 중증도, 중도, 최중도의 분류를 주로
사용하고 있다(〈표 3-2〉). 결론적으로, 지적장애는 장애 정도와 개인차에 따라
그 특성이 매우 다르게 나타난다(Grossman, 1983).

〈표 3-2〉 지능검사 지수에 따른 지적장애 분류(APA, 1994)

분류	지능점수
경도(mild)	50~55에서 70
중등도(moderate)	35~40에서 50~55
중도(severe)	20~25에서 35~40
최중도(profound)	20~25이하

우리나라 장애인복지법의 경우 앞의 두 가지 분류 체계를 참고하여 1에서 3급
으로 분류되어왔으나 2019년 장애등급제가 폐지됨으로써 장애 정도의 기준을 다
음과 같이 제시하였다(〈표 3-3〉).

〈표 3-3〉 장애의 정도와 수준

지능 지수(IQ)	수준
34 이하	일상생활과 사회생활의 적응이 뚜렷하게 곤란하여 평생 동안 독립이 어려우며 타인의 도움을 필요로 하는 수준
35 이상~49 이하	일상생활의 단순한 행동을 훈련시킬 수 있고, 어느 정도의 지도와 감독을 받으면 숙련된 기술이 필요하지 않은 단순한 직업을 가질 수 있는 수준
50 이상~70 이하	교육을 받으면 어느 정도의 사회적, 직업적 재활이 가능한 수준

지적장애 아동들의 주 기능 문제는 인지 기능과 관련된다. 지적장애 아동들

은 학습력, 과제수행력, 주의력과 기억력에 어려움이 있다. 특히 장기 기억력에 비해 단기 기억력의 어려움이 많이 보고되고 있으며, 관찰이나 모방을 통한 학습이 제한적이다. 기초적 능력 부족과 일반화의 어려움으로 인해 학업 수행이 원활하지 못하고, 연령대에 비해 학업 성취도가 낮으며, 초인지(metacognition) 적인 능력의 결함으로 자기 조절에 도움이 필요할 수 있다.

사회인지 문제로 인해 일반 아동에 비해 또래나 교사와 긍정적인 관계를 맺고 유지하는 능력이 부족하고, 부적절한 문제 행동을 보이는 경우가 있다 (Adamek & Darrow, 2005). 하지만 지적장애의 낮은 인지 능력에 비해 사회·정서적 특성은 긍정적으로 기술되는 경우도 있다(Zion & Jenvey, 2006).

정서적으로는 시설과 기관에 수용되면서 많은 훈련 부족으로 인해 스트레스와 긴장을 경험한다. 환경에 대한 이해가 부족해 공격적인 언어나 신체 행동, 이탈 행동 등 부적절한 행동을 보이는 경우도 많다. 특히 지적장애 아동들은 학령기때 실패감을 경험했기에 이후 실패를 미리 예상한다. 이전의 경험으로 인해, 소망과 목표를 낮게 설정하며 아예 학습과 관련된 상황은 피하려고 하고 자존감이 낮다.

2) 음악치료 목표

국내외 여러 문헌이 음악이 지적장애 아동들의 학습을 돕고 주의 집중력과 기억력을 강화하며, 언어 습득과 운동 기술을 향상시키고, 성공 경험을 통해 타인과의 교류를 증가시킬 수 있음을 강조하고 있다(김민경 2007; 이주연, 정광조, 2006; 정영주, 김영태, 2008; Adamek & Darrow, 2005; Duffy & Fuller, 2000; Wigram et al., 2002). 지적장애 대상의 경우 음악치료에서는 주로 인지 영역에 치료 목표를 둔다.

인지 영역에서는 음악 활동을 통해 변별 기술, 모방 기술, 단기 기억력 등을 포함한 과제 수행에 필요한 다양한 학습 기술을 강화시키는 데 초점을 둔다. 주로 연주 활동을 통해서 음악 만들기에 필요한 사고력을 증진시키는데, 한 예로 치료사의 연주를 모방함으로서 제시된 음악의 박자, 템포, 리듬 패턴 등 음악적 속성(시간적 구조, 공간적 구조)을 이해하고 기억한 후 재생산하는 훈련을 한다. 이러한 활동은 소리 정보 처리에 필요한 인지, 그리고 기억과 인출을 모두 거치기에 과제 수행에 필요한 사고력과 응용력을 강화해준다.

또한 음악을 기억의 도구로도 사용하는데 암기해야 할 내용에 적합한 곡을 만들어서 부를 수 있다. 단순한 리듬과 선율의 경우 모방과 기억이 쉽기 때문에 기억 보조도구로 사용될 수 있다. 음악의 구조는 정보를 순서대로 제공하고 조직화하여 맥락 안에서 문제를 해결해 나가는 데 도움을 줄 수 있기 때문에 정보의 절차적 수용에 효율적인 전략으로 활용된다(곽은미, 2010). 또한 리듬 패턴, 멜로디, 음량 등 다양한 음악 요소들의 즉각적인 변형이 가능하므로, 집중력이 짧고 이해력에 지연이 있는 지적장애 아동의 학습에 적용할 수 있다.

언어적으로는 지적 기능의 심각도에 따라 언어 발달의 지연이 있거나 조음장애, 또는 구어 발달의 지연, 제한된 어휘, 그리고 정확한 문법 사용에 어려움이 있다. 언어 기술에 목표를 둔 음악 활동은 소리 인식과 수용, 그리고 언어 이해를 중심으로 구성된다. 청각 자극의 의미를 구별하거나 이해하지 못하면 타인과의 의사소통에 한계가 있다. 그러므로 음악치료에서는 악기 소리 따라가기, 위치 인지하기, 음색 구별하기 등의 활동을 통해 청각 지각력 향상과 함께, 가사를 통한 지시주기, 과제 수행하기 등의 의사소통에 필요한 기본 기술을 강화한다(Davis et al., 2008).

사회 영역에서는 타인과의 협동심, 적절한 상호 관계 형성 기술과 타인과의 교류에 필요한 기술들을 경험하게 함으로써 사회성을 촉진할 수 있다. 이를 위해서는 음악 구성을 최대한 구조화해야 한다. 지적장애 아동이 자발적으로 참여할 수 있도록 하고, 가능한 수준에서 목표를 성취할 수 있게 한다. 또한 자신이 만든 고유의 음악을 타인들과 공유함으로써 자긍심을 높이고, 음악활동에 대한 본인의 생각과 느낌을 표현하도록 격려한다. 또래와 함께 하는 그룹 음악활동을 통해 사회 적응 기술을 향상시킬 수 있다. 서로 집중하기, 지시 따르기, 이야기 나누기, 협동하기 등과 같은 활동이다.

정서 영역에서는 자기 개념이 부정적인 경우가 많은데 "나는 이것을 못해요", "이것은 너무 어려워" 등의 발화로 이어진다. 이것이 선생님이나 치료사, 또는 또래의 보조를 청하는 의존 경향으로 나타날 수 있다. 그러므로 성취감을 충분히 경험할 수 있는 활동과 자존감을 높여 주는 경험을 제공한다. 또한 자신의 감정을 인식하는 방법과 이를 표현하는 것이 중요한 음악치료 목표가 될 수 있다.

3) 치료적 고려 사항

지적장애 아동들의 경우 음악 과제가 인지 기능과 긴밀한 관계가 있기에 아동의 기능 수준에 따라 매우 차이가 크다. 특별히 지적장애 아동이 보이는 음악의 발달적 특성은 없고 음악이 지닌 치료적 특성으로 인해 참여도를 증진시키기에 과제에 필요한 동기와 성취감을 강화시킬 수 있다.

지적장애 아동의 음악적 특징을 살펴보면 첫째, 악기 연주 시 간단한 조작으로 소리낼 수 있는 타악기를 선호하며, 특히 진동이 큰 타악기에 보다 적극적인 반응을 보인다(박은주, 2013).

둘째, 중요한 것은 활동이 아동의 기능에 맞아야 한다는 것이다. 적절한 강화 요인을 활용하면 성취감과 성공적인 경험을 제공할 수 있다. 지적장애 아동들은 새로운 일이나 문제, 자극 상황에 지식이나 기술을 적용하는 능력에 결함을 보이며, 미래의 비슷한 상황이나 문제 해결에 필요한 선행 경험의 전이

(transfer)와 일반화(generalization)에 어려움이 있으므로, 체계적으로 난이도를 조절하여 새로운 개념들을 적용한 음악 활동들을 구성한다. 적절한 강화 요인을 포함해 성공적인 경험이 되도록 음악적 과제를 구성해야 한다. 지적장애 아동과 함께 작업하는 음악치료사들은 세부적인 난이도 분석과 명확한 과제 분석력을 갖추어야 한다.

가창 활동 시 도약 진행보다는 순차 진행을 빨리 습득하고, 가온 '도(C₄)'에서 가온 '라(A₄)'까지의 음역의 곡에서는 음정이 비교적 정확한 편이다. 또한 반복적인 리듬이나 의성어와 의태어, 일상생활에서 경험하는 내용이 포함된 노래에는 더욱 흥미를 나타낸다.

셋째, 주의집중과 지속시간이 길지 않아 연주 시간이 긴 악곡은 이해와 표현이 제한적이다. 그러나 음악 활동은 과정을 단순화할 수 있고, 즉각적인 적용이 가능하므로, 장애 정도에 따라 다양한 참여가 가능하다. 따라서 지적장애 아동의 적극적이고 자발적이며 창의적인 표현을 기대할 수 있다.

마지막으로 지적장애 아동을 위한 음악치료는 개개인의 욕구에 따라 각기 다른 목적과 목표를 가지고 개별적으로 시행되고 있다. 이들에게 음악은 기능적인 면과 정서적인 면에서 활용될 수 있으며, 음악 활동의 긍정적인 경험은 이들의 인지 발달을 촉진하는 데 기여할 수 있다.

C. 주의력결핍 과잉행동장애

1) 장애의 정의와 특징

신경행동증후군(Neurobehavioral Syndrome) 중 하나인 주의력결핍 과잉행동장애(Attention Deficit Hyperactivity Disorder: 이하 ADHD)는 부주의, 산만함, 과잉행동, 충동성 등의 행동특성을 가지며 시간이 지남에 따라 증가하고 있다(미국질병통제예방센터, 2011). 특히 학령기 ADHD 아동들은 반응 억제와 자기 조절, 인지적 유연성, 주의력 유지, 창의적 사고 등에 어려움이 있고(Sandra, 2005), 이는 고학년이 될수록 더욱 뚜렷이 나타나며 청소년기와 성인기까지 지속되기도 한다(Mick, Faraone, & Biederman, 2004). 더 나아가 그중 많은 아동들이 적대적 반항장애(30-50%), 품행장애(25%), 학습장애(10-40%) 등을 동반하는 경우가 많다(Glanzman & Blum, 2007).

이들은 지속적이고 반복적으로 부주의와 과잉행동-충동성에 어려움을 겪으며, 이로 인해 정서, 인지, 행동 영역에서 결함을 가지게 된다. ADHD아동들의 발달 영역별 기능을 살펴보면 다음과 같다.

인지 영역과 관련해서 많은 연구들이 ADHD 아동의 주의집중력 결함을 초점 주의(focusing attention), 지속 주의(sustaining attention), 선택 주의(selective attention)로 나누어 설명하고 있다(Mirsky et al., 1999; Parasuraman, 1998). 이 외에도 부주의에 대한 언급을 할 때 주의 용량, 주의 경계 등을 연관지어 설명하기도 한다(Taylor, 1995). 한 연구에서는 ADHD 아동의 작업 기억 즉, 작업 주의(working attention)에 대한 결함을 밝히고(Segeant et al., 2003), 이러한 기억력, 집중력의 문제가 실행 기능에 부정적 영향을 미친다고 했다(Hervey, Epstein, & Curry, 2004). 특히 ADHD 아동은 학습이 필요한 상황에서 외부 자극에 쉽게 산만해지거나 교사의 지시를 따르지 않아 저조한 학업 성취를 보인다(Barkley, 2003).

언어 영역과 관련해서 ADHD 아동은 일상생활에서 필요 이상 말을 많이 하는 편이며, 수용 언어보다 표현 언어에서 보다 많은 문제가 나타난다(Barkley et al., 1990). 이는 화용론적 지식은 또래 집단과 차이가 없지만, 대화 상황에서 부적절한 행동을 보이는 것에서 기인한다. 또한 언어 처리에 있어 청각적 기억, 변별, 연합 등에서 문제가 나타나기도 하며, 상징적 기능, 정신적 심상, 위계적 계획하기, 가설 검증, 추리와 같은 비언어적 인지 기능의 결함을 보이기도 한다.

사회 영역에서는 부주의로 인해 사회적인 단서를 정확하게 파악하지 못하고 사회적 기술이 부족하여 또래 관계 형성에 어려움을 보인다. 구조화된 놀이에서 차례를 지키는 데 어려움을 겪으며, 일반적으로 보상이나 처벌이 행동 통제를 거의 하지 못해서 지시를 따르거나 지시를 따르는 것을 지속하는 능력이 취약하다. 또한 대인관계 시 불안, 사회적 회피, 내향적 성격을 보여 공동체 생활에서 부적응 문제가 나타나며 공격적인 행동 등의 이차적 문제 행동을 보인다 (손정인, 2010). 이러한 행동적 충동성은 반사회적 행동으로 발전되기도 한다 (White, Capsi, Bartusch, Needles, & Stouthamer, 1994).

감각운동 영역에서 ADHD 아동들은 사소한 자극에도 폭발적인 반응을 하는 등 감각 처리에 어려움이 있으며(White & Mulligan, 2005) 운동 실행 및 계획에도 어려움을 보인다. 특히 전정 감각, 고유수용성 감각, 촉각 자극 등 감각 자극의 조절 기능의 저하가 나타나며, 이러한 감각운동 문제는 착석 행동 및 자기통제 문제를 야기한다(정수경, 이숙정, 2011).

2) 음악치료 목표

정서적으로 음악은 ADHD 아동의 충동성과 과잉행동 문제를 다루는데 활용된다. 주로 리듬과 관련된 음악 요소를 적극적으로 활용해 다음과 같이 음악 활동을 구성할 수 있다.

첫째, 충동성 조절을 위한 타악기 즉흥 연주이다. 리듬은 동작이나 활동, 감정을 조절하는 속도 조절제(pacemaker)나 속도 유지계(timekeeper)로서 효율적인 역할을 한다(Thaut & Hoemberg, 2014). 특히 리듬이 가지고 있는 시간적인 속성과 구조는 인간에 내재된 신체 리듬과 동조화를 유도한다. 따라서 신체 움직임을 조절하는 신경 시스템에 신호를 보냄과 동시에, 다양한 움직임을 보조하고 강화시켜 주기 때문에 에너지 조절에 효과적인 활동이 될 수 있다. 구조화된 리듬 활동들은 내담자의 에너지 수준을 상승시키거나 평정 상태로 유지하는 등 역동적인 상호 작용을 도울 수 있다(〈그림 3-1〉).

A : ♩ ♩ ♩ ♩ → B: ♪♪ ♪♪ ♪♪ ♪♪ → C: ♫♫♫♫♫♫♫♫

〈그림 3-1〉 리듬 분할의 예시

둘째, 악기 연주를 통해 참여도 및 과제 완성도를 높일 수 있다. 악기 연주는 자신의 행동에 대한 즉각적이고도 긍정적인 보상감을 제공하기 때문에 지속적이고 적극적으로 참여할 수 있도록 돕는다. 또한 악기를 연주할 때 소리가 즉각적 피드백으로 주어지므로 자신의 행동을 스스로 조절하게 하는 매개가 될 수 있다.

셋째, 음악 만들기를 통해 ADHD 아동의 에너지를 음악적 결과물로 승화시킨다. 음악치료사는 기존의 컴퓨터 프로그램이나 음악 관련 응용 프로그램을 활용하여 창작 활동을 활용할 수 있다. ADHD 아동 스스로가 계획, 실행, 완성할 수 있도록 소프트웨어, 그리고 전자 기기 등 다양한 매체를 활용한다. 한 예로 가라지 밴드 등은 다양한 소리 형태, 악기 음색, 악기 구성 등 ADHD아동들의 호기심과 충동성을 실현시켜 줄 충분한 자원을 제공하는 앱(app)이다. 치료사는 이를 이용해 아동과 같이 다양한 연주 패턴, 합주 등 창작 활동을 시도해 볼 수 있다.

3) 치료적 고려 사항

첫째, ADHD 아동들의 경우 만족 지연 능력이 제한적이나, 보상을 받기 위해 행동하는 경우가 많으므로, 과제 수행 시 즉각적으로 강화물을 제공하는 것이 좋다.

둘째, 충동성을 표출하거나 제어할 수 있는 악기를 선택하도록 한다. 크기나 재질 등을 고려하여 무게감이 있고, 다양한 음량의 변화를 표현할 수 있으며, 단단하고 조작이 쉬운 악기를 사용하는 것이 좋다.

셋째, 주의 집중 정도를 고려해 활동의 길이와 난이도를 조절하는 것도 중요하다. 짧은 곡에서 단계적으로 길이를 확장하거나 리듬 패턴의 길이를 단순한 리듬 패턴에서 복잡한 리듬 패턴으로 단계적으로 확장한다.

마지막으로, 세션 초기에 아동들과 함께 명확한 규칙을 설정하는 것도 좋은 전략이 될 수 있다. 세션 시작과 마치는 시간, 그리고 세션 시간 동안 기대하는 행동 등 합의된 참여 태도를 정하는 것이 필요하다.

D. 정서행동장애

1) 장애의 정의와 특징

정서행동장애(Emotionally Disturbed)는 일반적인 환경에서 사회적 관계, 감정 조절, 활동 수준, 주의집중력 등의 문제로 야기되는 자기와 타인에 대한 기능의 방해를 일으키는 정서 또는 행동 문제가 또래집단의 규준에 비해 기대수준을 심각하게 벗어난 상태를 말한다. 초기에는 정서장애로 사용했으나 1985년 이후부터 행동장애라는 용어와 함께 사용되기 시작했는데, 이는 몇 가지 관점에서 행동장애라는 용어가 정서장애라는 용어보다 장점을 가지기 때문이다. 행동장애라는 용어는 정서장애라는 용어보다 명확한 규준을 제시하고 있고, 아동의 교육 계획을 수집하고 집행하는 데 더 적합하며, 종합적인 사정을 가능하게 한다는 측면에서 더 많이 쓰인다(여광응, 2003). 특수교육진흥법(2014)에 따르면 다음 중 한 가지 이상의 증상을 지니고, 장기간 심하게 그 증상을 나타내는 자를 대상으로 한다.

첫째, 지적 또는 신체적·지각적인 면에서 이상이 없는데도 학습 성적이 부진한 경우, 둘째, 또래나 교사들과의 대인 관계에 문제가 있는 경우, 셋째, 정상적인 환경에서 부적절한 행동이나 감정을 나타내는 경우, 넷째, 불안하고 우울한 기분으로 생활하는 경우, 다섯째, 학교나 개인 문제에 연관된 정서적인 장애 때문에 신체적인 통증이나 공포를 느끼는 경우가 있다. 마지막으로 지적 능력과 무관하게 생후 30개월 이전에 나타나는 발달장애 증후군에 속하는 자로서 감각적 자극에 대한 반응, 인지 능력, 언어, 대인 관계, 그리고 사물이나 사건 처리 능력에서 결함이나 자폐성 경향을 나타내는 경우를 말한다.

정서 및 행동장애 아동들의 발달 영역별 기능을 보면 다음과 같다. 지적 능력 또는 다른 의사소통의 기능적 문제에는 어려움이 없고 주요 문제는 정서, 사회 영역에서 볼 수 있다. 가장 크게는 감정 조절이나 통제의 어려움, 주의집중력 결핍에 따른 학업의 문제, 대인관계에서의 문제를 보인다. 이러한 행동 문제들은 크게 내재화 행동 및 외현화 행동 문제로 분류된다. 내재화된 정서 문제는 낮은 자존감, 에너지의 결여, 우울감, 불안, 낮은 동기, 집중력의 결여 등이 내현화된 행동의 예다. 여기에는 위축된 관계 형성 문제도 포함되는데 특히 교실에서 낮은 수업 참여, 또래관계의 어려움 등으로 인해 학교 부적응 행동이 대표적이다.

외현화된 정서 행동으로는 과장되거나 충동적인 감정 표현, 망상이나 강박적 사고, 수면의 문제, 공격성 등의 문제를 포함한다. 내재적 행동 문제는 사회적으로 미성숙하거나 위축되거나 우울로 발전될 수 있으며, 외현적 행동 문제는 반항장애나 품행장애의 형태로 발전되기 쉬우므로 조기 중재가 매우 중요하다.

2) 음악치료 목표

음악치료 목표 면에서도 두 가지로 나눌 수 있다. 정서 행동 문제를 내재화 및 외현화 증상으로 나누어 살펴보았듯이 증상에 따라 목표가 설정된다. 내재화된 문제를 가진 아동들에게는 자기 인식, 자기 표현, 자존감 증진, 충동성 조절, 자기 조절감 향상, 자기 효능감 향상 등에 목표를 둔다. 다양한 수준의 음악적 참여를 유도하면서, 자기 신체나 목소리를 사용한 활동 등으로 자기 인식과 표현을 향상시킬 수 있다. 가창이나 악기 연주의 적극적 참여 형태인 음악만들기 등은 음악 환경에서 충동 조절, 자기 조절, 자기 효능감 등의 문제를 다루는 효과적 방법이다.

외현화 문제를 가진 아동들을 위한 음악치료의 주요 목표는 충동 조절에 둔다. 행동 문제를 가지고 있는 대상들의 공통점은 내재된 에너지이다. 에너지가 조절되지 않거나 통제되지 않는 경우 과격한 행동으로 분출될 확률이 높다. 따라서 이에 대한 자기 인식과 자기 통제력이 필요하다. 음악치료에서는 근본적으로 부적절한 충동적 행동을 자극하는 환경을 이해하고 자신의 감정적, 심리적 에너지를 승화시키는 데 치료 목적을 둔다. 충동 문제는 정서장애를 가지고 있는 아동들에게서 공통적으로 나타난다. 음악은 에너지를 다루기 때문에 충동적인 문제를 가지고 있는 대상들에게 적합하다.

정서 문제를 가지고 있는 많은 아동들이 본인이 경험하고 있는 충동성을 적절하게 표출시킬 수 있는 환경과 방법을 잘 알지 못한다. 그러므로 소통의 통로와 이를 승화시킬 수 있는 음악 체험을 제공하도록 한다. 예를 들어, 드럼은 리듬을 연주하는 활동이며, 음악에 따라 변화되는 리듬 연주가 에너지를 조절하고 통제하는 데 효과적이다(정현주, 2002). 드럼을 배우는 과정에서 리듬과 빠르기를 지각하면서 연주하는 훈련은 집중력을 증가시킨다. 더 나아가, 랩을 이용하여 청소년들의 공격적인 행동을 접근한 연구들은 청소년들의 발달적 그리고 세대적 민감성을 고려하여 랩 음악을 사용했을 때 행동적 문제가 감소했다고 했다(Ragland & Apprey, 1974; Took & Weiss, 1994).

이러한 음악치료적 접근은 문제 행동이 의사 소통의 한 형태라는 이론에 대한 개입이라고 할 수 있다. 외적으로 표출되는 행동은 개인이 복잡한 환경에 적응하기 위한 반응이라고도 하는데, 언어적 상호 교류에 문제가 있는 아동들의 경우는 자신의 요구를 나타내기 위해 의사소통하려고 하나 성공적이지 못하기 때문에 문제 행동이 증가할 수 있다. 그러므로 음악치료에서는 언어적 그리고 음악적 상호 교류를 강화하여 자기 표현의 기회와 효율성을 경험하게 한다. 다시 말해, 언어적으로는 표현할 수 없는 부분들을 음악이 가지고 있는 비언어적 의사소통 기능을 통해 표현할 수 있도록 돕는다.

3) 치료적 고려 사항

첫째, 정서행동장애 아동과 세션을 진행할 때 가장 중요한 부분은 음악 자원이다. 주로 학령기 전부터 청소년기까지의 아동들이 대부분이므로 선곡이 매우 중요하다. 발달적 특성과 세대적 문화 그리고 개인의 선호도를 고려해 선곡해야 한다. 또한 동질성의 원리에 입각하여 아동의 심리 정서적 문제를 충분히 교감할 수 있는 곡이어야 한다.

둘째, 이상적인 음악적 산물을 이끌어 내기 위해 다양한 수준의 신체적인 동작, 목소리를 이용한 가창, 악기 연주 등 적극적인 참여를 유도한다. 정서행동장애를 가지고 있는 아동의 경우 중 다수는 공포나 슬픔과 같은 심리적 고통과 역기능을 나타내는 경우가 많은데, 이는 아동의 내적 기제가 사고, 감정, 행동과 같은 자연스러운 기능을 수행하지 못하는 것을 의미한다. 그리고 아동이 신체, 정서, 인지 등 하나 이상의 영역에서 장애를 가지는 경우가 있는데, 극단적이고 부적응적인 방식으로 행동하는 경우이다. 그러므로 주어진 음악적 환경 안에서 적절한 행동과 충동 조절을 배우게 하고 음악을 통한 감정적인 돌파구를 제공한다.

마지막으로 행동 문제를 가지고 있는 대상들의 공통점은 내재된 에너지의 표현 방식이다. 자신의 감정을 어떻게 소통하는지에 대해서 적절한 기제를 배우지 못했기에 많은 경우 에너지가 조절되지 않거나 통제되지 않는 경우 과격한 행동으로 분출될 확률이 높다. 그러므로 음악에서는 가능한 자신의 감정에 대해서 인식하고 이를 표출시키는 방법에 대한 충분한 시도와 훈련이 필요하다. 음악이 비언어적 도구임을 고려했을 때 적절한 연주가 어떻게 도움이 될 수 있는지를 꼭 상기시켜 주고 감정 조절의 도구로 스스로 사용할 수 있도록 한다. 음악 안에서 체험하는 감정 작업이 음악 외적 환경에도 전이되어야 하므로 학교 또는 일상에서 경험하는 극단적 감정 상황에서 음악을 어떻게 쓸 것인지를 충분히 고민하도록 한다.

E. 의사소통장애

1) 장애의 정의와 특징

의사소통(communication)은 자신의 생각이나 감정 등을 다른 사람과 교류하는 행위 전반을 일컫는 말로 의사를 전달하는 사람과 전달받는 사람 간의 언어적, 비언어적 행위의 과정이다. 이 과정에서 효과적인 전달을 위해 언어(language)라는 추상적인 상징 체계를 사용하여 말하기(speech)라는 행동을 사용하게 된다(이소현, 박은혜, 2011). 표현적인 의사전달을 위해 언어 이외의 몸짓이나 표정 등을 사용하게 되고 이 모든 것들을 포괄한 것이 의사소통의 범주에 들어간다. 의사소통에 어려움이 발생하게 되는 경우 심리사회적인 문제들이 동반되어 나타나기 때문에 의사소통장애에 대한 개입은 매우 중요하다.

일반적으로 의사소통장애의 분류는 말장애(Speech Disorder)와 언어장애(Language Disorder)로 나뉜다. 말을 산출하는 데 필요한 기능의 장애와 생각을 표현하고 전달하는 데 사용하는 의사소통 방법인 언어상의 문제점으로 구분하는 것이다(〈표 3-4〉).

〈표 3-4〉 의사소통장애의 종류

	말장애	언어장애
세부 유형	조음장애 음운장애 유창성장애 음성장애	발화 또는 구어 결여 언어의 질적 차이 언어의 발달 지연 언어의 발달 중단

(1) 말장애

말장애의 경우 말소리의 발성, 흐름(유창성), 음성의 손상을 의미하며, 한 가지 이상이 중복되거나 다른 유형의 언어장애와 함께 나타나기도 한다.

말소리 산출의 문제를 보이는 조음장애(Articulation Disorder)는 단어를 말할 때 나타나는 첨가, 생략, 왜곡, 대치 등으로 인해 말의 이해가 어려운 경우를 의미하며, 동일한 유형의 문제와 함께 아동의 연령이나 문화 등의 사회환경적인 요인들도 관련이 있다. 내담자가 보이는 말소리의 오류의 특성에 따라 음성적 차원 혹은 음운적 차원의 오류인지에 대한 구분이 요구되기도 하는데(Bauman-Waengler, 2004), 정확한 구분을 하는데 많은 어려움이 따른다.

음운장애(Phonological Disorder)는 특정 말소리 산출은 가능하지만 상황에 따라 말소리를 구별하거나 말소리를 어떻게 만들어내야 하는지에 대한 이해가 부족한 경우이다. 조음장애가 정확한 발음으로 말소리를 내는 데 어려움을 겪는 것이라면, 음운장애는 소리에 대한 음운 지식의 부재로 인한 것으로 이해될 수 있다. 장애 진단명을 기준으로 구분하면 뇌성마비나 마비말장애, 구개열파열 등으로 나뉜다. 조음 기관의 문제점에 기인해 발생하는 말소리 산출의 어려움이 조음장애라면, 청력 손실, 지적장애, 정서적인 문제점 등에 기인해서 언어 습득에 어려움이 있거나 의미, 구문, 화용 등과 같은 언어 발달의 문제점을 동반하는 것은 음운장애에 속한다.

유창성장애(Fluency Disorder)는 말 산출시 비전형적인 속도, 리듬, 음절, 어절, 단어, 구절 등의 반복을 보이는 장애로 전반적인 말하기의 흐름이 부적절한 상태를 의미한다(Ward, 2006). 가장 혼한 형태로 말더듬(stuttering)이 있으며, 남아에게서 더 많이 나타난다. 말더듬의 경우 말소리 반복 혹은 오래 끌기, 멈추기 등의 행동 특성과 함께 말더듬는 행동을 제어하기 위한 노력으로 다른 부수적인 행동 문제, 즉 눈 깜박이기, 입술다물기, 대체 단어 사용하기, 삽입음 등의 문제 행동을 함께 보인다(이혜란, 박은숙, 김향희, 심현섭, 2008; Byrd & Gillam, 2010). 또 다른 유창성장애의 형태인 말빠름증(속화, cluttering)은 말 속도가 너무 빠르거나 음을 추가 및 대치함으로써 말을 이해하기 힘든 경우를 의미한다(Ward, 2006). 일반적으로 말을 더듬거나 지나치게 빨리 하는 경우가 발견되더라도 발달의 한 단계로 여겨져서 문제점으로 인식되지 않는 경우가 많다. 하지만 증세가 지속될 경우 적절한 진단 및 대처를 하는 것이 매우 중요하다.

말장애의 또 다른 유형인 음성장애(Voice Disorder)는 음성의 질, 음고, 크기, 공명, 지속시간 등이 비정상적인 산출이나 결여된 상태를 의미하며, 원인에 따라 기질적 음성장애, 신경학적 음성장애, 그리고 기능적인 음성장애로 구분된다. 기질적 음성장애는 음성을 산출하는 기관의 구조적 손상이나 이상으로 나타나며, 일차적으로는 의료적, 치과적, 수술적 치료가 필요하다(Boone et al., 2010). 신경학적 음성장애는 근육의 조절, 호흡, 발성, 공명, 조음 등과 관련된 말초신경계나 중추신경계의 질병에 의한 손상에 기인하며 주로 뇌성마비, 뇌졸중 등의 신경학적 질환을 가진 대상군에게서 흔히 관찰된다. 기능적인 음성장애는 기질적, 신경학적 원인과 무관하게 발성 기관을 잘못 사용하거나 지나치게 사용하여 발생하는 문제점으로 지나치게 큰 소리 대화나 기침, 흡연, 목청다듬기, 심하게 소리내어 울기 등에 의한 성대 남용이 주 원인이 된다.

음성의 이상은 주로 청각적 판단에 의존하게 되기 때문에 청지각적 평가 방법과 함께 객관적인 평가방법이 강조된다. 음악치료 연구에서 자주 사용되는 Praat 프로그램에서 제공하는 음향학적 지표를 살펴보면 기본주파수

(fundamental frequency), 주파수진동율(jitter), 진폭변동율(shimmer)은 쉰 목소리, 정상음과 소음의 비율(noise harmonic ration: NHR) 등이 유용한 지표로 사용된다(Martin et al., 1995). 아동의 경우 음성장애의 정확한 진단 기준이 제시되기 어렵기 때문에 연령, 성별, 문화 및 개인적 배경 등에 대한 고려가 함께 이루어져야 하며(Robinson & Crowe, 2001), 일반적으로 단순 모음의 발성 외에 문장 읽기나 대화 등의 음성 표본 수집을 통한 다양한 형태의 평가 자료가 필요하다(손진호, 2008).

(2) 언어장애

언어장애는 말, 문자, 기타 상징 체계의 이해와 활용에 손상이 있는 경우를 의미한다. 언어의 형태, 내용, 의사소통 기능에 있어서의 어려움이 여기에 포함된다. 언어는 여러 규칙 체계가 복합적으로 조직되는데 언어 형태에는 음운론, 형태론, 구문론이 포함되고, 언어의 내용은 의미론으로 구분되며, 언어 사용은 화용론에 속한다. 이는 단어를 이해하는 정도와 사용하는 정도를 기준으로 수용언어 혹은 표현 언어의 문제로 구분된다. 따라서 언어장애의 정도는 언어 표

〈표 3-5〉 언어장애의 유형

유형	특징
발화 또는 구어 결여	• 3세 이후에도 언어 이해가 관찰되지 않고 자발적 언어 사용이 없는 경우 • 언어 결함 이외에 청각장애, 지적장애, 지체장애, 자폐 등의 동반장애가 함께 나타남
언어의 질적 차이	• 말소리를 내거나 어휘발성에는 문제가 없으나 의사소통을 목적으로 타인과 의미있는 말 사용에 어려움이 있는 경우 • 자폐아의 반향어, 사회적 맥락에 맞지 않는 무의미어, 이치에 맞지 않는 단어 사용 등 • 정서행동장애, 지적장애, 자폐스펙트럼장애 등과 연관되어 나타남
언어의 발달 지연	• 또래에 비해 느린 언어 발달 • 언어 발달 단계상 일탈적인 문제는 관찰되지 않으나 전반적인 발달상의 지연으로 인해 발달장애와 함께 관찰됨 • 언어 발달 촉진이 결여되거나 경험이 결핍되어 나타나기도 함
언어의 발달 중단	• 정상적 언어 발달 후 뇌손상이나 청각 손상으로 인한 언어장애 • 후천적 실어증 등이 나타남

현과 언어 이해의 어려움을 통해 파악되며, 지능이나 청력, 신경학적 손상 등과 관계가 있다.

일반적으로 전형적인 언어발달과 비교하여 장애의 정도를 파악하게 되는데, 주로 발화 또는 구어 결여, 언어의 질적 차이, 언어의 발달 지연, 언어의 발달 중단의 네 가지 유형으로 나뉜다(Naremore, 1980)(〈표 3-5〉).

2) 음악치료적 목표

의사소통 장애를 위한 음악치료의 목표는 첫째, 조음 기능의 개선이다. 예를 들어, /ㅅ/이 포함된 단어의 조음 정확도 향상을 위해 리드믹 찬트 활동을 구성할 수 있다. 〈하늘천 따지〉 악절에 '사과', '수박' 등 목표 음소인 /ㅅ/이 들어간 단어를 나열하여 반복적으로 그 목표 음소를 가창하게 한다.

둘째, 표현 언어 능력에 필요한 세부 언어 기술이다. 친숙한 멜로디나 목표 단어, 어절을 넣어 문장으로 만들어 노래한다. 예를 들어, /ㅅ/이 초성에 들어간 단어 표현하기의 활동 구성을 계획할 수 있는데, '사과가 아삭아삭', '씨를 뿌리면 싹이 나요' 등 /ㅅ/이 반복적으로 들어가는 일련의 문장을 선택할 수 있다. 이때 그림이나 질문을 통해 단어의 의미를 정확하게 이해하고 있는지 확인한다.

이와 같은 목표 설정은 말하기와 노래부르기가 해부학적 구조 및 기능을 공유할 뿐 아니라 소리의 생산이라는 측면에서 연관성이 매우 높기에 가능하다. 노래 안에 포함되는 가사가 언어와 관련된다면, 멜로디나 구절, 빠르기 등의 조절은 호흡과 발성에 관여하여 말하기 기능을 조절한다. 노래는 기본적으로 멜로디의 길이나 음높이에 따라 호흡 패턴을 충분히 조절해야 하는데 반복되는 음악구는 호흡양을 조절시키고 호흡 관련 근육을 강화해준다. 또한 음높이의 조절에 따른 후두 근육의 움직임 조절이 이루어지며 가사에 사용되는 단어의 수준을 조절해 구강 운동뿐 아니라 단어의 의미 습득도 함께 촉진할 수 있다.

노래부르기 이외에도 다양한 취주악기나 발성을 이용한 활동들은 호흡, 발성, 조음 등 말생산체계(speech production) 전반의 관련 기능 강화를 돕는다.

이와 같이 기능적인 측면 이외에도 가사를 통한 의미 분석이나 인지적인 자극이 함께 이루어지기 때문에 정서 자극과 동기 유발의 수단이 될 수 있다. 일반적으로 의사소통의 어려움을 가진 아동들은 발달상의 여러 어려움을 겪게 된다. 이는 의사소통장애가 언어적 문제뿐 아니라 지능, 학업 성취, 사회심리학적 발달 등과 연계되기 때문이다. 따라서, 음악은 의사소통장애 아동에게 비언어적 도구로서 즐거움과 같은 긍정적 정서를 경험하게 하고, 결과적으로 가창을 통한 목소리 산출은 억양, 음절 등의 효과적인 개선을 위한 도구로 기능하게 된다.

3) 치료적 고려 사항

의사소통장애 아동들의 경우 각각의 언어적 문제와 그 심각도가 매우 다르기 때문에 다음 사항들을 고려한다. 먼저 음운 발달의 순서를 이해하고 어려움을 보이는 발음의 문제를 파악한다. 둘째는 리듬이나 운율을 넣어 노래부르기를 실시할 때 목표하는 단어나 발음이 충분히 반복되도록 구성한다. 그리고 다양한 음악 요소를 활용하여 (악센트, 다이내믹 등) 목표 음소가 편안하게 발화되도록 선율 진행이나 음악 구조를 만든다.

마지막으로 충분한 호흡력을 강화한다. 호흡 체계의 이해를 바탕으로 취주악기나 기타 보조도구를 사용하여 들숨을 확보한 뒤 날숨을 유도한다. 들숨이 확인되지 않은 상태에서 음성이나 악기 소리를 일정 박자 동안 무리하게 내면, 지나친 날숨으로 인해 호흡 패턴이 안정적이지 못하여 내담자에게 부담이 될 수 있다.

노래 부르기는 의사소통을 중재하는 매우 중요한 수단이 될 수 있으므로 말산출과 언어의 이해 및 표현을 유도하는 효과적인 매체로 활용될 수 있다. 세션 내에서 내담자들이 보이는 언어의 문제가 표현의 문제인지 수용의 문제인지를 먼저 이해하고, 관련 요인의 동반장애의 여부, 발달 지연의 여부, 언어발달과 연계된 가족, 사회적 환경 등에 대해 고려한 목표 설정은 적절한 음악치료 중재에 있어 중요한 요인이 될 수 있다.

F. 청각장애

1) 장애의 정의와 특징

청각장애(Hearing Impairment)는 청력 손실로 인해 소리 혹은 특정한 크기 이하의 일부 소리를 듣지 못하고 소리를 매개로 이루어지는 의사소통에 어려움을 겪는 장애이다. 청각장애는 우선 농과 난청으로 분류될 수 있다. 농(deafness)은 청력을 90dB 이상 잃어 보청기 사용과 상관없이 소리를 들을 수 없는 상태를 말하고, 난청(hard-of-hearing)은 보청기 착용, 또는 미착용 상태에서 소리를 듣는 것이 불가능하지는 않으나, 보통은 25~90dB에서 의사소통에 어려움이 있는 상태를 말한다. 또한 손상 위치에 따라서는 외이 혹은 중이에서의 질병, 변형 등으로 인한 전음성 청력 손실(conductive hearing loss), 내이 내 유모세포의 손상 혹은 결함으로 인한 감각신경성 청력 손실(sensorineural hearing loss), 이러한 두 가지 원인이 혼재한 혼합성 청력 손실(mixed hearing loss)로 분류된다. 전음성 청력 손실의 경우 보청기 사용이나 수술을 통하여 청력을 어느 정도 회복할 수 있는 반면, 감각신경성 청력 손실의 경우 기존의 보청기로는 혜택을 받기 어렵다. 이러한 경우에는 인공와우 이식(cochlear implantation)이 시행될 수 있다. 인공와우 이식은 외부 처리 장치를 통해 변환된 전기적 신호가 청신경을 직접 자극할 수 있도록 달팽이관 속에 전극을 삽입하는 수술이다. 인공와우 이식 대상군의 경우 청각적 정보가 입력되는 메커니즘과 제공되는 자극의 속성이 다른 청각장애 대상군과 다르다는 점에서 고유한 개입과 접근이 필요하다(Gfeller, Driscoll, Kenworthy, & van Voorst, 2011).

청각장애 대상군의 경우 청각적 정보를 얻는 데 제한이 있어 언어 및 의사소통 발달에도 지연이 따른다. 언어 발달이 이루어지기 이전의 0-2세, 혹은 2세 이후의 아동기에 청력을 손실한 경우 언어 발달이 지연되거나 제한되어 발달 수준에 맞는 어휘 습득, 기능적인 언어 구사, 적절한 구문 사용, 발화 시 말/언어 명료도 유지 등에 있어 어려움이 있다(Lenden & Flipsen, 2007; Marschark et al., 2009). 상황이나 상호 작용의 파트너에 따라 적절한 언어를 구사하는 데 어려움이 있어 사회 기술 발달이나 관계 형성에 제한이 되기도 하고, 구어뿐만 아니라 읽기나 쓰기 능력에도 영향을 미쳐 학습이 지연되기도 한다(Thagard, Hilsmier, & Easterbrooks, 2011).

성인기에 청력을 손실한 경우에는 언어 관련 기능에 제한이 생기는 것뿐만 아니라, 직업과 관련된 업무 수행이나 사회생활, 여가 활동에도 어려움이 있다. 이로 인해 정서나 사회성에 있어 심각한 문제를 보이기도 한다. 하지만 보다 중요한 점은 이러한 모든 특징에 있어 개인차가 크다는 것이다. 청력 손실 외에 개인의 발달 수준이나 기능 수준, 문화적 환경, 지원 체계 등에 따라 손상이나 회복, 적응 정도에 있어 개별적 변이성이 크다(Darrow, 2006; Darrow & Novak, 2007).

2) 음악치료 목표

청각장애 대상군을 위한 치료 목표는 음악이 청각적 자극제이므로 소리 정보 지각 및 인지 차원에서 목표를 설정한다. 지각 인지 영역에서는 인공와우 착용 시의 청지각력, 리듬, 멜로디, 음색, 노래 자극의 변별, 확인 등 음악 지각 능력 향상, 목소리 및 구어 사용 시도 증가, 말 명료도 증가, 운율 개선 등이 있다. 정서 영역에는 자기 표현 능력 향상과 사회 영역에는 관계 형성 기술, 그리고 전반적인 참여도 증진을 들 수 있다.

초기 청능 훈련의 목표로서 소리의 탐지(detection)를 훈련하는 경우, 음악에 맞추어 움직이기, 음악에 맞추어 연주하기 등 소리의 유무와 행동 과제를 매칭하는 활동을 구성할 수 있다. 외부 소리 자극과 운동 감각을 동기화해서 소리가 있을 때와 없을 때의 차이를 효과적으로 인식하도록 하는 것이다. 이때 잔존 청력을 최대한으로 사용할 수 있도록 해당 대상군이 용이하게 지각하거나 접근할 수 있는 악기부터 활용한다. 예를 들어 진동이 많은 악기, 혹은 낮은 주파수의 악기, 타악기를 우선적으로 선택한다.

청각 지각 능력을 향상시키기 위해서는 음악 요소의 변별 혹은 확인을 위한 활동을 구성할 수 있다. 청각장애를 가진 내담자들은 다른 대상군에 비해 리듬에 대한 지각이나 수행 능력이 상대적으로 좋은 편이다. 특히 인공와우 이식 대상군의 경우, 인공와우 장치 자체가 소리의 시간적 해상력(temporal envelope)을 추출하는 것은 높은 수준이지만 주파수 해상력(spectral envelope) 추출에는 기기적인 한계가 있다. 따라서 리듬 인지 및 모방의 과제 수행력은 건청인과 크게 차이가 나지 않는 것으로 보고되고 있는 반면, 소리의 음고, 음색적인 측면을 지각하고 변별하는 데는 제한이 많다(McDermott, 2004).

언어 발달 전 청력을 손실한 아동의 경우에는 음고라는 개념이 매우 추상적일 수 있다. 따라서 초기에는 구체적인 시각적 단서와 매칭해 관련 개념을 이해할 수 있도록 돕고, 추후 점차적으로 시각적 단서를 소거해 청각적 단서에 집중적으로 주의를 기울이도록 할 필요가 있다. 음고 혹은 선율 패턴 변별을 위한 활동에서는 음고를 가진 악기를 활용할 수 있다. 핸드벨이나 키보드, 자일로폰과 같이 여러 종류의 악기를 활용하여 다양한 음고를 산출해낼 수 있다.

음악치료 활동은 단계적으로 난이도를 높인다. 먼저 상대적으로 수행하기 쉬운 리듬 과제에서 시작한다. 또한 다양한 악기 사용을 고려한다면, 차이가 명확한 음악 자극을 대비시키는 것에서 그 차이가 적은 자극의 단계적 사용을 고려할 수 있다. 예를 들어 음고 차이가 많이 나는 악기에서 적게 나는 악기로, 다른 악기군에 속한 악기에서 동일한 악기군에 속한 악기로, 명확하게 구분되는 리듬에서 세부적인 차이로만 구분되는 리듬의 순서로 구조화할 수 있다(Hsiao & Gfeller, 2012).

대표적으로 사용될 수 있는 활동을 예로 들면 핸드벨(C₄-G₅)을 사용해 여러 가지 음을 연주해보며 음고 차이를 인식하는 기회를 제공할 수 있다. 이때 시각 자료를 사용하여 음고의 개념을 시각화할 수 있는데 예를 들어, 계단 형태의 시각적 자료나 도구(악기의 높이를 다르게 하며 놓을 수 있는 도구)를 사용하여 소리의 높이가 다르다는 추상적인 개념을 이해할 수 있도록 도울 수 있다. 또 다른 예로, 건반의 음역대에 따라 두 가지 다른 악기를 선택하여 매칭을 한 후 낮은 음역대와 높은 음역대의 연주를 듣고 해당 음역대에 지시된 악기를 연주해볼 수 있다(낮은 음역대-북, 높은 음역대-심벌). 음악은 완성해 가는 성취감과 동시에 보상감도 중요하기에 음악의 역동성을 잘 활용해야 한다.

일상생활에서도 제한된 의사소통이나 상호 작용은 타인과의 교류에 참여하고자 하는 동기를 저하시킬 수 있다. 그러므로 가능한 음악과제에서는 다양하고 창의적인 방법으로 타인과 상호 작용할 수 있는 기회를 제공한다. 가사나 단음절을 사용해 주고받는 형태나 론도 형식의 목소리 즉흥이 한 가지 활동의 예가 될 수 있다.

3) 치료적 고려 사항

첫째, 청각장애 대상군의 경우, 음악에 대한 반응에 있어 잔존 청력, 보장구나 인공와우 착용 시의 청능 수준, 사전 음악 경험, 사회 문화적 상황에 따라 개별적인 특성을 보인다. 청각적 자극의 입력 및 처리와 관련된 생리학적, 물리적 변인뿐만 아니라 다양한 사회 문화적 변인이 음악의 질적 속성을 지각하고 인식하는 데 중요한 영향을 미친다. 예를 들어, 청각장애를 가진 내담자가 사회 내에서 자신의 정체성을 어떻게 인식하는지, 현재 어떠한 문화적 경험을 하고 있는지에 따라 음악에 대한 반응이나 태도가 크게 달라질 수 있다. 농인으로서의 문화적 정체성이 강한 개인은 음악적 경험 자체에 대한 필요를 느끼지 못할 수 있다. 인공와우 이식 대상군의 경우에도, 청력 손실 전 음악 경험이 어떠했는지에 따라 음악에 대한 반응이 긍정적일 수도, 부정적일 수도 있다(Chen-Hafteck & Schraer-Joiner, 2011). 그러므로 내담자의 문화적 배경과 태도를 참고한다.

둘째, 최적의 청각적 환경 구성이 매우 중요하다. 청각장애 대상군이 자신의 잔존 청력을 최대한 활용할 수 있고, 다른 자극으로 인해 제한받지 않는 환경을 구성하는 것이 중요하다. 치료 공간 내 반향(reverberation) 정도가 적절한지 점검하고, 지나친 수준이라면 카페트나 커튼의 사용을 고려할 수 있다. 불필요한 소음은 최대한 줄이도록 하고, 배경 음악이나 반주 제공 시 목표하는 청각 자극을 방해하거나 불필요한 경쟁 자극을 제공하는 건 아닌지 점검해야 한다. 제공하는 음악의 악기 음색 또는 음질이 적절한 수준인지, 인공와우를 통해 입력되었을 때 지나치게 시끄럽거나 거슬리지 않는지 고려해야 한다(Gfeller, 2007; Gfeller et al., 2011).

셋째, 명확하고 효과적인 의사 전달 기술이다. 언어 발달의 지연 혹은 손상 등을 고려해 내담자의 발달 수준을 고려한 어휘 사용이 중요하다. 복잡한 지시나 설명은 피하고, 간결하고 직접적으로 지시하는 것이 필요하다. 독화(lip reading)나 시각적 단서를 효율적으로 활용하도록 촉진해야 한다면, 내담자와의 거리나 자리 배치, 조명 등에 있어 내담자가 용이하게 단서를 읽을 수 있도록 환경을 구성하는 것이 중요하다.

반면, 인공와우 이식 대상군의 경우 시각적 단서에 의존을 줄이고 청각적 단서를 적극적으로 활용해야 한다. 추상적인 개념에 대한 이해를 돕기 위해 시각적 단서를 사용할 수는 있지만 단계적 소거를 위한 체계적인 계획이 필요하다. 또한 언어적 지시를 제공할 때는 혼동을 야기할 수 있는 제스처나 움직임을 최소화하고 필요에 따라서는 입을 가리는 등 시각적 단서를 의도적으로 숨길 수도 있다.

마지막으로 음악치료사는 청각장애 아동과 세션을 위해서 보장구나 인공와우 이식 장치의 구조나 기능에 대한 기본적인 이해가 필요하며, 음악치료 내에서 발생할 수 있는 장치의 기기적 문제에 대해 대처할 수 있는 기본적인 지식이 있어야 한다(Gfeller, 2007; Gfeller et al., 2011).

G. 시각장애

1) 장애의 정의와 특징

시각장애(Visual Impairment)는 시력(visual acuity)과 시야(visual field)라는 두 가지 시기능(visual function)을 기준으로, 나쁜 눈의 시력이 0.02 이하, 좋은 눈의 시력이 0.2 이하, 두 눈의 시야가 각각 주시점에서 10도 이하의 시각 문제를 의미하며 안과 전문의에 의해 판정된다(보건복지부, 2012). 특수 교육법에서 말하는 시각장애는 장애인 복지법에서의 생리학적 정의와는 다르게, 보다 기능적이고 교육적인 측면에 중점을 두고 있다. 동일한 시력과 원인 질환을 가진 경우라도 이들의 잔존시력 활용이 다르게 나타날 수 있기 때문이다(Corn & Erin, 2010). 시력의 상실 또는 감소로 인한 장애를 정도별로 보면 시력이 전혀 없는 전맹(total blindness)과 교정 후 잘 보이는 눈의 시력이 20/70 이하인 저시력으로 나눌 수 있다(Holbrook & Koenig, 2000). 장애 발생 시기에 따라 선천적 시각장애인과 후천적 시각장애인으로 분류하며, 여러 질병으로 인한 후천적 실명이 증가하고 있다(김영일, 2010). 특히 특수 교육 현장에서 시각장애 아동의 47% 이상이 시각중복장애이고(Morris & Smith, 2008), 장애의 정도도 중증화되는 추세이다(교육과학기술부, 2008).

시각장애는 시기능 저하 혹은 손실로 인해 활동의 양과 범위, 환경에 대한 통제와 상호 작용의 기회 등 독립적인 삶을 영위하는 데 어려움이 있다(Alma et al., 2012; Crudden & McBroom, 1999). 이들에 대한 부정적인 사회 인식, 참여 기회 차단, 여가 활동의 부재 등은 이들의 삶의 만족도를 저해하는 요인으로 작용하고 있으며(Jessup, Cornell, & Bundy, 2010), 시각장애를 극복하고 사회 통합에도 기여할 수 있는 심리 재활에 대한 중요성이 지속적으로 강조되고 있다(Cimarolli, Boerner, & Wang, 2006; Tuttle & Tuttle, 2004). 또한 시각 손상은 능동적인 주변 환경 탐색을 가로막기 때문에 운동 기능 발달이 지연되는 경우가 많다(Perez-Pereira & Conti-Ramsden, 1999). 비록 지능은 일반인에 비해 낮지 않으나, 시각의 손상으로 인해 다른 감각에 의존하여 학습해야 하고, 다른 사람이 설명해주는 것에 의존해야 하며, 모방과 관찰의 기회가 적어 개념 발달이 지체될 수 있다(이소현, 박은혜, 2011).

2) 음악치료적 목표

시각장애를 가진 내담자를 위한 음악치료의 목표는 현실 소재 인식을 포함하여 사회, 정서 및 운동 기능 강화에 두며 이를 위한 구체적 사항들은 다음과 같다.

첫째, 현실 소재 인식은 음악 게임 등을 통해 자신의 몸을 중심으로 어느 방향으로부터 소리가 나오고 있는지를 파악하여 소리 소재 인식 기능을 촉진시킨다(Codding, 1982, 1988). 앞으로 향해 걷기, 뒤로 걷기, 왼쪽이나 오른쪽으로 움직이기, 위아래로 뛰기, 달리기, 또는 전속력으로 질주하기 등을 포함하는 음악 활동들은 모두 신체의 운동성을 개발하는 작업의 일부이다. 리듬이 강한 음악은 동작의 속도를 알리는 신호로서, 레가토가 많은 음악 대 스타카토가 많은 음악과 같은 다양한 음악 소리는 미끄러지기나 폴짝폴짝 뛰기 같은 각기 다른 운동 유형과 관련지을 수 있다. 이처럼 촉각적, 청각적 자극을 적극적으로 활용한 음악 활동은 시각장애 아동의 움직임을 격려하고 동기를 유발할 수 있다 (Wheeler, Floyd, & Griffin, 1997).

둘째, 사회적 기술과 의사소통 기술 향상을 들 수 있다. 합창단, 밴드, 또는 소규모의 합주단과 같은 음악 단체의 참여는 다른 이들과의 교류 및 협동을 필요로 한다. 차례 지키기, 주의 집중하기, 협동하기, 지시 따르기, 그룹과 함께 문제 해결에 참여하기 등의 사회적 기술은 대부분의 음악 그룹을 구성하는 필수 요소이다. 음악치료사는 사회성과 협동 자세를 권장하기 위해 적합한 음악 활동을 고안해야 한다. 음악에 맞춰 동작을 배우는 것은 시각장애인들이 유용한 사회 기술을 습득하도록 해주는 한 방법이다(Davis et al., 2008).

3) 치료적 고려 사항

시각의 결함에도 불구하고 시각장애인들의 음변 별력, 음악 적성, 음악 성취 등은 일반인에 비해 높은 것으로 연구되었는데 이는 뇌 가소성(brain plasticity) 으로 인한 보상 작용으로 설명할 수 있다(Eitan, Ornoy, & Granot, 2012). 또한 시각장애인 집단 내에서도 선천성 시각장애인(5세 이전 발병)이 후천성 시각장애인보다 뛰어난 음감을 가지고 있다는 사실이 확인되었다(Gougoux et al., 2004). 이러한 시각장애인들의 음악적 특성은 음악치료사로서 효과적인 세션을 구성하는 데 매우 중요한 단서가 될 수 있다.

먼저 물리적인 치료 환경 구성 시 내담자의 잔존 시력 정도를 고려하도록 한다. 또한, 지시어를 사용할 때는 시각적 단서를 제외하고 다른 감각적 단서를 최대한 제공해야 한다. 그외에도 다감각적 활동을 구성하고, 음색이 명확히 구별되는 재질의 악기를 선택하는 등 시각적 정보 사용에 민감해야 한다.

H. 뇌성마비

1) 장애의 정의와 특징

지체장애(Physical Disability)는 사지 및 몸통 기능 손상으로 인해 기본적인 일상생활 수행에 어려움이 있는 장애로, 크게 신경계 이상, 근골격계의 이상, 선천성 기형으로 구분된다(이소현, 박은혜, 2011).

지체장애의 대표적인 장애인 뇌성마비(Cerebral Palsy)는 출생 전후 혹은 유아기의 뇌 발달에 발생한 손상으로 인해 운동 발달의 지연 및 자세의 이상, 근 긴장도의 이상 등의 장애가 영구적으로 남게 되는 다양한 형태의 증후군을 의미한다(Bax et al., 2005). 뇌 손상의 발생은 비진행성이지만 발달 과정을 거치면서 여러 가지 문제점이 순차적으로 발생하고, 이에 수반되는 여러 가지 장애들이 영구적으로 남게 된다. 뇌의 손상된 해부학적 위치와 정도에 따라 수반되는 장애의 종류와 수가 매우 다양하게 나타나는데(Horstmann & Black, 2007), 일차적으로는 운동장애가 주장애이고, 인지 손상의 경우 뇌성마비 아동의 약 2/3 정도에서 나타나며, 약 50% 정도가 간질을 동반한다. 이외에도 시력, 청력, 촉각과 통증, 지각과 같은 신경학적 문제가 발달 과정 전반에 걸쳐 다양한 증상으로 나타나거나 변화하기도 한다(Rosenbaum et al., 2007). 의학적으로는 손상된 뇌병변에는 더 이상의 진행은 없지만 실제 임상 현장에서는 아동의 성장과 함께 기능 수준 및 증상의 변화가 관찰되며, 발달기가 끝나는 청소년기와 성인기에는 대동작 운동 기능이 이전보다 감소하고 다른 심리사회적 필요(needs)가 높아진다(Damiano et al., 2006).

운동장애가 주 증상임에도 불구하고 대근육 운동 기능에 대한 일원화된 지표를 수립하는 데 어려움이 있다(Rosenbaum, Russell, & Codman, 1990). 이는 뇌성마비 아동의 문제들이 치료 개입 시기 및 지원의 정도에 따라 개인차가 매우 클 뿐 아니라, 동반되는 신경학적 문제점들로 인해 하나의 기능 수준을 정확히 평가하는데 어려움이 따르기 때문이다. 뇌성마비 아동들의 다양한 기능 중 대근육 운동 기능은 중재 개입이 빈번하게 일어나기 때문에 '대근육 운동 기능 분류 체계(Gross Motor Function Classification System: GMFCS)'가 개발되었는데(Palisano et al., 1997), 이는 이동성과 관련해 장애 수준이 미미하거나 없는 아동을 1수준으로 하고, 의존 정도에 따라 5개의 수준으로 구성한 분류 체계이다(Rosenbaum et al., 2002).

뇌성마비의 분류는 그 기준에 따라 세 가지로 구분할 수 있다. 먼저, 장애 정도에 따라 분류할 때는 '경증', '중등도', 그리고 '중증'이라는 용어를 사용한다. 대동작/소동작 기능, 언어 수준, 지적 수준 등을 총체적으로 판단하여 도움이 필요한 수준을 가늠한다. 기능적으로 독립적인지, 보조가 필요한지, 총체적 도움이 필요한지에 따라 분류한다.

두 번째로, 침범된 부위를 기준으로 사지의 어느 부위가 주로 침범이 되었는가에 따라 나눈다. 단마비(monoplegia)는 신체의 어느 한쪽 지절이 마비된 것을 의미한다. 편마비(hemiplegia)는 오른쪽이나 왼쪽 중 한쪽의 상지와 하지가 마비된 경우이다. 하지마비(diplegia)의 경우 상지와 하지에 모두 마비가 있지만 상지의 침범 정도가 하지보다 덜한 경우를 의미하며, 삼지마비(triplegia)는 두 하지와 한쪽의 상지 마비가 침범된 경우이다. 사지마비(quadriplegia)의 경우 상지와 하지가 모두 마비가 있고 침범 정도가 유사한 경우를 의미한다. 예를 들어 한쪽 상지와 하지의 사용에 어려움이 있는 뇌성마비 아동이 일상생활을 어느 정도 수행할 수 있고, 언어 발달과 지적 발달이 적절히 이루어진 경우는 경증 편마비 뇌성마비로 분류할 수 있다. 이는 편마비의 정도가 경증이라는

분류	장애 부위
단마비(monoplegia)	사지 중 어느 한쪽이 마비
편마비(hemiplegia)	몸 한쪽 부분의 마비
삼지마비(triplegia)	팔 다리 세 부분만 마비
사지마비(quadriplegia)	양팔과 양다리(사지) 마비를 말하며, 몸통 및 얼굴의 마비를 수반할 수 있는 경우
대마비(paraplegia)	양다리(하지)만 마비
양지마비(diplegia)	주된 마비는 하지에 나타나고 상지는 경도 마비
중복마비(double hemiplegia)	주된 마비는 상지에 나타나고 하지는 경도 마비

의미가 아니라 총체적 기능 수준이 경증이며 마비의 부위가 편마비라는 뜻으로 해석된다(〈표 3-6〉).

마지막으로, 뇌손상 부위에 따라 분류할 수 있다. 운동 영역을 관장하는 운동 피질과 운동 영역과 척수를 연결하는 추체계의 손상으로 인한 경직형 뇌성마비가 전체 유형의 80%를 차지하며(김세주, 성인영, 박승희, 2005), 이 경우에는 증가된 근긴장도와 과도한 신전반사가 나타나며 이로 인해 운동 조절이 어려워지고 과도한 근긴장과 반사 작용으로 인해 근육 활동의 속도가 느리고 운동 범위가 감소된다.

추체외로(extrapyramidal)의 손상으로 인한 이상운동형 뇌성마비(dyskinetic)의 종류에는 근긴장이상증(dystonia), 불수의운동형(athethosis), 운동실조형(ataxia) 이완형(atonia), 강직형(rigidity) 그리고 운동이상증(dyskinesia)이 포함된다. 근긴장이상증은 몸통과 팔이 느리고 반복적으로 뒤틀리는 자세를 의미하고, 불수의운동형의 경우 근긴장도의 변화가 수시로 발생하여 근육의 움직임 조절 능력이 크게 손상된 유형으로 불수의적인 운동 패턴 및 진전(tremor)이 수반된 양상을 보인다(Rosenbaum et al., 2007). 운동실조형의 경우 운동 협응 타

〈표 3-7〉 뇌손상 부위에 따른 분류

분류		운동 기능
경직형(spastic)		전체 뇌성마비의 약 80%차지, 과도한 근육의 긴장/수축이 특징
운동이상형 (dyskinestic)	근긴장이상형 (dystonic)	몸통과 팔이 느리고 반복적으로 뒤틀리는 자세를 의미
	무정위형 (choreo-athetotic)	근긴장도의 변화가 수시로 발생하여 근육의 움직임 조절 능력이 크게 손상된 유형
운동실조형(ataxic)		운동 협응 타이밍 조절 능력이 저하되어 균형 장애를 보임 운동의 속도나 활성 정도 증가 - 근육 움직임의 불균형 증가
이완형(hypotonic)		운동 발달이 지체되고 근육 운동의 힘과 강도가 약해 자발적 움직임 수행 불가 - 경직형이나 불수의운동형의 발달 단계로 관찰
강직형(rigidity)		근긴장도가 높아 작은 범위 내 움직임만 가능
혼합형(mixed)		한 개 이상의 운동 형태가 나타남

이밍 조절 능력이 저하되어 균형장애를 보이는 경우가 많고 운동의 속도나 활성 정도가 증가할 경우 근육 움직임의 불균형도 함께 증가되는 특징을 보인다. 이완형의 경우 운동 발달이 지체되고 근육 운동의 힘과 강도가 약해 자발적인 움직임 수행이 어려운 경우로 경직형이나 불수의운동형으로 발달단계에서 관찰되는 경우가 있다. 강직형은 근긴장도가 높아 작은 범위내 움직임만 가능하며, 운동이상증은 위의 분류에 속하지 않는 복합적 상태를 의미한다(김세주, 성인영, 박승희, 정한영, 2008; 정보인, 정민예, 안덕현, 2007)(〈표 3-7〉).

이러한 운동 기능의 특징은 말하기 기능에도 영향을 미치므로 음성 산출과 구어 운동에서도 구강 근육의 구조적인 움직임에 문제가 발생하여 구강 구조 움직임 속도 및 구강 근육 긴장도 조절에 어려움을 보인다. 일반적으로 임상 현장에서 주로 볼 수 있는 경직형 뇌성마비 아동의 구어 산출의 특징을 살펴보면 첫째, 비정상적인 구강 기관의 운동으로 인한 조음장애, 둘째, 호흡 조절의 어려움으로 인한 기식성 발성 혹은 쥐어짜는 듯한 발성, 셋째, 호흡량이 짧거나 호흡 조절의 어려움으로 인해 나타나는 발화 속도 조절의 어려움, 넷째, 음정과 강도 조절에 어려움을 겪게 되어 음질 자체가 떨어지는 음성의 문제점 등이 포함된다(김향희, 2012).

2) 음악치료 목표

뇌성마비 아동에 대한 음악적 접근은 우선 신경학적 문제를 가진 대상자들에 대한 기초적 이해를 바탕으로 해야 한다. 신경학적 문제를 가진 내담자들의 기능 개선을 위한 신경학적 음악치료는 뇌 가소성 원리와 수행 과제를 반복적으로 제공하여 기능 개선을 돕는 재활치료 접근을 기반으로 음악에 대한 뇌 반응의 과학적 결과들을 바탕으로 개발되었다(Thaut, 2005). 외부에서 제공되는 청각 자극을 통해 뇌가 활성화되고 운동 기능이 수월해지며 근육 움직임이 최적화된 사실이 사전 연구를 통해 확인되었다.

이를 바탕으로 첫째, 협응감, 지구력, 유연성 강화를 목표로 할 수 있다. 악기 연주, 리듬 자극 제공, 음악의 요소를 활용한 움직임의 공간, 방향, 힘에 대한 신호를 적용할 수 있다. 이 과정에서 음악적 요소를 개별적으로 적용하는데 리듬의 템포와 패턴을 이용해 동작의 유연성을 조절하거나 선율의 음역을 이용해 동작의 공간적 탐색을 유도한다.

둘째, 폐활량을 증진시킨다. 뇌성마비 내담자의 경우, 근육의 경직과 불수의적 움직임으로 인해 호흡 관련 근육의 움직임 또한 조절하기 어렵다. 폐활량이 정상 아동에 비해 적기 때문에 전반적인 흡기량이 부족하게 된다. 또한 뇌성마비 아동들이 보이는 역호흡(들숨에 말하기)으로 인해 발화 자체가 어렵고, 음질이 매우 떨어진다. 따라서 호흡 관련 근육의 이완과 자세, 호흡 패턴을 연습하는 것이 매우 중요하다. 뿐만 아니라 말하기에서 이완 및 심호흡을 하도록 주지시킬 필요가 있다.

셋째, 감각 통합 및 협응력을 강화시킨다. 지각 인지 영역에서 뇌성마비 아동들이 가지고 있는 지각 장애는 운동 능력과도 연관이 있는데, 크게는 공간 위치의 인지 문제, 시운동 협응 장애, 시각-운동의 장애, 시-공간 지각 장애, 그리고 감각 통합의 장애를 가지고 있다(여광웅, 2003). 사물의 크기나 위치를 인지하는 데 어려움이 있으며 눈과 손의 협응이 원활하지 않다. 이로 인해, 지각이나 사고에 있어 부분을 전체적으로 통합하지 못하는 협응 문제와 여러 가지 감각 정보를 조직화하는 뇌의 메커니즘인 감각 통합 능력에 한계가 있다(Ayers, 1973). 그러므로 음악치료에서는 음악이 가지고 있는 다양한 감각적 기능을 활용해 감각 통합적 접근이 가능하게 한다. 손의 촉각을 활용해 악기의 울림과 질감, 재료의 온도 등을 느끼고 이러한 질감이 만들어 내는 음색들을 탐색하게 한다. 차가운 메탈로폰의 높은 주파수 소리는 따스한 나무 자일로폰의 울림이 많은 저주파수의 베이스 바(bass bar)와 다감각적 차원에서 구별된다. 더 나아가, 눈-손 협응감에 따라 악기를 개별적으로 배정할 수 있다. 기능이 높으면 작은 북을, 낮을수록 큰 북과 채를 줌으로써 최대한 성공적인 소리 산출 경험을 하도록 유도한다.

넷째, 보행의 기능을 향상시킨다. 뇌성마비 아동들을 위해 쓰이는 음악적 기법은 주로 리듬을 치료적으로 활용한 신경학적 음악치료(Neurological Music Therapy)기법이다. 뇌성마비를 갖고 있는 대상들은 흔히 상체 운동 기능의 문제나 하체의 보행 문제를 가지고 있는 경우가 많은데, 이러한 보행치료에 필요한 신경학적 접근인 리듬청각자극기법인 RAS(Rhythmic Auditory Stimulation)기법이 개발되었다(Thaut & Rice, 2014). 이 기법은 재활치료와 물리치료 시 운동 기능을 통제하는 뇌의 운동 중추에 청각적인 리듬 자극을 주어 생리적인 효과를 이끌어 냄으로써 운동 통제 기능의 증진과 신체적 운동 반응의 촉진을 도모하는 기법이다. 청각 자극을 주어서 신체의 움직임을 보다 효율적이고 안정된 패턴으로 유도하게 하는 것이다.

다섯째, 상지 기능을 향상시킨다. RAS가 하체 강화에 중점을 둔 반면, 상체 운

〈표 3-8〉 악기 종류와 연관된 운동 기능

재활 영역	건반	리드혼/휘슬	셰이커류	드럼(셋)	기타 (Acoustic)	바이올린 (현악기)	자일로폰	봉고
목	◎	◎	◎	◎	◎	◎	◎	◎
어깨	◎	◎	◎	◎	◎	◎	◎	◎
팔꿈치	◎	◎	◎	◎	◎	◎	◎	◎
손목	◎	◎	◎	◎	◎	◎	◎	◎
손가락	◎	◎	◎	◎	◎	◎	◎	◎
골반				◎			◎	◎
무릎				◎			◎	◎
발목				◎			◎	◎
대근육: 상체	◎	◎	◎	◎	◎	◎	◎	◎
: 하체							◎	◎
소근육	◎	◎	◎	◎	◎	◎	◎	◎
근육의 경직성 : 상체	◎		◎	◎	◎	◎	◎	◎
: 하체							◎	◎

동 기능을 강화하기 위해 악기 연주 기법들을 과학적으로 체계화시킨 치료적 악기연주기법인 TIMP(Therapeutic Instrument Music Performance)기법이 개발되었다. TIMP란 재활치료나 물리치료 시 원하는 동작을 악기 연주를 통해 패턴화해서 연습시키는 방법으로, 연주가 가능한 악기는 무엇이든 사용 가능하며 정상적인 악기 연주 방법이 아닌 응용된 방법들을 이용한다. 예를 들면 탬버린은 손으로 치는 것이 일반적인 방법이나 TIMP에서는 다리 근육 강화를 위해 발 위에 위치시켜 발로 차게 한다든가 혹은 무릎으로 치게 한다든가 하는 방법들을 이용하게 된다(Elliott, 1982; Chadwick & Clark, 1980). TIMP의 이론적 근거는 RAS와 같으나 한 가지 다른 점은 악기 연주를 통해 동기를 자극하여 참여하게 하는 것이다.

Elliott(1982)는 신체 재활을 위해 악기 연주에 필요한 신체적 기능과 기술들을 부분별로 분석했다. 이 자료는 내담자의 신체적 결함과 필요에 맞게 악기를 구성할 수 있도록 악기 정보를 제공한다(〈표 3-8〉).

3) 치료적 고려 사항

뇌성마비 아동의 신체 움직임에 대한 이해가 충분히 바탕되어야 한다. 손상된 부위와 기능이 매우 다양하여 내담자의 상태를 정확히 이해하고 이에 타당한 음악치료 개입을 구상해야 한다. 예를 들어, 악기 연주나 노래 부르기 활동 시 경직 증상이 보여질 수 있으므로 경직을 심화시키기보다는 근력의 강화를 유도하여 손상된 근육의 숙련도를 발달시키도록 한다(Dobkin, 2003).

뇌성마비 아동의 경우는 운동신경학적 문제가 깊이 관여되므로 치료사가 신경학적 음악치료(NMT) 이론과 기법에 대한 지식을 가지고 있는 것이 매우 중요하다. 이러한 이론적 논거를 바탕으로 아동에게 필요한 기능을 강화하는 악기 연주와 동작 등을 구성해야 긍정적인 결과를 도출할 수 있다. 뇌성마비의 주요 기능 문제가 운동신경학적 차원에서 기인하므로 치료적 논거의 타당성을 확인하는 것은 매우 중요하다.

제4장

성인 대상 음악치료

　음악치료에서의 성인대상군은 정신장애를 가진 내담자들이 주 대상이라고 할 수 있다. 서구에서는 1930년대부터 정신과에 여러 치료 형태와 접목되어 음악치료가 제공되었으며 내담자들의 심리 정서 문제를 완화시켜 주는 데 효과적인 치료 도구로 활용되어 왔다. 이 장에서는 정신과에서 만날 수 있는 내담자들의 정신장애와 이로 인한 기능적 문제에 대해 살펴본다. 또한, 다양한 장애 증상에 따라 활용될 수 있는 여러 가지 음악치료 기법들을 알아본다. 특히, 정신장애로 인한 음악 및 비음악적 행동 특징과 이에 대한 효과적인 치료적 개입이 무엇인지를 알아보고 치료사가 고려해야 할 쟁점들을 알아봄으로써 임상적 지식을 갖춘다.

1. 성인 음악치료

정신장애를 가지고 있는 내담자들을 대상으로 한 음악치료는 주로 정신 의료기관에서 제공된다. 대상이 성인인 경우에 음악적 자료와 기법에 차이가 있을수 있으며, 다루고자 하는 문제에 따라 음악 경험의 깊이와 형태가 달라질 수있다. 기억해야 할 점은 정신장애를 가진 성인들의 경우 정신과 치료가 매우 필수적이며 음악치료는 보조적 치료로서 제공된다는 점이다. 여기에서 보조적 치료는 'secondary'의 의미가 아닌 'adjunctive'라는 의미이다. 즉 약물이 할 수 없는 정서 심리적 접근을 토대로 치료적 개입이 이루어진다.

정신장애와 관련해 우리나라에서는 공식적으로 세계보건기구(WHO)가 제정한 국제질병분류 ICD(International Classification of Disease) 체계와 미국 정신의학회가 발간한 정신장애 진단 및 통계편람 DSM(Diagnostic and Statistical Manual)을 병행해 사용하고 있다. 인간의 정신적 문제는 기질적인 것에서부터 심리성격적 문제까지 포함한다. 따라서 정신장애와 관련한 음악치료에서도 내담자의 주요 장애에서 비롯된 고통, 주요하게 상실된 기능상의 문제, 증상이 현실에 미치는 영향(자살이나 사회적 역할 상실 등)에 따라 그 수준과 접근이 달라진다.

정신장애를 가진 내담자를 위한 음악치료의 수준은 3가지 단계로 설명할 수 있다. 음악을 심리치료적 도구로 활용하는 데 가장 자주 언급되는 Wheeler (1983)가 제안한 지지적, 재교육적, 재구성적의 세 단계 접근이 바로 그것이다.

첫 번째 단계는 지지적 접근으로, 이 단계에서는 내담자가 가진 긍정적인 자원과 내면의 힘을 강화시켜 준다. 이를 위해 치료사는 구조화가 높은 활동을 중심으로 음악 중재 계획을 세운다. 치료사에 의해 구조화된 음악적 활동들은 내담자의 충동성과 인지적, 감각적 왜곡 등을 조절하면서, 적절한 행동을 산출할 것을 지속적으로 요구한다. 이 수준에서의 변화는 자기통제와 절제, 불필요한 언어 또는 운동적 표현들을 감소시키는 것이다. 따라서 내담자의 현재 감정 상태, 에너지 수준과 내담자의 참여 수준을 고려한 음악적 개입을 구성하는 것이 중요하다.

두 번째 단계인 재교육적 접근은 통찰 중심의 접근이다. 이 단계에서는 갈등에 대한 감정 규명과 이해, 다른 사람과의 긴장적 관계들을 탐색하면서 본인의 내면 세계에 대해 새로운 시각을 발견한다. 또한 깊이있는 감정 작업을 지속하면서 내담자가 경험하는 긴장과 갈등에 대해 다루게 된다. 중요한 것은 현재와 연관된 사건, 그리고 관계들을 중심으로 갈등을 이해하는 것이다.

마지막 단계는 가장 심층적 수준의 접근으로, 현재의 감정이나 갈등에 대한 본질적인 원인을 해결하고 자기 성장을 촉진하는 데 목적을 둔다. 이를 위해 과거의 미해결된 경험, 사건, 대상에 연관된 현재 이슈들을 탐색하며 작업해나간다. 이러한 음악치료의 단계들은 내담자의 기능 수준과 치료적 목표에 따라 선택될 수 있다.

2. 음악치료 주대상군

A. 조현병

1) 장애의 정의와 특징

조현병(調絃病)은 Schizophrenia의 국문 용어이며, 이는 2011년까지 사용되었던 정신분열증(병)이란 병명에서 바뀌었다. 이는 정신분열증이 사회적인 이질감과 거부감을 불러일으킨다는 이유로, 편견을 없애기 위하여 개명된 것이다. '조현(調絃)'의 사전적인 의미는 현악기의 줄을 고르다는 뜻으로, 조현병 내담자의 모습이 마치 현악기가 정상적으로 조율되지 못했을 때의 모습처럼 혼란스러운 상태를 보이는 것과 같다는 데서 비롯되었다.

조현병은 망상, 환청, 와해된 언어와 같은 인지 기능과 감정 둔마, 사회적 철회 등 정신 기능 전반에서의 이상을 초래하는 주요 정신병이다. 최근에는 뇌의 기능적, 구조적 이상, 신경전달 물질의 불균형(도파민 가설 등) 등 생물학적 원인이 대두되면서 일종의 뇌질환으로 받아들여지고 있다. 주요 장애로는 사고장애, 지각장애, 행동장애, 그리고 정동장애가 대표적이다. 사고장애는 사고가 지리멸렬하고 논리에 맞지 않으며, 타인과의 의사소통에 어려움을 겪는 것이다. 정동장애는 부적절한 감정 표현, 감정의 결여 등의 증상으로 나타나며, 지각장애는 환각, 환청, 환시, 환촉 등 왜곡된 감각 지각 증상을 말한다. 행동장애는 동기 및 의욕 저하, 타인과의 소통 회피 및 철회 또는 파괴적이거나 충동적인 행동 등을 포함한다. 조현의 증상은 크게 양성과 음성의 두 가지 범주로 나뉘어 설명된다(〈표 4-1〉).

양성 증상	음성 증상
– 명백한 반증에도 불구하고, 관계나 사건 등에 대한 왜곡된 강한 믿음 – 지각의 오류, 환각, 환청, 환시 등 – 지리멸렬한 사고장애 – 논리가 결핍된 언어 – 와해되거나 경직한 행동 – 망상	– 둔마된 정동, 무관심 – 논리적 사고의 결여 – 정형화된 사고 패턴 또는 사고 차단 – 동기 저하 – 정서적 위축 및 수동성 – 사회적 철회 – 언어 또는 소통의 결핍

2) 음악치료 목표

조현병을 가진 내담자들을 위한 음악치료 목표는 크게 지각 인지와 사고 영역, 정동과 정서 영역, 그리고 사회성 영역을 다룬다. 먼저 지각 인지 영역에서 음악은 분열적 증상으로 나타나는 환청, 환시, 환촉과 같은 지각 왜곡에 대하여 현실적인 자극제로 제공될 수 있다. 망상이나 환각의 경우 유기체 내적 사고에 반응하는 것이므로 외부 환경에서 음악을 제공하여 음악적 정보를 처리하고 인식하는 등 정신적 기능을 실행하게 할 수 있다. 이러한 음악 자극은 지금-여기(here and now)에서 일어나는 현실적 자극으로 작용하며 내적 사고에 머무르지 않고 현실을 인식하도록 촉구할 수 있다.

둘째, 비논리적인 사고장애이다. 분열적인 증상은 다양한 사고장애를 보이는데 공통적으로 사고가 현실에 근거를 두고 있지 않거나 현실적이지 않은 가능성들을 굳게 믿는 것이다. 누군가 자신을 해치려고 한다는 피해망상, 본인의 능력을 과대적으로 믿는 과대망상, 누군가의 조정이나 통제 하에 있다고 믿는 조정망상 또는 통제망상 등은 사고의 논리적인 흐름을 방해하고 지리멸렬한 언어로 나타난다. 이러한 문제는 대화에서 주어진 질문과는 무관한 답변을 하거나 답변의 논리적 흐름이나 내용에 일관성이 결여되어 있다. 이에 음악은 사고의 논리와 주의력을 활용하여 수행해야 할 과제로 제시된다. 예를 들어, 악기 연주는 지시된 패턴을 기억해서 적절한 지점에 연주해야 하기 때문에 내담자로 하여금 과제의 흐름과 전개에 집중하고 다른 방해적인 사고 내용을 억제해야 하는 선택적 주의력을 강화시켜 줄 수 있다.

사고장애의 또 다른 증상은 낮은 인지 기능이다. 문제 해결력의 어려움으로 인해 복잡한 과제나 난이도가 있는 과제 수행이 어렵기 때문에 음악은 단순화된 연주에서부터 단계적으로 난이도를 높여서 인지 기능 강화를 유도할 수 있다. 단순하게는 두 박으로 구성된 리듬 혹은 선율에서부터 복잡하게는 다양한 박들로 구성된 리듬 패턴을 모방하게 하는 등 연주에 필요한 기억력과 사고력, 그리고 과제 수행력을 강화시키는 데 목표를 둘 수 있다. 더 나아가 사고장애로 인한 장기 기억력에도 어려움이 있을 수 있다. 음악을 이용하여 사실적인 장기 기억력을 자극할 수 있다. 특정 장소나 시대와 관련된 기억을 인출하고 사건에 관련된 구체적인 내용, 에피소드 등 인지적 차원에서 다양한 참여를 유도하도록 한다.

셋째, 음악은 조현병 내담자의 정동 문제를 위해 활용될 수 있다. 조현병의 정동 문제는 외부의 정서적 자극에 둔마된 반응을 보이거나 전혀 감정 이입이 되지 않는 등의 특징으로 나타난다. 언어적으로는 모노톤의 특성을 보이기도 하며 말을 반복하는 등의 표현력의 문제로도 나타난다. 정동 문제를 위한 음악의 치료적 활용은 다양한 정서의 음악을 듣고 그 정서를 나누는 것이다. 음악이 지닌 정서를 공감하고 이를 규명하는 작업은 자신의 감정을 논의하기 전에 선행되는 것이 효과적이다. 그 다음은 제시된 여러 가지 음악적 정서 중 가장 본인의 정서와 일치하는 음악이 어떤 곡인지를 나누는 것이다. 이러한 음악을 이용한 감정 작업은 실제 감상하는 음악 자극의 정서적 측면을 수용하고 자신의 감정에 대해서 이야기할 수 있는 기회를 제공함으로써 현실 인식(지금-여기)에도 도움을 준다.

넷째, 정서 영역에서 조현병 내담자가 흔히 보이는 심리적 증상은 긴장과 불안, 그리고 경직성을 들 수 있다. 전반적으로 본인이 체험한 또는 다가올지 모르는 부정적인 사건에 대한 긴장감과 불안은 항상 내재해 있다. 심한 경우 동작의 경직성 또는 무의미한 상동 행동을 보이는 경우도 있다. 음악은 이러한 운동적 매너리즘 행동으로부터 주의 전환을 유도하고 신체적 이완을 유도하는 데 활용된다. 또한 경직된 상태와 충동적 에너지를 해소하는 데 구조화된 감상과 연주가 효율적일 수 있다.

마지막으로 대인관계 및 사회성 문제 완화를 위해 음악을 활용할 수 있다. 조현병 내담자들의 경우 외부 세계와 단절하고자 하거나 자신을 타인들로부터 고립시키는 경우가 많다. 또는 본인이 교류를 원하더라도 여러 가지 분열증적 증상들로 인해 타인들과 관계 형성을 하는 것이 어렵기도 하다. 특히 한 가지 사고나 환상에 대한 집착을 하는 경우 또는 공감이 결여된 소통은 보편적인 관계 형성에 영향을 미칠 수밖에 없다. 따라서 모두가 관심을 갖는 음악을 만들어 가는 과정은 공통의 관심사를 공유하고 즐기는 기회를 제공한다. 함께 즐길 수 있는 곡이나 노래를 같이 공유하면서 주제를 논의하고 이에 대한 각자의 기억을 나눈다. 합주 또는 합창이라는 과제에 집중하게 되면서 자신의 집착과 망상에서 벗어날 수 있게 한다. 타인과 함께 만들어 가는 음악 시간은 자신의 문제에서 한 발자국 분리되어 주위에 있는 타인의 의미와 존재를 확인하게 해주고 이들의 소중함을 느끼게 해준다. 이러한 시간은 서로에게 필요한 '지지 자원(supportive resource)'을 형성하는 데 도움이 된다.

3) 치료적 고려 사항

첫째, 조현병을 가진 내담자의 경우 선곡이 매우 중요하다. 선곡 시 음악의 요소별 특징이 매우 단조롭고 예측적이어야 하며 무엇보다 화성적 전개가 명료해야 한다. 즉 내담자가 수용할 수 있는 수준의 난이도여야 감상 현실에서의 음악 정보를 처리할 수 있다. 그렇지 않은 난해한 곡의 경우 왜곡된 지각과 사고 문제로 인해 다른 증상을 야기할 수 있다. 따라서 예측 가능하고 단조로운 곡을 사용하도록 한다.

둘째, 사용하는 음악이 노래 자료인 경우, 치료사는 가사의 의미를 잘 파악하고 사용해야 한다. 내용이 현실에 기반을 둔 노래여야 하며 현실 소재 인식을 강화시켜 주고, 실제 활용 가능한 전략을 제시하는 가사가 더욱 적합하다.

마지막으로, 감정적 정서가 명료한 음악을 사용하는 것이 효율적이다. 조현병의 주요 증상 중 하나가 감정 둔마 또는 정서 교감 문제이므로 음악 요소의 조성적 특징이 분명하고 이로 인한 정서를 충분히 경험할 수 있는 구조화된 음악을 사용하도록 한다.

B. 기분장애

1) 장애의 정의와 특징

기분장애(Mood Disorder)는 불안정한 기분의 혼란 및 장기간의 과도한 슬픔(우울증)이나 기쁨(조증)과 같은 두 감정이 복합적으로 경험되는 정신장애이다. 이러한 감정 조절 문제는 대인관계 장애, 사회적·직업적 기능 장애 및 정상적인 일상생활의 어려움을 야기한다. 우울하고 슬픈 기분이 주된 증상인 우울장애, 또는 기분의 변화가 매우 심하여 기분이 고양된 상태와 침체가 주기적으로 나타나는 양극성 및 관련 장애도 포함된다. 우울장애의 경우는 우울한 기분으로 인해 삶의 동기 및 의미를 상실하고 수면, 에너지 등 정신운동적 리듬이 와해되는 증상도 보인다. 양극성 장애는 조증, 경조증, 우울삽화로 나뉘는데, 조증과 우울증은 직업적·사회적 활동에 크게 영향을 미치는 데 반해 경조증 삽화의 경우 상승된 기분 또는 각성이 장기간 유지되지만 사회적 기능에는 크게 영향을 미치지 않을 수 있다.

2) 음악치료 목표

이 대상군의 경우에는 음악적 수준을 다차원적으로 제공해 참여 동기를 강화하는 것이 우선적인 목표가 된다. 다양한 음악 요소를 활용해 자신의 기분을 규명하고, 더 나아가 감정 조절을 촉진하는 것을 목표로 할 수 있다. 즉, 활동 구성은 긴장 이완 또는 생체 에너지 활성화, 감정 변화에 대한 인식 및 왜곡된 감정 해석에 대한 교정에 초점을 두고 음악을 활용하게 된다.

첫째, 우울감 감소에 목표를 둘 수 있다. 기분에 따라 자신에 대한 시각이나 비판이 달라질 수 있으나 우울한 경우 극단적인 자기 비판 및 부정적 사고와 시각을 가지고 있다. 이와 함께 모든 일상에서 일어나는 일에 대하여 동기 결여와 무기력감을 느끼므로 사회적 활동이나 교류가 현저하게 낮아진다. 기본적인 자긍심이 낮아지면서 자신에 대한 가치 판단이 낮아지고 부정적인 결과에 대해 죄책감을 갖는다. 이러한 경우, 음악 만들기 등 연주 활동을 통해 본인이 내놓은 음악적인 결과물과 작업에 대해 긍정적인 피드백을 제공한다. 내담자 본인이 가진 능력과 할 수 있는 부분을 확인시키고 이를 같이 나눔으로써 외부로부터의 인정을 경험하게 한다.

감정 작업(emotional work)에 있어 음악은 하나의 투사 도구로 이용되어 본인의 감정과 느낌을 탐색하고 규명하는 작업을 도와준다. 음악을 통해 감정적인 침체가 어디서 오는지 이해하고, 언어적인 탐색 과정(process)을 통해 본인 스스로 감정과 그 감정의 내면의 의미들을 이해하고 감당할 수 있도록 음악으로 지지해준다. 악기나 목소리를 이용한 즉흥 연주를 활용할 수 있는데 이는 내재된 감정들을 표출시켜 주며, 음악으로 인해 감정이 자극되고 더 나아가 카타르시스를 경험하게 한다. 또한, 노래심리치료는 내담자가 자신과 환경, 그리고 삶에 대한 시각과 태도에 대해 통찰할 수 있도록 해주며, 자신의 문제를 노래 안에서 간접적으로 다루면서 내재된 심리적인 이슈를 적극적으로 다룰 기회를 제공한다.

둘째, 정신 운동적 문제를 다루어 줄 수 있다. 우울증을 경험할 때의 정신 운동적인 증상은 불면증, 활동 참여 동기 상실, 집중의 어려움 등이다. 조증을 경험할 때는 신체적인 과잉 행동과 에너지, 사고 체계나 일관성 없이 이야기 주제를 바꾸는 행동이 나타난다. 이러한 증상에는 이완적 환경과 주의 집중을 요하는 음악적 활동을 제공한다. 음악의 다감각적(multi-sensory) 특성은 감각 신경을 자극해 신체 항상성과 정서 안정을 유도한다. 음악의 리듬을 이용하여 신체 에너지를 조절하며, 감상 시 이완과 긴장을 반복적으로 유도하는 구조적 특성을 가진 음악을 선곡한다.

셋째, 자신 및 사회적 인식 문제를 다룰 수 있다. 조증을 경험하는 경우, 판단력이 흐려지면서 현실적이지 못한 생각을 할 경우가 많고, 결과를 충분히 고려하지 않고 쾌락을 추구하는 행동에 충동을 느낀다. 그러므로 음악치료적 환경에서는 충동성과 같은 문제 행동을 음악으로 조절하는 데 목적을 둔다. 그룹 차원에서 즉흥 연주를 통해 타인을 인식하고, 음악적 역할을 부여받음으로써 책임감을 경험하며, 그룹 환경에서 기대되는 행동과 적절한 규율들을 상기시켜 본인의 충동이나 판단력의 상실을 바로잡을 수 있다.

더 심한 경우에는 망상적인 사고에 집착하는 경우가 있는데 외부의 자극들이 본인들에게 해를 준다고 해석하는 등의 왜곡된 인지 문제를 보일 때가 있다. 이 경우 가장 중요한 것은 음악을 통한 현실 소재 인식(reality orientation)을 강화시켜 주는 것이다. 망상에 시달리는 경우엔 음악이 실질적인 현실의 자극제로 제시되고 동시에 감상, 가창 및 연주를 통해 긍정적인 환경을 제공한다. 인지적 기능에서의 문제가 있는 경우는 음악을 기억 촉진제(mnemonic device)로 활용하여 음악적 정보를 지각하고 인지하도록 정신 활동을 유도한다.

3) 치료적 고려 사항

기분장애 내담자들과 일하는 음악치료사들은 내담자들이 보이는 흥미 상실, 감소된 에너지, 무가치감 또는 과도한 걱정이나 죄책감, 자살 사고 및 수행 등에 대해 병리적 지식이 필수적이다. 우울감을 경험하는 경우 동기가 상실되고, 무의미하거나 부정적인 인식을 갖게 되므로 항상 치료사는 내담자의 상태를 통찰하여 이에 따른 음악 선곡과 활동을 구성해야 한다. 치료적 전략 중에 하나인 동질성 원리를 참고하여 내담자의 내면적, 신체적 상태와 감정 또는 에너지 수준을 사정한 후 활동을 전개하는 것이 중요하다.

C. 불안장애

1) 장애의 정의와 특징

불안장애(Anxiety Disorder)는 공황발작, 공포증, 강박장애, 외상 후 스트레스장애, 급성 스트레스장애, 범불안장애와 같이 일시적 불안이나 만성적 불안에 따른 정신 및 신경증적 증상으로 나타나는 장애이다. 갑작스럽거나 극심한 걱정, 두려움, 공포에 의해 자율신경계의 각성이 매우 고조되어 땀을 흘리거나 심박수가 증가하며 신체적 통증을 호소하기도 한다. 환경의 모든 자극에 극도로 민감한 인지적, 신체적 반응을 보이며 산만초조한 행동, 쉬운 흥분 상태로의 돌입 등이 대표적 증상이라 할 수 있다.

2) 음악치료 목표

음악치료에서는 첫째, 신체 이완이 주 목표이나 동시에 공포나 강박사고 및 행동에 대해서 인지정서행동치료와 결합된 음악심리치료를 구성하여 부정 사고나 인지적 사고를 재구성하는 데 목표를 둔다. 이 경우에는 신체적 이완을 도모할 수 있는 음악을 선곡해 심리적으로 긍정적인 심상을 떠올릴 수 있는 구조화된 감상을 제공한다. 긴장 이완에 사용되는 음악은 리듬과 선율 면에서 이완적 특성을 가지고 있어야 하며, 필요에 따라 비음악적 음향을 사용하거나 특정 악기를 이용해 음향을 만들기도 한다. 비음악적 음향을 사용하는 경우 이완을 경험할 수 있는 긍정적인 심상을 유도하기 위함이다. 새소리를 모방한 플루트, 빗소리의 레인스틱, 파도 소리의 오션드럼 등의 음색과 연주가 들어간 곡을 선택해 감상한다. 이러한 음향은 음악 요소의 물리적인 특성을 활용하여 비음악적 메시지를 전함으로써 구체적이면서도 긍정적인 정서를 자극하는 데 활용된다. 새소리와 파도 소리의 경우 평화로움과 고요함과 같은 정서를 경험할 수 있기 때문에 이완 작용을 할 수 있다.

둘째, 인지정서행동치료와 결합된 음악심리치료는 왜곡되거나 과도하게 집중된 사고에 대해 새로운 사고를 탐색할 수 있는 기회를 제공하는 데 목표를 둔다. 예를 들어, 노래심리치료에서는 노래의 후렴구에 내담자 자신이 불안할 때 도움이 되는 가사를 사용한다. 이러한 가사들은 '대안적 행동'에 대한 내면적 각인이라 할 수 있다. 내담자는 자신이 만든 노래의 후렴구를 여러 번 가창해 봄으로써 가사와 선율이 갖는 의미를 내면화하게 된다. 이후, 내담자가 외부 환경에서 불안을 감지하거나 강박적 사고와 행동이 시작될 때, 이러한 '대안적 행동'을 담은 노래 가사가 유용하다. 불안 상황에서 새로운 대안적 행동을 떠올리고 시도할 수 있는 기회를 제공할 수 있다.

3) 치료적 고려 사항

불안장애를 가진 내담자의 경우 치료 기간과 내담자의 심리적 자원에 따라서 음악치료 목표와 접근이 정해진다. 기간이 짧을수록 지지적 수준에서, 세션이 길어질수록 재교육적 차원으로 음악심리치료를 제공하도록 한다. 음악심리치료 기법은 내담자의 개인적인 준비도와 성숙도 또는 탄력성의 정도에 따라서 정해지기 때문에 치료사는 먼저 내담자의 준비도와 탄력성을 사정할 필요가 있다.

음악심리치료기법은 치료사가 심리분석적 통찰을 지녀야 하므로 이와 관련된 훈련을 받는 것이 중요하다. 특히, 음악이 지닌 투사적 상징성, 음악으로 인해 유도되는 심상의 기능, 그리고 음악의 심리역동적 기능은 음악 경험에서 보여지는 내담자의 불안과 관련된 심리적 문제와 내면세계에 대해서 유용한 정보를 제공한다. 이에 치료사는 내담자의 기질, 에너지 수준, 그리고 불안과 관련된 심리적 문제를 반영한 선곡과 이를 통합한 음악활동을 구성할 수 있는 통찰력과 역량을 갖추어야 한다.

제5장

노인 대상 음악치료

　　노인학의 발전과 함께 노인에 대한 연구가 활발해지면서 노화로 인한 기능 저하를 중재하고 예방하는 다양한 프로그램이 개발되었다. 노인들을 위한 프로그램은 기능의 퇴화를 방지할 뿐 아니라 노인성 질환들을 적극적으로 치료하는 차원에서 개발되었는데, 음악이 그 효과적인 치료 도구로 널리 사용되고 있다. 음악은 매우 현실적인 자극제로 감각적 지각 및 인지 기능을 촉진시켜 준다. 뿐만 아니라 음악적 경험에 참여함으로써 음악을 만들어 가는 과정에서의 성취감과 동기 유발을 경험할 수 있다. 이 장에서는 음악의 다양한 활동을 통해서 기존의 인지 및 사고, 신체 운동, 정서 및 사회적 기술 등 다양한 기술 영역을 유지시켜 줄 수 있는 방법을 소개한다.

1. 노인 음악치료

음악은 인간의 성장과 노화 과정에서 다양하게 기능하는데 특히 나이가 들수록 이러한 음악의 기능과 역할은 더 증대된다고 볼 수 있다. 미국은 일찍이 노화와 함께 오는 기능 변화에 음악이 지닌 치료적 효과를 인식하여 노인 요양 시설에 음악치료를 지원하고 있으며 국내에서도 요양 시설에 제공되고 있는 음악치료 프로그램들이 점차 증가하고 있다.

음악이 지닌 보편성과 용이성은 누구나 음악을 향유하고 음악으로 연상되는 장소와 시간을 재경험하게 한다. 특히 나이가 들수록 젊었던 시간에 대한 애착과 의미는 더욱 증대되며 정서적 의미를 지닌 음악을 만남으로써 치유적인 순간을 갖게 된다. 이러한 음악은 노화로 인해 오는 우울과 둔마되는 감정을 회복시켜 주는데 일반 노인에서부터 삶을 마무리하는 과정에 있는 호스피스 노인들에게까지 공통적으로 도움이 된다.

또한 음악은 노화로 인해 오는 활동 한계 또는 선호하는 참여 형태에 따라 그 활동 유형이 선택될 수 있다. 수동적으로 누워서 감상하기에서부터 적극적으로 음악의 리듬을 몸으로 표현하는 춤과 같이 각자의 표현 형태와 선호에 맞출 수 있다. 음악은 감상자의 신체 리듬과 감정을 유도하므로 감상자의 동적 및 정적 수준을 조율하는 도구로 사용될 수 있다.

이외에도 공동체 차원에서 참여하는 음악 활동은 나이와 함께 잃어가는 소중한 사람들이나 사회적 위치로 인한 상실감을 유대감과 친밀감으로 보완시켜준다. 이러한 음악의 심리사회적 기능은 합주나 합창과 같은 그룹 음악 활동을 통해 이루어지며 공동의 목표를 위해서 같이 참여하는 동료들과의 관계를 돈독하게 해준다. 또한 음악이 지닌 정서적 즐거움, 음악을 완성하면서 느끼는 심미적 체험, 그리고 가사 기억과 연주에 필요한 인지력 등은 통합된 치료적 체험이라고 할 수 있다. 이러한 음악의 향유는 치료 목표를 위한 도구로 사용하기에 용이하게 해주며 노화로 인한 보편적인 기능 쇠퇴에서부터 노인성 질환까지 매우 효율적인 치료 매개체로 기능할 수 있다.

2. 음악치료 주대상군

A. 노화

1) 노화의 정의와 특징

노화(aging)란 나이가 듦에 따라 여러 가지 발달 영역의 기능들이 점차 감퇴되는 현상을 의미한다. 노화가 진행되면서 노인들의 현실적인 역할은 감소되고 그들을 필요로 하는 영역이 작아진다. 이로 인해 노인들은 자기 개념이 낮아지거나 우울증이 동반되고, 노화로 상실된 인지력에 대해 항상 불안감을 느낀다. 또한, 시력과 청력 등의 감각 기능도 저하된다. 특히 청력의 감소는 노화와 관련된 보편적인 현상이라고 보는데 특히 고주파수의 음에서 두드러지게 나타난다. 청력이 손실되면서 주위 사람들과 의사소통하는 양이 감소하므로 고립감,

소외감을 느끼고 자존감의 감소를 경험하기도 한다(Clair, 1996b).

노화와 동시에 다양한 정신적 장애로 지적 능력이 감퇴한다. 주어진 정보들을 활용하여 적절한 의사 결정 과정에서 능동적인 정보 처리를 할 수 있는 기능을 작업 기억(working memory)이라고 하는데, 연령에 따라 큰 변화를 보여 준다. 나이가 들면서 새로운 정보를 처리하는 동시에 기존의 정보를 유지하는 능력이 쇠퇴하는 현상을 처리 속도의 감소와 억제 결함의 두 가지 관점으로 설명할 수 있다. 속도 결함 가설(speed deficit hypothesis)은 연령이 높아질수록 작업 기억이 감퇴되는 이유가 처리 속도에 있다고 본다. 또 다른 이론은 억제 결함 가설(inhibition deficit hypothesis)인데 정보를 처리하는 과정에서 관련 없는 정보가 활성화되면서 작업 기억 처리 과정을 방해하기 때문에, 작업 기억의 효율성을 위해 과제와 관련된 작업을 강화하는 것이 필요하다는 것이다(Hasher & Zacks, 1988). 작업 기억은 새로운 정보를 처리하는 능력이므로 나이가 들면서 이러한 능력이 감퇴하게 되면 정보의 습득, 조작, 효율적인 부호화와 인출에서도 어려움을 겪을 수 있다.

장기 기억은 정보를 장기적으로 저장하는 것을 의미하는데 이렇게 저장된 정보들은 필요시에 인출된다. 일반적으로 기억 수행에서의 회상 과제는 더 높은 수준의 자기 주도적 과정을 요구한다(Craik et al., 1995). 장기 기억은 기억 요소에 따라 달라질 수 있으며, 노인들의 경우 젊은이들에 비해 일화적 기억 과제를 기억하는 데 어려움이 있으나, 의미적 기억은 노인들이 젊은 사람들보다 경험과 경륜이 더 풍부하기 때문에 덜 손상된다고 보고되고 있다(Cohen, Conway, & Maylor, 1994). 특히 과거의 개인적인 사건들은 회상하기 쉬우며, 특히 10세에서 30세 사이에 경험했던 개인적인 사건들을 비교적 분명하게 기억한다. 이러한 기억을 자서전적인 기억이라고도 하는데 음악이 가지고 있는 다양한 사회·심리적 기능을 통해 이러한 장기 기억이 자극될 수 있다. 따라서 음악을 통한 기억 과제도 노인들의 일상과 관련된 의미있는 주제들을 중심으로 선택한다면 노인들의 기억 수행 능력은 충분히 강화될 수 있다(Craik et al., 1995).

인지 영역에서 감퇴되는 기술은 현실 소재 인식이다. 인지 기능의 저하와 함께 흔히 본인들이 있는 장소나 시간, 주변 사람을 포함한 가족들의 이름이나 얼굴을 인식하지 못하는 등 지남력의 상실을 경험하게 된다.

노화와 함께 오는 신체 기능의 저하 중 하나가 근골격계의 문제이다. 디스크의 퇴화로 인해 허리가 굽게 되면서, 신체 자세의 변형과 함께 폐의 탄력성이 감소한다. 기관지에 기능적인 저하가 오면서 호흡 기관의 효율성이 떨어지고, 산소를 보유하고 혈액으로 공급하는 기능이 저하되므로 전반적인 호흡이 어렵게 된다. 그러므로 활동량도 감소하고 쉽게 피로를 느끼게 된다. 노인은 노화로 인해 대근육은 물론 소근육 기능의 저하를 겪게 되는데 근육의 퇴화, 지구력, 협응감, 근육 통제력의 저하가 여기에 해당된다(Kortebein, Ferrando, Lombeida, & Wolfe, 2007). 노화와 함께 팔과 다리의 힘, 운동성, 운동 범위가 감소하며, 만성 통증이 시작되기도 한다.

마지막으로 심리 정서 영역에서는 우울감을 경험하기가 쉽다. 한때 건강했던 부분들에 있어 자신감을 상실하면서 우울증이나 불안장애가 동반되기도 한다. 이로 인해 대인 관계에서의 문제 및 사회와의 단절감이 생기게 된다. 뿐만 아니라 스스로 인지 기능이 상실하는 것을 인식하게 되어 이로 인해 막연한 불안과 긴장감, 그리고 자신감 결여와 피해 의식이 따르기도 한다. 결과적으로 자신들을 사회로부터 고립시키고 일상의 많은 부분에서 동기를 상실하게 되어 우울증이 동반될 수 있다. 더 나아가 공격적인 행동과 배회 행동을 흔히 볼 수 있는데 이는 치매 노인에게서 빈번하게 나타나는 행동이다.

2) 음악치료 목표

노인들을 위한 음악치료 활동이나 세션들은 노화로 인한 신체적 영역과 기능의 변화에 대한 복원과 유지에 목표를 둔다(Clair & Memmott, 2008). 노화에 따라 음악의 수행력은 변하지만 개인이 갖고 있는 음악의 보존력은 유지된다. 노인이 평소 선호하던 노래의 멜로디를 기억하거나, 젊은 시절 학습한 악기 연주 능력이 보존되는 것을 볼 수 있다. 음악 경험과 반복적인 연습은 노화에 따르는 수행 능력과 음악 기술의 감퇴를 방지하며 노화가 진행되어도 음악에 따르는 즐거움이나 해석 능력은 감퇴되지 않는다. 노인의 음악 기능을 영역별로 살펴보면 다음과 같다.

첫째, 노화로 인해 약화되는 전반적인 감각 기능을 자극한다. 시각적으로 자극하고, 청각적으로 많이 들려주고, 촉각적으로 만지고 느끼며, 더 나아가 전정 감각적으로 움직이는 것은 잔존 기능을 강화하는 매우 중요한 방법이라고 볼 수 있다. 청각적 기능의 경우 타악기를 사용하면 진동과 청각적 피드백을 함께 경험하게 해 음악 참여를 증진할 수 있고, 마라카스, 실로폰 등 다양한 악기를 통해 음색을 구별하고, 조작하며, 연주할 수 있는 기회를 지속적으로 제공할 수 있다(Clair & Memmott, 2008).

둘째, 인지 기능의 퇴행과 저하되고 있는 단기 기억력을 다루어 준다. 음악의 연상 기능을 활용해 음악이 지닌 시간적 및 사실적 정보를 유도하고 기억력을 지속적으로 자극할 수 있다. 기억력 개선을 다룬 많은 연구들은 음악이 회상 과제와 기억력 훈련에 효과적이었으며(Clair & Memmott, 2008; Karras, 1988; Raz et al., 2000; Wylie, 1990) 특히 현실 소재 인식이나 동기를 유발하는 데 도움을 준다고 보고한다. 더 나아가 같은 시대에 같은 일들을 겪었던 사람들과의 인생 회고와 나눔은 정신적인 만족감을 얻게 해준다. 이 과정에서 음악치료사는 특정 음악 스타일이나 시대 상황을 이용하여 내담자의 경험에 초점을 맞춰 토론 중심 주제를 유도할 수 있다.

셋째, 노화로 인한 운동 기능 저하를 지연시켜 준다. 박자 맞추기 능력에 있어서 나이가 들수록 정해진 템포에 비해 늦게 맞추는 경향이 있다. 이는 내재된 생리학적 시간(internal biological clock)과 운동 반응과의 상관성과 관련되는데 노화가 될수록 생리학적인 시간이 느려지고 운동 체계가 퇴화되어 박자 맞추기가 느려진다. 또한, 소근육, 대근육의 협응감은 물론 기민성과 순발력 등 여러 차원에서의 신체 운동 기능의 쇠퇴가 시작된다. 악기 연주 시 기민성, 손의 조작 능력, 리듬에 맞추는 정신 운동 능력, 협응력, 민감한 청각 지각력, 그리고 규칙적인 박자를 유지하는 것이 중요하다(Chan et al., 2009).

넷째, 음악치료는 노화로 인한 심폐 기능의 약화 그리고 여기서 발생하는 명료하지 않은 의사소통 문제를 다룰 수 있다. 언어의 질에 가장 도움이 되는 것이 호흡력인데 가창은 심폐 기능 강화에 효과적인 활동이다. 이는 호흡이 가창 활동의 기본이 되기 때문이다. 노래할 때 각 박자에 따라 쉬는 부분과 다음 절에 들어가기 전에 들숨을 크게 하는 것을 연습하게 함으로써 호흡의 균형과 강도를 향상시켜 준다. 이와 관련한 많은 연구들이 가창을 통한 심폐 기능의 향상 효과에 대한 긍정적인 결과들을 제시하고 있다(Brooks, Sidani, Graydon, McBride, Hall, & Weinacht, 2003; Clair, 1996; Tamplin, 2005). 가창 활동을 통해 계속적으로 발음의 정확성 훈련, 노래 가사를 통한 언어의 이해, 필요한 언어를 구사하는 언어적 기술을 유지 및 향상시킬 수 있다(Baker & Tamplin, 2006; Chen, 2004; Engen, 2005).

다섯째, 정서 영역이다. 정서적으로 노인들은 노화로 인해 사랑하는 가족들과 친척, 그리고 친구들을 하나씩 상실하면서 고립감에 빠지게 된다. 공동의 관심사를 갖고 타인과 어울리는 기회를 제공한다. 따라서, 음악 안에서 가능한 협동과 성취 경험을 체험하도록 하고 자긍심과 자기실현 경험을 갖도록 유도해준다(Radocy & Boyle, 2003).

마지막으로, 사회적으로는 그룹의 소속감과 동질감을 통해 각자가 처한 상황에 대해 공감을 나누도록 한다. 회상을 유도하는 곡들을 제시해 특정한 시대를 상기시키고 그때에 있었던 사회적인 쟁점들을 이야기하게 함으로써 공통 주제를 공유하게 한다. 공감할 수 있는 기억이나 사건들은 언어적 의사소통과 사고력, 논리적인 전개들을 촉진시켜준다.

3) 치료적 고려 사항

음악치료 접근에 있어 중요한 것은 노화로 인한 기능 저하의 개인차가 크기 때문에 내담자의 기능을 파악하고 이에 맞게 음악 활동을 구성해야 한다는 점이다. 노인들이 좋아하는 연주 활동은 즉흥 연주보다는 가창, 악기 연주 및 동작이며(Brotons & Pickett-Cooper, 1994), 노인에게 적절한 건반 음역은 여성의 경우 F_3에서 C_5로 했을 때 적합하며, 남성의 경우 그보다 한 옥타브 낮게 조옮김하여 연주하는 것이 적합하다. 가창에서의 음역은 가운데 도(C_4)를 중심으로 아래 솔(G_3)에서 위의 솔(G_4)까지 한 옥타브의 음역이 적절하다(Moore, 1992).

노인들을 대상으로 한 세션 전개는 구조화되어야 하고 단계적으로 제시되어야 한다. 간단하고 명료한 단일 과제에서 복합 과제(multi-task)로 진행하고, 대상의 기능을 충분히 고려해 활동의 난이도를 결정한다. 예를 들어, 악기 연주와 함께 노래를 부르는 것은 두 개 이상의 과제를 동시에 수행하는 것이므로, 주의의 분할 및 지속적인 수행에 어려움이 따를 수 있다.

B. 치매

1) 장애의 정의와 특징

치매(Dementia)는 노년기의 가장 보편적인 병리적 기억장애로, 이는 정상 노화와는 구분되는 병리적인 질병이라고 볼 수 있다. 우리나라 치매 유병률의 경우 65세 이상의 노인 중 약 9% 이상이며, 2020년에 약 10% 이상이 될 것으로 예상하고 있으며, 20년마다 치매 환자수가 약 2배 증가할 것으로 추정하고 있다. 치매 발병률은 연령이 높아짐에 따라 증가하며 남성보다 여성의 발병률이 높다(보건복지부, 2013).

치매는 여러 가지 중요한 것들을 인지하지 못하는 질병으로 그 증상들은 원인 및 질환의 종류와 정도에 따라 매우 다양하게 나타난다. 초기에는 가벼운 기억장애에서 시작하여 점차 사고력, 추리력, 언어 능력, 문제 해결력 등의 전반적 영역에서 감퇴가 나타나며, 이와 함께 정서 조절 능력의 손상, 신체 운동 기능의 결함과 더불어 모든 심리적 기능이 와해되어 간다(조성원, 2003). 전체 치매 환자의 약 71.3%는 알츠하이머형으로 가장 많은 비율을 차지하고 있으며, 혈관성 치매는 약 17%, 그 밖에 루이체 치매, 전측두엽 치매, 파킨슨 병 등과 같은 기타 치매가 약 12%에 해당된다(보건복지부, 2013).

기억력 손상은 치매 노인에게 가장 처음으로 발생하는 인지 기능의 손상으로 모든 치매 유형에서 나타나는 주요 증상이다. 치매 초기에는 단기 기억력의 손상이 주로 나타나며 새로운 정보 습득 능력을 잃게 되고 시간이 지남에 따라 장기 기억력의 손상을 동반하는 등 치매가 진행됨에 따라 기억력의 감퇴가 심각해진다. 치매 노인의 기억력 감퇴는 정상 노화 과정에서의 건망증과는 구분된다. 건망증은 산발적이고 사소한 일들에 국한되어 있으며 개인의 생활을 심각하게 저해하지는 않는다. 반면, 기억력 장애로 인해 새로운 정보를 습득하고 유지하는 능력이 상실되면 최근의 사건을 주제로 한 화제에 참여할 수 없고, 흥미를 잃어 스스로 회피하게 된다.

치매는 대표적으로 알츠하이머형 치매(Alzheimer's Disease)와 혈관성 치매(Vascular Dementia)로 분류된다. 알츠하이머형 치매는 원인은 분명치 않으나 뇌세포의 점진적 손상이 주요인으로 간주되고 있으며 다른 유전적인 요인이나 환경적인 요인도 가능하다고 보고 있다. 알츠하이머의 초기 증상으로는 판단력의 저하, 개인 위생 관리 부족, 혼돈스런 사고, 성격 변화, 방향 감각의 상실, 시간과 장소에 대한 혼돈, 불안, 우울 및 전반적 생활 기능의 감소가 있으며, 언어 구사력의 어려움이 발생한다(Clair & Memmott, 2008).

알츠하이머형 치매 노인은 측두엽 내측에 위치한 해마의 신경 세포가 먼저 손상되면서 최근의 기억을 저장하는 능력을 잃고, 증상이 진행될수록 장기 기억 저장과 관련된 대뇌피질 및 언어 기능을 담당하는 좌측 측두엽, 공간 감각을 관장하는 우측 두정엽에 병변이 생겨 판단력 손상 및 지남력 상실을 동반한다(Korean Dementia Association, 2006). 가끔은 새로운 정보의 응고화에 어려움을 보이고 일화 기억이 두드러지게 감소해 이를 감추기 위해 엉터리 이야기나 즉흥적인 이야기를 하는 작화증(confabulation)을 보인다.

혈관성 치매는 뇌경색이나 뇌출혈 등으로 인해 뇌혈관이 막히거나 좁아져, 그 결과 산소와 영양 공급이 적절히 되지 않아 뇌세포 손상 및 뇌의 여러 부분에 병변이 발생하게 된다. 혈관성 치매로 인한 기능 상실은 전두엽이 담당하는 주의력, 집행기능, 계획 및 조절 능력이 먼저 손상되고 기억의 과정 중 인출에 두드러진 손상을 보인다(한국치매학회, 2012).

2) 음악치료 목표

음악치료적 접근에서는 치매 노인의 기억 능력 유지 및 전반적인 기능 퇴화의 지연이 주요 목표이다. 노래를 배우고 연주하는 활동은 인지 기능 손상의 정도에 관계없이 모두가 참여할 수 있다(Cuddy & Duffin, 2005; Vanstone, Cuddy, Duffin, & Alexander, 2009). 음악 과제 수행은 치매 환자의 음악 인지와 연관된 뇌의 영역을 우선적으로 활성화한다. 또한 음악은 장기 기억 능력이 손상된 치매 환자에게 기억을 위한 중재 도구로 활용될 수 있다(Baird & Samson, 2009).

3) 치료적 고려 사항

치매 노인의 문제 행동 대처 전략은 매우 중요하다. 문제 행동은 부적응 행동, 심리적 문제로 인한 행동의 역기능, 기능 손상, 정신 병리 등과 관련된다. 노인은 배회, 불면, 망상, 환각 등의 문제 행동을 보일 수 있으며 치료사는 이에 대한 대처 능력이 필요하다.

먼저, 문제 행동의 원인이 약물이나 기타 치료에 의한 것인지, 환경적 요인 등에 의해 나타난 변화인지, 다루어질 수 있는 행동인지에 따라 적절히 대처해야 한다. 문제 행동에 대처하기 위해 적절한 음악 환경을 조성하고 적합한 음악과 활동을 선택해야 한다. 또한 문제 행동을 보이는 노인들과는 논쟁을 피하고 엄격한 지시를 한다거나 양보를 강요하지 않도록 하며, 친근한 단어를 사용하여 짧고 간단하게 질문을 제시한다.

둘째, 노인이 배회 행동을 보일 경우 공간성을 확보하고, 정서적 불안으로 인한 배회 행동일 경우 불안의 감정으로부터 관심을 전환시키는 것이 필요하다.

마지막으로 망상이나 환각 증상이 나타나는 노인에게는 의심을 부정하지 않고 언쟁을 벌이지 않으며 현실감을 유지할 수 있도록 한다. 그들의 감정을 최대한 존중해주고 망상이나 환각 증상에서 현재 주어지는 자극제에 주의를 유도한다.

C. 노인성 뇌졸중

1) 장애의 정의와 특징

뇌졸중(Stroke)은 뇌 기능의 부분 또는 전체에 발생한 장애가 상당 기간 이상 지속되는 경우를 말한다. 뇌의 한 부분에서 피의 공급이 갑작스럽게 방해를 받을 때 발생하는 장애로 성인기에 흔히 나타나는 신경학적 질병 중 하나이며 여러 영역의 기능 상실을 가져 온다. 뇌졸중은 뇌혈관이 막혀서 발생하는 뇌경색(허혈성 뇌졸중)과 뇌혈관의 파열로 인해 뇌 조직 내부로 혈액이 유출되어 발생하는 뇌출혈(출혈성 뇌졸중)을 통틀어 일컫는 말이다(Stein et al., 2008)(〈표 5-1〉). 뇌졸중의 분류에는 원인에 따라 분류하는 뇌경색(Longo et al., 2012)과 출혈 위치에 따라 분류하는 뇌출혈이 포함된다(Kummar et al., 2010).

〈표 5-1〉 뇌졸중의 분류

	뇌경색		뇌출혈
원인에 따른 세부 분류	• 일과성 허혈발작 • 대혈관 질환에 의한 뇌경색 • 심장질환에 의한 심인성 뇌경색 • 소혈관 질환 또는 열공 뇌경색 • 기타 드문 원인에 의해 발생하는 • 뇌경색	출혈 위치에 따른 세부 분류	• 뇌내출혈 혹은 두개내출혈 • 뇌실내출혈 • 거미막밑출혈 • 경막외출혈 및 경막하출혈

　뇌졸중으로 인해 인지적으로는 기억력이나 집중력, 논리나 의식 상태에 장애가 올 수 있다. 뇌졸중으로 인한 언어 및 말산출 관련 문제에는 세 가지가 있는데 첫째, 운동 감각 기능에 문제가 없음에도 불구하고 움직일 수 없는 경우, 둘째, 중추 신경계와 말초 신경계의 손상으로 인해 언어의 조음과 구강 근육 조절이 어려워 표현이나 구강 근육과 같은 신경 근육 시스템에 문제가 있는 경우, 마지막으로, 뇌 손상으로 인해 말하거나 쓰기 또는 노래하기 등의 표현 언어와 상대방의 언어를 이해하거나 읽을 수 있는 수용 언어를 상실한 실어증이 있다. 이러한 증상들로 인해 내담자는 많은 정서적·심리적인 어려움과 좌절, 고통을 경험한다.
　신체장애 증상으로는 마비를 들 수 있다. 이는 사지의 움직임을 자발적으로 관장하는 기능을 상실하는 것을 의미하며 근육의 긴장도나 유연성, 동작의 힘, 협응감, 그리고 지구력에 여러 문제가 발생하는 것을 의미한다. 사고로 인한 신체적 장애를 얻은 대상들을 위한 치료에서는 운동 기술에 많은 초점을 두지만, 이와 함께 심리 정서 치료도 병행한다.

2) 음악치료 목표

뇌졸중 내담자를 위한 음악치료 목표는 크게 세 가지가 있는데 이는 운동 재활, 언어 재활, 그리고 인지 재활이다.

먼저 운동 재활을 보면 크게 상지와 하지 재활로 나뉘는데 상지는 팔의 운동 범위와 소근육 재활을 다루는 반면, 하지는 보행을 주로 다룬다. 상지 재활의 경우, 이미 많은 연구를 통해 음악 활동 중 특히 연주가 동작의 범위, 혹은 운동 궤적 확장에 효과적이라고 보고되었다. 동시에 악기 연주에 따른 팔과 다리의 굴곡 작용(flexion)과 신장 확장(extension)에도 도움이 된다. 악기를 연주하기 위해서는 힘을 가해야 하며, 소리의 강도는 힘의 강도를 청각적으로 표현해 준다. 소리의 강도를 증가시키기 위해 운동 궤적도 증가하게 되므로 악기 연주를 통해 신체 기능에 대한 진단과 변화를 측정할 수 있다.

두 번째 치료 목표로는 언어 재활을 들 수 있다. 언어 재활에 사용되는 음악적 접근은 주로 찬트(chant)를 이용하는 방법이다. 찬트는 음악의 리듬과 언어 리듬을 직접 연관지어 치료에 응용한 테크닉으로, 말하기를 증진시키기 위해 고안된 방법이다. 또 하나는 멜로디억양기법(Melody Intonation Therapy: MIT)에도 적용되는데 이는 간단한 멜로디 형태와 짧은 악구를 이용하여 언어 형성(propositional language formulation)을 활성화하기 위해 멜로디와 억양(intonation)을 사용하는 기법이다(Albert, Sparks, & Helm, 1973). MIT는 손상되지 않은 우반구의 기능이 손상을 입은 좌반구의 언어 기능을 활성화할 수 있다는 가정하에 개발되었으며, 의사소통을 위해 미리 만들어진 언어 양식에 임의로 멜로디를 삽입하여 음고, 리듬, 음절 길이를 변화시켜 말하기를 유도한다. 치료의 전개에 따라 이러한 요소적 특징을 단계적으로 변화시킨다. 이외에도 노래하기는 음고, 균형 있는 호흡, 발성, 조음 등 언어의 기본적인 기술과 연관된 부분이므로, 언어 기술 향상에 긍정적인 영향을 미친다고 했다(Cohen, 1992;

Darrow & Starker, 1986).

세 번째로는 인지 재활을 들 수 있다. 뇌졸중 내담자는 뇌 손상 부위의 기억 기능에 문제가 있으나, 대부분 장기 기억에는 손상이 없고 단기 기억 및 새로운 지식 저장에 어려움이 있는 것으로 보고된다. 뇌졸중 내담자를 위한 인지 재활 음악치료는 크게 주의력과 기억력 향상이라는 두 가지의 목표를 설정할 수 있다. 우선 주의력 향상을 위한 음악적 접근을 살펴보면, 음악주의조절훈련(Musical Attention Control Training: MACT)이 활발히 연구되고 있다. MACT는 구조화된 능동적, 수동적 음악 활동을 활용하여 초점주의(focused attention), 지속주의(sustained attention), 선택주의(selective attention), 분리주의(divided attention), 교대주의(alternating attention) 능력을 개발 및 향상하고자 하는 기법으로(Thaut & Gardiner, 2014), 주로 리듬 악기 연주를 활용하여 미리 작곡된 음악 연주 혹은 즉흥 연주와 같은 음악적 요소들을 활용한다.

3) 치료적 고려 사항

뇌졸중 내담자의 신체 재활을 위한 음악 활동을 계획할 때는 내담자의 기능에 대한 보다 정확한 이해를 토대로 활동을 구성한다. 음악치료 계획 안에서 정확히 어떠한 악기를 연주해야 하며, 연주에 있어 어떠한 신체 부분이 기능하는지, 그리고 동작이나 움직임이 어떠한 운동적 특성이 있는지에 대하여 명료한 논거를 가지고 접근해야 한다.

이를 위해서는 내담자에 대한 타 전문가의 의견을 수렴하여 치료를 전개하는 것이 중요하다. 예를 들어, 타 영역 전문가와의 의사소통, 그리고 지속적인 의료정보에 대한 교육이 병행되어야 한다. 이는 의료 기술의 발달과 진단명의 변화 등에 대한 이해가 필요할 뿐 아니라, 입증된 치료 효과를 통해 환자의 치료 효율성을 확보해야 하기 때문이다.

D. 종말기 호스피스

1) 호스피스의 정의와 특징

종말기 호스피스 대상은 의료적인 치료가 더 이상 도움이 안 된다는 전제하에 남은 시간 동안 인간으로서의 존엄성과 높은 삶의 질을 유지할 수 있도록 신체적, 정서적, 사회적, 영적인 돌봄을 얻고 삶의 마지막 순간을 평안하게 맞이하는 단계에 있는 내담자를 의미한다. '호스피스'의 어원은 고대부터 전해져 오고 있는데, 임종을 앞둔 환자와 가족들이 의미있는 삶을 연속하며 서로 이별을 준비하게 돕는 것을 뜻한다. 오늘날 호스피스는 임종을 앞두고 있는 환자가 자신의 죽음을 회피하는 장소가 아닌, 자신의 삶을 정리하고 죽음을 준비할 수 있는 독립적인 의료 기관 형태로서 자리 잡아 가고 있다.

종말기 환자들 중 특히 말기 암 환자는 죽음과 직면함으로써 불안, 분노, 우울, 고립감과 같은 여러 심리적, 정서적 양상을 나타낸다. 이러한 부정적 정서는 환자가 자신의 삶을 뒤돌아보고 주변 사람들과의 관계를 정리하는 데 방해가 될 뿐만 아니라, 계속되는 심리적, 감정적 문제가 신체화(psychosomatic) 양상으로 나타나 통증을 증가시킬 수도 있다(Cook & Oltjenburns, 1998).

이외에도 죽음과 관련된 주제뿐 아니라 자신의 내면의 이슈를 자극할 때, 방어적인 태도를 보이는 경우가 많은데, 이러한 방어적 성향은 자기은폐, 즉 'self-concealment'라고 하며, 이는 개인이 고통스럽거나 부정적으로 지각하는 사적인 정보를 다른 사람에게 적극적으로 감추는 경향으로 정의된다(Larson & Chastain, 1990). 자기노출을 회피하는 환자의 경우나 은폐가 심한 환자들의 경우에는 불안, 우울, 신체화 증상들이 더 높게 나타나며 갈등 상황 시 심리적인 문제들을 해결하는 데 어려움을 갖는다. 또한 많은 경우 종말기 환자들은 죽음을 수용하지 못하고 계속적으로 부인하거나 방어하는 모습을 보이는 데, 이러한 반응은 죽음과 관련된 감정이나 생각들의 표현 자체도 억압이 되어 있는 경우가 많다(김영순, 1989).

2) 음악치료 목표

호스피스 내담자들의 음악치료 목표 중 하나는 통증 완화이다.

음악은 통증을 완화하고 감소시키는 데 긍정적인 도구로 사용되어 왔다. 음악과 통증의 공통점은 두 가지 정서를 통해 변연계 및 시상 하부에서 모두 뚜렷한 감각 자극으로 범주화된다는 것이다(Roederer, 1987). 실제로 음악 감상 시 뇌에 전달된 음악적 정보는 통증 감지 과정에서 뇌에 전달되는 신호와 동일하다. 즉 음악에 내재하는 선율 패턴, 음고, 템포, 리듬, 다이내믹 등의 요소는 모든 감각의 실제와 다양성을 전달할 수 있으며, 이는 통증에서도 마찬가지이다. 음악과 통증은 모두 감정 통합(synthesis)을 관장하는 변연계의 산물이며 두 가지 모두 시상 하부에 의해 조절된다(Sternbach, 1982). 이에 관한 대표적인 이론은 '관문 통제 이론(gate control theory)'으로 신경이 뇌로 전달되는 과정에서 음악적 자극을 제공함으로써 통증에서 오는 부정적인 신경 정보를 감소시키고 음악적 자극에 대한 긍정적인 신경 전달을 유도하여 통증 지각을 조절한다는 것이다(Melzack & Wall, 1983). 통증에 대한 실제 지각은 신경 종말부에서 일어나지만 척수를 통해 중추 신경계로 전달된다. 척수에서 대뇌로 가는 과정에는 관문이 있는데 중추 신경계는 제한된 양의 정보만을 처리할 수 있으므로, 음악적인 자극을 제공함으로써 치료적인 개입을 가져올 수 있다.

이러한 접근에서 음악은 통증 지각을 분산시킬 수 있는 주의 전환(diversion) 역할을 하는데, 음악과 같은 다른 종류의 감각 자극을 제공해 통증을 인지하는 양과 정도를 감소시키는 것이다. 통증 전환제로 사용하는 음악은 환자의 선호도를 고려하여 집중과 관심을 충분히 유도할 수 있도록 한다. 이완을 유도하기 위한 감상의 경우, 단조로운 리듬과 선율, 가벼운 음색으로 구성된 음악이 많이 사용된다. 또한 심장 박동수의 규칙적인 템포를 강화시켜 주는 음악도 사용된다. 이러한 이완 음악은 근육 긴장도 감소와 규칙적인 호흡을 유지시켜 주므로 신경 종말부에 대한 근육의 압박을 줄이고, 근육 조직에 대한 지속적인 산소 공급을 회복시킨다(Davis et al., 2008). 통증 감소를 위해 특정 심상을 유도하거나 연상을 자극하는 음악을 활용하는 경우도 있다. 이 활동은 환자로 하여금 적극적인 정신 활동에 참여하도록 하고, 통증 지각을 감소시키는 데 도움이 된다(Maranto, 1992; Spingte, 1989).

둘째, 종말기 환자들을 위한 음악치료 접근에서는 그들이 가지고 있는 죽음과 관련된 감정과 생각에 대한 표현과 노출을 촉진해주는 데 목적을 둔다. 때로는 죽음과 직면해 있는 종말기 환자들 중 죽음과 관련된 주제나 감정과 사고를 표현하기보다는 은폐하려는 성향을 보이는 경우가 있다.

이러한 맥락에서 음악은 죽음에 대한 환자의 심정을 탐색하고 표현하는 수단이 될 수 있다(Munro, 1984; O'Callaghan, 1997). 특히 분노나 슬픔, 불안과 공포 등과 같은 부정적인 정서들은 공격적이거나 극단적으로 나타날 수 있는데, 음악을 통해서 보다 순화된 표현이 가능하다. 음악이 가지고 있는 감정적 전개와 구조 내에서 감정 조절과 표현이 단계적으로 이루어지기 때문이다(West, 1994). 죽음을 받아들이는 과정에서 일어나는 여러 정서적·신체적 변화들과 생각들을 표현함으로써 남은 시간 동안의 삶의 질을 높이는 것은 의미 있는 일이다(Bruscia, 1989). 또한 그들이 가지는 다양한 상실감과 분노, 고통, 그리고 슬픔을 탐색하고 표현하게 하는 것은 궁극적으로 죽음을 현실로 이해하고 받아들이는 데 도움을 준다.

마지막으로 음악 자서전을 준비함으로써 자신의 삶을 음악이라는 컨테이너 안에 담아 의미있는 마무리 작업을 하는 것이다. 주로 자신이 살아온 시간을 3년에서 6년 간격으로 나누어 그 시대를 가장 잘 반영한 곡이나 실제 연상을 시켜주는 곡을 선택한 후 현재까지의 모든 곡들을 수록한 CD를 만드는 작업이다. 여기 사용되는 음악은 주로 노래 자원인데 노래는 누구나 공감할 수 있는 삶의 주제로 특정 시대의 정서를 반영해주는 기능을 한다(Murphy, 1983; Plach, 1980). 이러한 음악 자서전 작업은 가사와 더불어 정서를 이완시키고 과거와 추억을 회상시키는 강력한 촉매제가 된다(Martin, 1991).

3) 치료적 고려 사항

호스피스 내담자를 위한 음악치료 개입에서 선곡은 매우 중요하다. 내담자가 원하는 선에서, 내담자의 삶에서 의미있었던 곡이나 미해결된 문제를 해결하는 데 도움이 되는 음악 자원을 선택하는 것이 중요하다. 내담자가 선호하는 음악은 자신의 과거, 현재의 다양한 정서와 대면하게 해주므로 치료사는 충분히 이에 대해서 공감하고 감정을 이입할 뿐 아니라 반영해주어야 한다.

둘째, 악기 선택이 매우 중요하다. 호스피스 내담자는 신체 에너지 및 운동 기능의 한계를 느끼기 때문에, 작은 동작과 움직임에도 소리가 큰 공명이 있는 악기를 선택해야 한다.

셋째, 언어적 반응을 기대하기보다는 수용적 경험이 될 수 있는 활동을 구성하도록 한다. 언어화에 필요한 에너지가 충분하지 않을 수 있기 때문에, 구조화된 음악과 심상을 제공해 수용적 경험을 더 심화시키는 것이 효율적이다.

마지막으로, 죽음이 삶의 반대 개념이 아닌 삶의 마지막 단계임을 수용한다. 이러한 인식은 남은 시간 동안 삶의 질에 더 의미를 두고 시간을 활용할 수 있게 한다. 또한, 가족을 포함한 타인과의 관계에도 더욱 특별한 마무리(closing)를 가져 올 수 있다(Skaggs, 1997).

제6장

음악치료와 진단

　　음악치료의 과정은 진단, 목표 설정, 치료의 실행 그리고 평가의 네 단계로 나뉜다. 진단이 그 첫 번째 단계이다. 음악치료가 말하는 진단은 임상적 맥락의 진단(diagnosis)과는 구별되어, 사정(assessment)의 의미로 쓰인다. 따라서 음악치료에서의 진단은 내담자가 음악적 환경에서 보이는 다양한 발달 영역의 기능 수준과 음악 활동을 통해 나타내는 기술(skills) 그리고 반응에 대한 사정을 의미한다. 음악치료 진단은 체계적인 치료 과정의 출발점이라는 점에서 매우 중요하다. 내담자의 문제를 규명하고 변화를 유도하는 데 있어 음악 환경이 얼마나 의미 있고 효과적인 매개체로 활용될 수 있는지를 보여주기 때문이다. 이 장은 진단을 위해 내담자의 정보를 수집하고 자료를 활용하는 과정, 진단 도구로서 음악이 가진 장점과 현장에서 사용하는 진단 도구들의 예를 소개한다. 더불어, 진단을 위한 감상, 연주, 노래하기 등 음악 활동의 활용 방안을 살펴본다.

1. 진단의 개념과 정의

음악치료에서의 진단은 내담자의 강점과 필요(needs)를 사정(assessment)하는 것을 의미한다. 음악치료를 의뢰하는 내담자는 전문가 진단(diagnosis)을 받은 내담자와 그렇지 않은 내담자로 나뉘는데 전문가 진단을 받은 내담자의 경우는 진단명을 참고하여 그로 인한 내담자의 전반적인 기능이 음악 행동으로 어떻게 발현되는지를 사정한다. 개인적으로 전문가의 진단 없이 단기적으로 심리치료를 위해 의뢰하는 경우에는 음악적 행동에 반영된 비언어적, 행동적, 그리고 정서적 반응을 사정한다. 음악치료사는 이 두 가지 경우 모두 음악과 음악 활동을 주 진단 매개체로 활용한다.

음악치료에서 진단이 필요한 이유는 음악이 지닌 독창적인 치료적 기능 때문이다. 치료사는 진단을 통해서 내담자의 필요를 규명하고 이에 대한 변화를 가져오는 데 음악을 어떻게 활용해야 하는지를 판단해야 하므로 진단 과정은 치료 초기에 매우 중요하다. 이를 통해 치료사는 음악이 내담자의 문제점을 다룰 수 있는지 여부를 판단해야 하며, 어떠한 치료 논거(therapeutic rationale)에 근거하여 음악을 활용할 수 있는지에 대한 통찰을 발휘해야 한다.

또한, 진단 과정에서 치료사는 내담자의 음악치료 전 다른 치료 영역에서 설정되었던 치료 목표를 참고하여 현재 내담자의 기능과 상태를 사정하고 음악이 지닌 치료 특성과 연계하여 지속적으로 변화를 유도할 수 있는지 결정해야 한다.

음악치료에서 사용되는 진단 도구는 진단하고자 하는 영역과 목표에 따라 결정된다. 즉 진단을 통해서 보고자 하는 것이 무엇이고, 진단을 실행하여 얻고자 하는 것은 무엇인지를 고려해 결정해야 한다는 것이다. 이때 다음의 두 가지 요인들을 탐색해볼 필요가 있다.

첫째, 대상군이다. 전문적인 진단가가 내담자의 병명과 문제를 판단하고 나면 이에 대한 진단의 초점이 결정된다. 예를 들어 운동 기능을 보고자 하는 경우 혹은 사회적 기능을 보고자 하는 경우, 이와 관련된 문제 행동들이 가장 많이 다루어질 수 있는 진단 도구와 방법을 선택해야 한다. 대상군의 진단명, 즉 발달장애인지 혹은 유전적인 장애인지 여부, 그리고 대상자의 연령 등을 고려하여 진단 도구를 결정한다. 가령, 말기 환자에게 사용하는 진단 도구는 자폐 성향을 가지고 있는 아동에게는 적합하지 않다. 따라서 보고자 하는 목적에 맞고, 진단 대상의 특성과 조건에 적합한 진단 도구를 선택해야 한다.

둘째, 기관이다. 음악치료사가 어떠한 기관에서 일하고 있느냐에 따라 진단 도구의 선택이 달라질 수 있다(Isenberg-Grzeda, 1988). 대다수의 기관들이 진단 도구를 이미 갖추고 있는 경우가 많은데, 이 도구는 해당 기관에서 가장 많이 다루고 있는 대상군을 고려해 선택되었을 가능성이 크기 때문에 그대로 활용할 것을 권유한다. 또한 치료사는 각 기관이 지향하는 고유의 교육 철학과 치료 철학을 존중해 진단 도구를 선택하도록 한다.

음악치료 영역에서 이루어지는 진단은 치료사의 치료철학과 대상에 따라 결정된다. 이에 따라 진단 도구의 종류도 달라지며, 크게는 형식화된(formalized) 진단 도구와 비형식적 진단 도구로 나눌 수 있다. 형식화된 진단은 논문이나 연구를 통해 입증된 도구를 말한다. 주로 사용에 대한 구체적인 설명이나 점수 체계 그리고 평가 기준에 대한 설명을 포함하고 있다. 비형식적 진단이란 치료사들이 내담자에게 부합하는 항목을 중심으로 체크리스트를 만들어 주관적인 방법으로 필요한 정보를 기록하는 것을 의미한다.

어떤 치료사들은 형식화된 진단이 내담자의 개별적 특성을 세밀하게 고려하고 있지 않다고 지적하곤 한다(Cole, 2001). 반면, 다른 치료사들은 형식화된 진단이 꼭 필요하다고 강조하며, 특정 영역 혹은 대상에 따라 적용이 가능하다고 믿는다. 현재까지는 음악치료에 형식화된 진단 도구가 많이 사용되며 진단의 내용을 보완하기 위해 성격이 다른 두 가지 도구를 같이 쓰는 경우가 많다.

2. 진단 도구로서의 음악

음악을 이용해 내담자를 진단하고자 할 때, 다음과 같은 음악적 경험의 특성, 음악 자체의 특성을 이용한다(Bruscia, 1987). 첫째, 음악의 보편성이다. 인간은 누구나 음악에 대한 긍정적인 반응과 동기를 갖고 있어 대부분의 내담자들이 진단 과정에 쉽게 참여한다. 그러므로 음악을 이용한 진단 과정은 평가를 위한 시간이기 보다는 즐겁게 활동에 참여할 수 있는 시간이 된다.

둘째, 음악의 활용성이다. 진단 평가 상황에서 음악은 표현적 혹은 수용적 차원에서 모두 활용이 가능하다. 내담자가 능동적인 참여를 보이지 않는 경우에도 수동적인 차원에서 음악을 사용할 수 있다. 능동적인 참여는 가창이나 악기 연주와 같이 직접 소리를 만들어 내는 과정을 포함한다. 반면, 수동적 참여는 감상과 같은 활동을 말한다. 즉 내담자의 참여 의지와 수준에 맞는 활동을 제시했을 때 나타나는 반응과 행동들을 분석해 필요한 진단 정보를 수집할 수 있다.

셋째, 음악의 양면성(동시성)이다. 음악은 하나의 자극제(input)뿐 아니라 내담자의 표현 결과물(output)로도 제시될 수 있다. 음악적 결과물은 또 하나의 음악적 자극제가 되어 다시 내담자에게 전달된다. 다시 말해, 음악이 청각을 통한 소리자극의 형태로 전달되면 내담자는 그 음악에 대한 생리적, 심리적 반응을 악기와 목소리로 표현할 수 있으며, 이를 음악 요소적 특성에 따라 분석할 수 있다(〈그림 6-1〉).

구체적인 예를 들어 보자. 치료사가 피아노를 연주한다. 내담자는 피아노 화음에 맞춰 심벌과 리드미컬한 드럼 소리를 연주한다. 치료사는 그가 만들어 낸 소리의 강약을 통해 내적 에너지의 강도가 얼마나 자극되었는지 파악할 수 있다. 한 음과 같이 단순한 소리 형태에서 시작해 연주하거나 음악을 만들기까지 내담자는 자신이 만든 음악에 자극을 받아 또 다른 소리들을 만들어 내는 과정에 참여하게 된다. 이 과정에서 음악치료사는 내담자의 음악적 자극을 받아들이는 자세는 물론, 음악을 통한 자기 표현력이나 창의력을 발견할 수 있다.

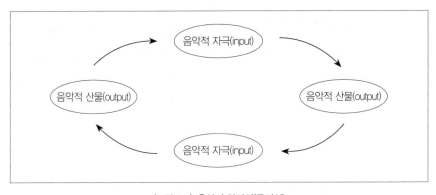

〈그림 6-1〉 음악의 양면성(동시성)

음악 활동은 각기 다른 신단 정보를 제공한다. 노래와 연주가 음악 기술에 대한 정보를 제공한다면 감상은 내담자의 음악에 대한 지각, 인지, 그리고 감정 반응을 볼 수 있게 해준다. 따라서 음악적 환경에서 내담자가 보이는 반응은 인지적, 신체적, 심리·정서 영역에서의 상태와 기능을 이야기해준다.

음악치료에서의 진단은 장애를 명명하기 위한 작업이 아니다. 그럼에도 불구하고 진단을 해야 하는 이유가 무엇일까? 첫째, 진단을 토대로 음악치료에 어떻게 접근할 것인지 계획이 세워지기 때문이다. 이 계획을 토대로 음악의 치료적 개입이 이루어질 때 치료 목표가 성취될 수 있다.

둘째, 음악치료가 과정 중심의 개입인 만큼 음악치료 개입 이전 내담자의 기능 상태에 대한 구체적인 자료는 개입 이후의 변화를 입증하는 중요한 자료가 된다. 그러므로 치료사들은 이러한 과정을 체계적으로 계획하고 평가하는 데 전문적인 방법과 전략을 활용한다.

진단에 대한 치료사의 책임 의식과 전문성은 음악치료와 관련된 타 영역의 전문가들과 일할 때 보다 더 강조된다. 예를 들어, 특수 교육 현장에서는 개별화 교육계획안(IEP)에서 설정된 목표에 부합하는 음악치료 진단 도구를 활용해야 한다. 정신 의료 기관에서도 음악치료가 제공할 수 있는 부분, 이점, 그리고 성취도를 중심으로 타 전문 영역과 차별되는 음악치료 고유의 전문성을 형식화된 진단 도구를 활용해 알려야 한다(Scalenghe & Murphy, 2000).

이러한 인식을 기반으로 한 체계적 과정은 음악치료가 하나의 전문 영역으로 자리매김하는 데 큰 도움이 된다. 진단에 필요한 체계적 도구가 없다는 것은 치료적 도구로 쓰이는 음악 그 자체의 타당성에도 문제가 있다는 것을 의미한다. 그러므로 음악치료의 고유성과 특성이 반영된 진단 도구를 개발해 사용하는 것이 매우 중요하다(Isenberg-Grzeda, 1988). 음악치료의 전문적이고 고유한 정체성 확립을 위해서는 이러한 시도들이 더욱 활발히 진행될 필요가 있다.

3. 진단을 위한 정보 및 자료

진단에 필요한 정보는 다양하다. 일반적으로 진단 정보는 음악 외적인 환경에서 수집할 수 있는 자료와 음악 내적 환경에서 수집할 수 있는 자료로 나뉜다. 먼저 음악 외적 환경에서 수집된 자료는 내담자의 개인적 특성, 배경에 대한 정보, 다른 전문가들의 소견 등이 있다. 음악 내적 환경에서 수집된 정보는 다양한 차원의 음악 활동에 참여하면서 관찰되는 음악 기술과 음악에 대한 반응이 포함되며, 이는 음악치료 첫 세션(initial session)에서 수집된다.

A. 음악치료 사전 정보

1) 문서 및 기록

내담자에게 음악치료가 필요할 때는 주로 임상 기관의 정신과 전문의나 학교의 특수 교사, 혹은 상담 교사를 통해 의뢰하게 되는 경우가 많다. 진단 평가를 위해서는 첫 세션 전에 내담자에 관한 전반적인 정보를 수집하는 작업이 선행되어야 한다. 내담자의 상태 및 기존의 치료 기록이 담긴 문서와 기록은 반드시 참고해야 한다. 내담자가 다녔던 학교나 병원 또는 기타 요양 및 보호 시설에 보관된 해당 문서와 기록을 확인한다. 음악치료에 대한 내담자 의뢰서, 검사 결과, 다른 분야의 전문인이 기록한 치료 일지 및 최종 결과 평가서, 해당 기관의 공식적인 진료 기록, 선임 치료사의 의견서 및 추천 사항 등도 참고할 수 있다. 이러한 자료를 통해 확인할 가장 핵심적인 정보는 내담자에 대한 진단, 질병의 경과 여부, 시행되었거나 현재 진행되고 있는 다른 치료, 금기 사항(contraindication), 투약 계획, 음악 및 음악치료와 관련된 이전 치료적 경험, 그리고 다른 전문가들이 실징한 치료 목표 등이다.

2) 면담과 설문 조사

언어를 통한 조사에는 면담과 설문 조사가 있다. 치료사는 이 두 가지 방법을 사용해 내담자 본인에게 직접 정보를 얻을 수도 있고, 또는 가족이나 친구, 내담자를 아는 다른 치료 전문인들로부터 간접적인 정보를 얻을 수 있다.

치료사가 직접 진행하는 내담자 면담은 내담자에 관한 매우 기본적인 정보는 물론 추가적인 정보를 얻을 때도 많은 도움이 된다. 면담에서는 내담자에 대한 전반적인 정보 곧, 성향이나 음악적인 기호와 선호도 또는 음악치료를 통해 얻고자 하는 바가 무엇인지와 같이 구체적인 내용을 다룰 수 있다. 면담을 진행할 때는 특정한 구조 없이 자유롭게 전개할 수도 있지만 진행을 구조화해 치료사가 부가적으로 얻고자 하는 사항을 나열할 수도 있다. 이때 면담 질문에는 답을 요하는 구체적인 것들도 있지만 단지 주어진 질문에 대한 내담자의 반응이나 자세 등을 보기 위한 것도 있다.

보호자와의 면담에서는 내담자로부터 얻을 수 없는 다른 차원의 정보들을 수집할 수 있다. 이를테면, 보호자의 시각에서 본 내담자의 외부 자극, 환경, 상황에 대한 반응 양상, 그리고 내담자가 주변 환경과 상호 관계를 맺는 총체적 과정 등이다.

직접적인 면담 외에 질문지를 사용하는 방법도 있다. 일종의 문서화된 면담형태로, 서술화된 답변을 얻기 위해서 치료사가 특별히 알고자 하는 부분에 대한 질문을 구성한다. 이 방법은 대화적 면담보다 더 객관적이다. 치료사-내담자의 직접적인 상호 작용에서 일어날 수 있는 역동성이 통제되기 때문이다. 또한, 질문지를 통해 점수나 등급같이 정량화된 정보도 수집할 수 있는데, 이러한 자료는 기존의 기능 수준과의 심각성 등을 보여주기 때문에 치료사가 참조할 만한 정보로 활용된다.

3) 검사 도구

검사는 표준화된 검사 도구와 투사적 검사 도구로 나눌 수 있다. 표준화된 검사 도구는 실험을 통해서 내담자가 특정 영역에 어느 정도 기능과 능력을 지니는 가를 파악하는 데 필요한 객관적 자료를 도출해준다. 주로 통계적 확률을 기반으로 충분한 실험과 검증을 거쳐 표준화된 도구들을 포함한다. 한편, 투사적인 검사는 내담자의 성향과 성격을 이해하기 위해 사용된다. 일상생활에서 내담자가 기능하는 데 영향을 미치는 무의식이나 내면 세계에 대한 해석과 이해를 돕는 데 활용된다.

음악치료에서는 위의 두 가지 검사가 모두 사용된다. 객관적인 범주에 속하는 예로, 음악 적성, 능력 및 선호도에 대한 검사가 있다면, 투사적인 범주에는 일련의 음악에 따른 심상, 자유 연상, 소리나 음향적 자극에 대한 해석 및 이야기 전개 등이 있다.

B. 음악적 진단 정보

음악 환경 내에서 음악에 대한 내담자의 반응을 기록하는 방법은 다양하다. 인간 행동과 반응은 명확히 기록하는 자체가 쉽지 않은데다, 그 측정 방법은 치료사의 철학에 따라 달라질 수 있기 때문이다. 따라서 상황에 따라 각기 다른 방법을 선택할 수 있다. 진단을 위한 관찰 세션을 시행하기 전에는 다음과 같은 몇 가지 변인을 참고할 필요가 있다.

첫째, 환경 관련 변인으로서, 특정 행동이 발생하는 환경, 혹은 행동이 발생하도록 자극하는 선행 사건, 사물, 인물 및 상황은 무엇인가? 목표 행동을 유발하거나 조성하는 자극의 속성 및 특성은 무엇인가? 일련의 행동 자극으로 인해 생기는 문제는 무엇인가?

둘째, 개인의 특성에 관한 변인으로서, 개인적인 특성과 관련해 내담자의 행동에 영향을 주는 변인은 어떤 것인가? 유전적 요인, 성격, 체질, 기력, 기분, 약물 복용, 인지적 상태와 같은 내담자의 개인적인 특성이 특정 행동에 영향을 미치는가?

셋째, 행동 반응 변인으로서, 행동의 양상은 어떻게 달라지는가? 가시적으로 관찰되는 행동 특성(행동의 발생 빈도, 지속 기간, 강도 등)은 무엇이며, 실제로 관찰 가능한가? 이러한 문제 행동으로 인해 내담자가 겪는 어려움은 무엇인가?

넷째, 강화 관련 변인으로서, 특정 행동 이후에 이어지는 후속 자극은 무엇인가? 그 후속 자극은 내담자에게 정적 강화제로 작용하는가? 내담자는 자신의 행동에 대해 어떤 강화를 받는가? 이러한 강화제는 얼마나 영향력이 있는가? 강화를 통제하는 이는 누구인가?

다섯째, 관찰자 관련 변인으로서, 행동 진단 평가를 시행하게 될 치료사가 충분한 행동 관찰 훈련을 받았는가? 혹시 치료사가 진단 평가 결과에 영향을 줄 수 있을 만큼 강한 편견을 갖지는 않았는가? 예를 들어, 어떤 행동을 특정 방식으로 평가하는 경향이 있거나, 관찰 중인 행동에 대해 선입견을 갖고 있지는 않은가?

간혹 관찰자의 특정한 성향 때문에 내담자 전원의 행동이 과대평가되거나 평가절하되는 경우, 또는 내담자에 행동 특성 한 가지가 높게 평가됨으로써 다른 면도 더불어 높게 평가되는 경우를 볼 수 있다. 따라서 치료사의 관찰에 어느 정도의 일관성이 있는지, 신뢰도는 어느 정도인지를 고려해야 한다. 계속되는 관찰로 피로해졌을 때, 주의 집중력과 예리함을 유지할 수 있는 것도 치료사의 덕목이다.

여섯째, 행동 관찰 변인으로서, 목표 행동이 명확하고 객관적으로 정의되었는가? 관련된 여러 가지 주요 측면을 고려했는가? 관찰 상황을 어떻게 설정할 것인가? 행동 관찰 및 기록을 위해 채택한 방법은 적합한가? 치료사의 관찰이 시간적으로 적절한가? 관찰에 꼭 필요한 자료와 도구를 갖추었는가? 관찰자 혹은 관찰 상황에 대해 내담자가 신뢰하지 못하는 부분은 없는가?

치료사는 이 모든 부분들을 고려할 필요가 있다.

1) 관찰 세션

내담자가 음악 환경 내에서 보이는 행동들을 진단하고 이에 관해 구체적인 자료를 수집하기 위한 첫 세션을 관찰 세션이라고도 한다. 행동 관찰을 통한 진단 평가는 내담자가 치료사의 눈 앞에서 어떻게 행동하는지를 관찰, 분석하는 일련의 과정이다. 첫 세션에서는 내담자의 음악 작업을 통해 많은 것을 읽어 낼 수 있도록 짜여진 음악 활동들이 제시된다. 내담자의 주어진 자극에 대한 반응 및 주변 환경을 향한 대응을 포함하여 치료사가 보고 듣고 기록할 수 있는 모든 것은 관찰과 분석의 대상이 된다. 간혹 치료사는 특정 행동에 대해 별도의 진단 평가를 시행하기도 한다. 이것은 그 행동이 환경 자극 및 강화 조건과 어떤 관련을 맺는지 알아내기 위해서이다. 때로는 내담자의 행동 패턴 중 대인 관계 및 주변 환경과의 관계에 중점을 두고 진단 평가를 실시하기도 한다.

음악치료에서 가장 자주 사용하는 정보 수집 방법에는 노래, 악기 연주, 즉흥 연주, 음악 만들기 또는 음악과 동작 등이 있다. 치료사는 내담자의 여러 반응과 행동 중 측정 가능한 것들을 관찰하고 기록한다. 행동 관찰은 내담자를 진단하고 평가하기 위한 것이므로, 내담자가 작곡이나 청취, 또는 다양한 음악 관련 활동에 참여하는 동안에도 연속적으로 이루어진다.

2) 행동 목록

행동 목록(behavior checklist)은 음악 환경에서 나타나는 주요 행동들을 규명하여 기록한 일종의 체크리스트이다. 이러한 체크리스트는 진단에 필요한 행동들을 조직화하는 안내자 역할을 하는데, 행동 목록에 수록된 행동의 발생 빈도수와 심각성 또는 발생 상황 등을 기록할 수 있다. 특히, 다음과 같은 경우에

체크리스트 사용이 적절하다.

첫째, 내담자의 장애와 증상에 대한 어느 정도의 정보가 있는 경우

둘째, 전반적인 행동의 유형과 양상에 대해 신속히 사정을 실시할 필요가 있는 경우

셋째, 내담자의 개별적인 행동의 발생 빈도, 지속 기간, 특성과 같은 구체적인 양적 자료를 수집할 필요가 없는 경우

양적 자료가 필요한 경우에는 특정 행동에 대한 행동, 발생 빈도, 지속 기간, 강도 등을 보여줄 수 있는 등급 도구(rating scale)를 사용할 수 있다. 예를 들어, 특정 행동이 전혀 발생하지 않는지, 드물게, 간혹, 자주, 아니면 항상 발생하는지 자세히 평가할 수 있고, 1부터 10까지와 같이 점수화된 등급을 통해 행동의 강도를 표시하기도 한다. 이때 치료사는 정확하게 어떤 행동들을 관찰하고, 규명된 행동의 강도와 단계를 어떻게 정할 것인지 명확한 기준이 있어야 한다. 이것은 결국 치료사가 내담자의 문제에 대해 어느 정도는 사전 지식을 갖추어야 한다는 것을 의미한다. 또한 치료사는 단순히 행동을 관찰하고 측정, 기록하는 것을 넘어 좀 더 깊이있는 판단을 할 수 있어야 한다. 특히 체크리스트 항목 중에서도 복잡한 특성을 띠는 행동, 다른 행동과 복합적으로 일어나는 행동을 관찰할 때는 이 행동들이 실제로 발생했는지, 어떻게 발생했는지의 여부를 객관적이고 일관적으로 관찰해야 한다. 다음은 관찰 세션에서 사용할 수 있는 체크리스트의 예시이다(〈표 6-1〉, 〈표 6-2〉).

〈표 6-1〉 Bruscia의 행동 체크리스트

비언어적 교류 _____ 눈맞춤 _____ 신체 접촉 _____ 음악적 교류	**자발적 참여 자세** _____ 세션에 참석함 _____ 치료 프로그램에 참여함 _____ 치료 목표를 달성하고자 함
소통 능력 _____ 언어를 이해함 _____ 언어적으로 표현함 _____ 비언어적/신체로 표현함 _____ 읽고 쓰는 기술이 있음	**활동력** _____ 산만한 상태/활동 저하 상태 _____ 충동적임/신중함 _____ 동작이 빠름/동작이 느림 _____ 피곤함/에너지 수준이 높음
관계적 기술 _____ 치료사에게 상호 작용 시도 _____ 치료사에게 긍정적 반응 _____ 그룹원들과 상호 작용 시도 _____ 그룹원들에게 긍정적 반응 _____ 리더의 역할 수행 _____ 리더를 따르는 역할 수행 _____ 그룹 목표 지향적	**신체 기능** _____ 혼자서 걸을 수 있음 _____ 양팔과 양손을 사용함 _____ 근육 경련이 있음 _____ 시각의 문제 _____ 청각의 문제 _____ 간질/발작을 보임 _____ 대소변을 가림
적응 행동 _____ 치료실 내에 머무름 _____ 착석 행동 가능 _____ 집중함 _____ 적합하게 행동함 _____ 질문에 응답함 _____ 규율을 지킴 _____ 방해 행동을 보임 _____ 다른 이의 의견을 따름 _____ 차례를 기다림 _____ 악기를 적합하게 다룸 _____ 악기를 같이 나누어 사용함 _____ 안전한 행동을 보임	**지남력(현실 인식력)** _____ 현재 시간 인식 _____ 현재 장소 인식 _____ 자기 정체성 인식 _____ 단기 기억 문제 _____ 장기 기억 문제 _____ 각종 환각/망상 유무 **운동(motor) 반응** _____ 전후/좌우로 흔드는 행동 _____ 손가락으로 두드리는 행동 _____ 집착적으로 반복하는 행동
공격 행동 _____ 소리지름/분노 발작 _____ 치료사를 공격하는 말 _____ 그룹원들을 공격하는 말 _____ 치료사를 위협하는 행동/몸짓 _____ 그룹원을 위협하는 행동/몸짓 _____ 치료실의 집기/기구 파괴	_____ 상동 행동: 손가락/손동작 _____ 상동 행동: 머리 흔들기 _____ 상동 행동: 팔동작 _____ 몸 꼬기 _____ 틱(Tic) 반응 _____ 얼굴 찡그리기

<표 6-2> Bruscia의 음악 행동 체크리스트

노래	악기 연주
목소리 활용 ____ 목소리 사용 여부 ____ 목소리의 음색을 조절 ____ 다른 이들과 목소리를 맞춤 ____ 목소리 강도를 필요에 따라 조절	악기 활용 ____ 악기를 적절히 잡음 ____ 악기 조작 ____ 다른 이들과 악기 소리를 맞춤 ____ 악기 소리의 크기를 조절
적응 행동 ____ 착석 행동 유지 ____ 신체적 자세를 유지 ____ 지시를 따름 ____ 가창 활동에 참여함	적응 행동 ____ 착석 행동 유지 ____ 신체적 자세 유지 ____ 지시를 따름 ____ 악기 연주 활동에 참여
음악성을 반영하는 행동 ____ 정확한 음정 ____ 정확한 곡조 ____ 정확한 가사 ____ 정확한 리듬 ____ 속도를 맞춤 ____ 시작과 끝을 맞춤 ____ 선율의 흐름을 인지	음악성을 반영하는 행동 ____ 정확한 음을 연주함 ____ 정확한 리듬을 연주함 ____ 템포를 유지함 ____ 박자에 맞게 시작하고 끝냄 ____ 선율의 흐름을 인지함
부적절한 음성적 행동 ____ 모노톤 ____ 가성(假聲) ____ 좁은 성역(聲域) ____ 한 가지 조성(調聲) ____ 변조(變調)/전조를 거부함 ____ 소리에 대한 부적절한 반응 ____ 소리지르기 ____ 특정 선율만 고수 ____ 특정 리듬만 고수 ____ 특정 가사만 고수 ____ 반향 언어 ____ 말더듬기와 같은 행동	부적절한 연주 행동 ____ 악기에 대한 공포 ____ 악기에 대한 집착 ____ 악기에 대한 강박적 행동 ____ 다른 이와 악기를 공유하는 것을 거부함 ____ 악기 훼손 및 손상 ____ 악기를 흉기로 사용함 ____ 악기의 부적절한 사용(신체에 대한) ____ 악기 사용에 한계를 보임 ____ 악기 소리의 부적절한 이해 ____ 한 가지 음/조성에 집착함 ____ 특정 선율만 고수 ____ 특정 리듬만 고수 ____ 정확하지 않게 연주함 ____ 부적절한 시간에 연주함

4. 음악치료 진단 도구

음악치료에서 진단 도구는 목적에 따라 크게 세 가지로 나뉜다. 첫째, 음악치료가 내담자한테 적합한 치료 접근인지를 보는 사정(music therapy eligibility assessment), 둘째, 내담자 중심의 사정(client centered assessment), 마지막으로 구체적인 필요에 대한 사정(specific needs assessment)이 있다.

먼저, 음악치료의 적합성을 보고자 하는 진단은 공립 교육 기관에 종사하는 음악치료사에게 필요한 절차이다. 음악치료가 내담자에게 필요한 변화를 유도할 수 있는지 결정하는 데 쓰인다. 미국의 경우 일반 학교의 특수 학급이나 특수 학교에 음악치료사들이 재직하기 때문에 이러한 진단을 흔히 볼 수 있다. 음악치료 목적이 개별화 교육계획안(IEP)에 설정된 교육 목적에 부합하는지, 이러한 부분들이 충족될 수 있는지 여부가 결정한다. 이 경우 IEP에서 설정된 교육 목표와 연관된 영역만을 진단하며, 음악 유무 시의 변화를 분석해 결정한다. 이때 특수 교육 음악치료 진단 절차(Special Education Music Therapy Assessment Process: SEMTAP)를 사용한다.

둘째, 내담자 중심의 사정(client centered assessment)은 의료 기관이나 심리치료 센터와 같이 내담자의 상태와 상황에 따라 단기 치료를 제공하는 기관에서 사용된다. 먼저 치료사가 관찰과 면담을 통해 내담자가 호소하는 영역에 대한 구체적인 정보를 얻기 위해 세부 항목을 설정한 후, 그 항목에 따른 음악 활동을 제시하고 이에 반응하는 내담자의 행동과 정서를 진단한다. 이때는 주로 행동별 체크리스트를 구성하여 사용한다.

셋째, 구체적인 필요 기술을 위한 사정(specific needs assessment)은 내담자의 문제가 일차적으로 규명된 후 그 문제의 범위와 강도를 규명하기 위해서 실행된다. 주로 내담자의 주 진단명에 따른 증상 또는 기능의 하위 기술이 될 수 있다. 한 예로 자폐 아동의 경우 관계 문제가 가장 큰 어려움이라면 관계 형성과 관련된 기술의 범위, 심각도 등을 살펴볼 수 있다. 따라서 치료사는 내담자의 장애군, 유형과 특성, 이로 인한 어려움들을 모두 숙지하고 있어야 한다.

음악치료 분야에서 발표된 음악치료 도구는 다양하다. 시대적인 흐름에 따라 그 사용이 조금씩 달라지고는 있지만, 기본 체제를 중심으로 조금씩 변형하여 쓰이는 경우가 많다. 한 예로, Boxill(1985)의 발달장애를 위한 음악치료 도구를 들 수 있는데 이 도구는 모든 발달 영역들을 다루므로 음악치료사들이 부분적으로 번안하여 사용한다.

음악치료 진단 도구는 주로 대상군에 따라 개발되었다. Bitcon(1976), Boxill (1985), Boone(1980), Mackay & Heimlich(1972), Madsen(1981)은 발달장애를 가진 대상자를 위한 진단 도구를 개발했다. Merle-Fishman & Marcus(1982)는 정서장애 아동을 위한 도구를 개발했다. 또한 Cohen & Gericke(1972), Braswell et al.(1983)은 정신과 환자를 위해, Hanser(2002)는 일반적인 음악치료 상황을 중심으로 진단 평가 도구를 개발했다. 그런데 이러한 여러 가지 도구가 개발되었음에도 불구하고 음악치료 대상의 수준과 능력이 각기 다르기 때문에 영역에 따라 더욱 더 세분화된 도구를 개발하기 위한 연구가 계속 이어지고 있다.

A. 발달장애 진단 도구

1) 특수 교육 음악치료 진단 절차(Special Education Music Therapy Assessment Process: SEMTAP)

이 도구는 Brunk & Coleman(1999)에 의해 개발되었다. 18년 동안 20개의 특수 학교와 일반 학교에서 실행된 연구를 통해 개발된 음악치료의 적합성을 보여주는 도구이다. 특수 교육 현장에 있는 아동을 위해 어떠한 사정이 이루어져야 하는지를 설명하고, 여기에 필요한 서식, 질문지 등을 제공한다. 학교 환경에서 음악치료를 실시할 때 가장 유용하다는 장점이 있다.

2) 발달장애 아동을 위한 음악치료 진단 도구

Boxill(1985)은 임상 연구에서 수집된 다양한 정보를 토대로 발달장애가 있는 내담자를 위한 음악치료 진단 도구를 개발했다. 이 도구는 해당 영역의 행동 목록을 포함하고 있다. 그는 행동 목록에서 내담자의 다양한 행동과 능력을 총 여섯 가지 영역, 즉 운동 영역, 의사소통 영역, 인지 영역, 정서 영역, 사회 영역, 음악 영역으로 나누어 구성했다. Boxill의 음악치료 진단 평가는 내담자의 연령이나 장애 여부에 관계없이 적용할 수 있으며 내담자의 음악적, 비음악적 행동을 관찰하는 데 쓰일 수 있다.

3) 음악적 행동 평가 도구

Bitcon(2000)은 오르프기법을 응용하여 발달에 문제가 있는 대상을 위한 평가 양식을 개발했다. Bitcon의 사정 도구는 음악 경험에서 나타날 수 있는 '창조적인 행동'에 초점을 맞춘다. 여기서 '창조적인 행동'이란 내담자가 주어진 활동에 독창적, 창의적으로 참여하는 자세를 의미하며, 음악적 도구를 자유롭게 사용할 수 있는 능력의 범위를 뜻한다. 범주에는 첫째, 악기에 대한 이해와 지식, 둘째, 정신 집중 시간, 셋째, 기억력, 넷째, 기본적인 학습 개념(이름, 색깔, 숫자, 신체 부위의 인지 등), 다섯째, 적절한 대인 교류 행동, 여섯째, 집단 음악 활동에 적합한 행동들이 포함되며 이러한 행동들의 빈도수와 강도가 측정된다(〈표 6-3〉).

<표 6-3> Bitcon의 행동 평가 도구

창의성(Creativity): 독립적 표현과 다양한 자원들을 어느 정도까지 사용하여 개인적 창의성을 보이는가?

독립성(Independence)

■ 참여 형태(Content of Contributions)
- 활동에 참여하는가?
- 다른 사람들을 모방하는가?
- 어느 정도 독립적으로 반응하는가?
- 전체적으로 참여하는가?

■ 반복적 반응들의 빈도(Frequency of Patterned Responses)
- 반응을 하는가?
- 반복되는 형식이 동일한가?
- 다양하게 반복하는가?
- 형식이 변화되는가?

■ 표현의 완성(Completion of Unfinished Expression)
- 얼마나 자주 표현을 완성하는가?

자원의 사용(Use of Resources)

■ 참여 형태(Content of Contributions)
- 활동에 참여하는가?
- 다른 사람들을 모방하는가?
- 어느 정도 독립적으로 반응하는가?
- 전체적으로 참여하는가?

■ 반복적 반응들의 빈도(Frequency of Patterned Responses)
- 반응을 하는가?
- 반복되는 형식이 동일한가?
- 다양하게 반복하는가?

악기의 이해(Understanding of Instruments)

- 적절한 힘을 사용하는가?	- 악기를 바르게 잡는가?
- 정확한 연주 자세를 지니고 있는가?	- 악기의 물리적 특성들을 인식하는가?

집중(Attention)

- 리더와 동료들에게 눈맞춤을 하는가?	- 다른 이들의 연주를 경청하며 기다리는가?
- 집단 활동에 지속적으로 머무르는가?	

보유/기억(Retention)

- 순서를 기다리는가?	- 집단의 반응에 함께 참여하는가?
- 들어오면서 지정된 자리에 앉는가?	- 차례를 기다리며 자리 안에 머무르는가?
- 적절한 신체적 자세를 취하는가?	- 순서 후에 집단 내의 원래 자리로 돌아가는가?
- 도구 사용 방법을 기억하는가?	- 노래를 기억하는가?
- 다른 사람을 이름을 사용하여 부르는가?	

4) 음악 인지 기술 도구

Rider(1981)는 Piaget의 인지 발달 단계에 근거, 음악 지각 인지 기능을 통해 아동들의 인지 발달을 사정하는 도구를 개발했다. Rider는 Piaget 이론의 주 개념인 추상적 개념, 나열하기, 통합, 그리고 보존력을 포함한 네 가지 개념을 중심으로 음악적 과제를 구성했으며 다음과 같은 항목을 통해 인지 기능을 사정했다.

a. 두 소절 패턴(two-beat cadence): 두 개 음으로 구성된 패턴을 모방하는 작업을 말하며 목소리나 악기를 이용한다.

b. 강도 변별력(loudness discrimination): 같은 음의 다른 강도를 구별할 수 있다.

c. 음색 맞추기(matching): 제시된 소리들의 음색을 맞춘다.

d. 모방 상상력: 악기를 사용해 제시된 동물의 동작과 소리를 표현한다.

e. 연장 모방 상상력: 제시되지 않은 동물을 떠올리며 그 동물의 동작과 소리를 악기로 표현한다.

f. 창조적 이미지: 주어진 악기를 사용해 특정 동작을 표현한다.

g. 빠르기 구별력: 제시된 두 가지 음절 중에 더 빠른 것을 인지한다.

h. 음가 구별력: 두 개 이상의 음을 각기 다른 길이로 연주한 후 더 긴 음과 짧은 음을 구별한다.

i. 템포 인식하기: 동물이 움직이는 속도에 따라 각기 다른 템포의 음악을 제공한다.

j. 음가 인식하기: 다른 길이의 음들을 목소리로 표현하게 한다.

k. 통합력: 두 종류의 악기 그룹이 각각 다른 크기와 강도로 연주하게 한 후 각 그룹의 연주 소리 크기와 길이를 인지한다.

l. 기본 리듬의 보존력: 같은 곡을 느린 템포와 빠른 템포로 연주했을 때 배경에 연주된 기본 리듬박의 변화를 인지한다.

m. 청각 보존력: 같은 곡을 느린 템포와 빠른 템포로 연주했을 경우 두 곡의 멜로디를 손뼉으로 연주할 수 있다.

5) 자폐성 및 의사소통장애 아동들을 위한 음악치료 진단 도구

이 도구는 Wigram(2000)이 특별히 자폐 성향과 의사소통장애가 있는 아동들을 위해 개발했다. Wigram(2000)은 먼저 즉흥 연주를 통해 음악적 반응을 유도했으며, 이때 병리적인 요소와 음악적 자료가 상호 교류하는 과정에서 일어나는 신체적, 혹은 촉각적 행동의 특성을 관찰했다. 이 도구에서는 구체적인 사례로 진단 과정을 설명하고, 더 나아가 진단의 장단점에 관한 시각을 설명했다.

B. 정신장애 진단 도구

1) 음악심리치료 진단(Music Psychotherapy Assessment)

Loewy(2000)는 15년의 임상 경험을 토대로 음악심리치료 진단 도구를 개발했다. 이 도구는 13개의 하위 영역을 포함하는데, 자기, 타인, 상황 인식, 표현, 청취력, 연주 기술, 협력 및 관계 형성, 집중, 감정의 폭, 노력/동기, 구조 인식, 통합, 자긍심, 도전, 그리고 독립심이다. 이 진단 도구는 구조화된 음악 경험과 즉흥적 음악 경험 모두를 활용하며, 사정에 필요한 모든 영역이 포함되어 있다. 이때 음악적 반응을 질적으로 분석하는데, 이는 음악적 개입을 계획하는 데 활용된다.

2) 정서장애 청소년 음악치료 진단 도구(Music Therapy Assessment for Disturbed Adolescents)

Wells(1988)는 청소년기의 특성을 고려해 음악을 진단 도구로 이용한 도구를 개발했다. 이 도구에서는 노래 선곡, 음악 이야기, 그리고 악기 즉흥 연주를 통해 세 가지 투사적 사정이 이루어진다. 첫째, 노래 선곡에서는 미리 만들어놓은 곡 리스트 중 본인을 표현할 수 있는 노래를 선곡하도록 한다. 둘째, 음악 이야기에서는 내담자가 선곡한 네 가지 음악에 따라 이야기를 전개하도록 한다. 마지막으로, 악기 즉흥 연주는 여러 가지 악기 중 하나를 선택해 치료사와 즉흥 연주, 노래하는 작업이다. 여기에 가족 구성원들을 표현할 수 있는 악기를 선택해 연주하는 작업도 포함될 수 있다. 각 과제에서 보고자 하는 기대 영역이 세부적으로 기술되며, 각 과제를 통해 어떤 부분들을 관찰할 수 있는지 설명한다.

3) 정신장애 음악치료 진단 도구(Psychiatric Music Therapy Questionnaire: PMTQ)

Cassity & Cassity(1998)에 의해 개발된 이 도구는 실제 임상 훈련 기관에서 가장 흔히 사용된다. 이 방법은 내담자의 음악적 행동을 분석함으로써 그의 문제 영역과 필요를 이해하도록 돕는다. PMTQ는 행동 평가 도구이며 행동, 정서, 감각, 심상, 인식, 대인 관계, 약물과 같은 일곱 가지 영역과 관련된 질문들을 포함한다. 치료사는 각 항목에 대한 답변을 분석해 서술하며, 이에 적절한 음악치료를 개입시킨다. Cassity & Cassity(1998)는 다양한 음악치료 모델과 진단, 치료 과정에 대한 설명과 필요한 서식, 연습 문제를 제공함으로써 음악적 개입에 대한 이해를 돕는다.

C. 노인 재활 진단 도구

1) 노인 음악치료 진단(Geriatric Music Therapy Assessment: GMTA)

Hintz(2000)에 의해 개발된 도구는 특별히 음악치료 세션에 의뢰된 노인들의 기능 수준을 진단하기에 적합한 도구이다. 이 도구는 영역별 기능 강화를 위한 음악치료 프로토콜을 설명하고 사정에 필요한 활동과 과제를 제시한 후, 이에 필요한 점수 체계를 제공한다.

2) 노인 대상의 필요와 치료를 위한 음악적 진단(Music Assessment of Gerontological Needs and Treatment)

Adler(2001)는 노인들의 기능 저하를 사정할 수 있는 표준화된 음악치료 진단 도구의 필요성을 인식했다. 그 결과 양로원이나 병원 현장에서 사용할 수 있는 도구를 개발했다. 이 도구는 음악 활동 안에서 기능 수준을 진단하고, 영역별로 저하된 기술들을 어떻게 증진시킬 수 있는지 설명함으로써 음악치료의 중요성을 보여준다. 대상자의 배경, 음악 선호도, 행동 관찰에 필요한 서식들과 실제 진단에 사용되는 사정 서식도 제공한다.

3) 치매 환자의 음악사정도구(Music in Dementia Assessment Scales: MiDAS)

본 도구는 McDermott et al.(2014)에 의해 개발된 도구로 치매로 진단받은 대상자들의 음악 경험을 이해하기 위해 행동 관찰과 면담을 통해 도출되는 심리 측정적 속성을 자료화하는 질적 진단 평가이다. 구성은 다섯 개의 항목으로 흥미, 반응, 시작, 몰입, 즐거움으로 나뉘어 있으며, 시각통증도구(Visual Analogue Scale)를 사용하여 각 100점씩 부여, 총점은 500점으로 점수화 했다. 또한 면담을 통해 여섯 개의 세부 영역(공격성, 철회, 불안초조, 이완, 집중, 유쾌)을 표시하는 체크리스트가 보조적으로 사용된다.

D. 기타 대상자별 진단 도구

1) 음악치료 의식수준 사정도구(Music Therapy Assessment Tool for Awareness in Disorders of Consciousness: MATADOC)

본 도구는 Magee et al.(2014)에 의해 개발된 도구로 청각자극에 대한 반응을 통해 의식 상태를 판별할 수 있다는 점에 착안하여 개발되었다. 총 14개의 항목으로 구성되어 있으며, 청각 및 시각 반응도, 움직임, 의사소통, 각성 등 다섯 개의 영역을 행동 관찰을 통해 진단한다. 각 항목은 세 개의 하위 범주로 나뉘는데, The Principal Subscale: Essential Categories (항목 1-5), The Musical Parameters Subscale (항목 6-7), Clinical Information (항목 8-14)으로 제시되어 있다. 각 문항은 0~3까지의 점수로 측정한다. 이 도구는 의식장애를 대상으로 음악과 청자극에 대한 반응을 처음으로 표준화한 측정 도구라는 점에서 의의가 있다.

2) 신경발달장애 대상 음악 중심 사정 프로파일(Individual Music-Centered Assessment Profile for Neurodevelopmental Disorders: IMCAP-ND)

IMCAT-ND는 Carpente(2014)에 의해 개발된 도구로 신경발달장애를 가진 아동 혹은 성인들의 음악 자원과 강점, 필요 등을 사정하기 위해 준거지향 평가(criterion-referenced assessment) 형태로 개발되었다. 이 도구는 Musical Emotional Assessment Rating Scale (MEARS), Musical Cognitive/Perception Scale (MCPS), Musical Responsiveness Scale (MRS) 으로 구성되어 있다. 악기 연주, 노래하기, 동작하기 활동을 제공하고 이에 대한 참여도와 반응을 세 가지 수준으로 나누어 각각 점수화했다. 본 검사는 실시하는 음악치료사의 임상과 음악 기술, 그리고 세션 구조 전략을 소개했다.

5. 진단 영역과 음악 활동

음악치료 진단 영역은 다양하지만, 크게는 4~6가지로 나눌 수 있다(〈표 6-4〉). 전체적인 영역을 포함하여 가장 단순하게 개발된 진단 도구는 Boxill(1985)이 대표적이다. 여기에는 인지 영역, 운동 영역, 의사소통 영역, 사회 영역, 정서 영역, 그리고 음악 영역이 포함된다.

첫째, 인지 영역은 몇 가지 하위 영역을 포함하는데, 이해력/독해력, 신체 인식, 방향감 및 균형감, 시지각, 청지각 등이 있다(Cole, 2001).

운동 영역은 다른 하위 영역들을 포함한다. 예를 들어, 동작과 이동을 중심으로 하는 이동성/비이동성 기술, 손가락의 기민성, 협응감 기술, 지각 운동 기술, 그리고 정신 운동적 기술들이다.

의사소통 영역에는 말과 음성적 특성, 표현적 및 수용적 언어 기술, 조음, 발음, 강도, 억양, 음성의 질과 속도, 그리고 언어를 대신하는 다양한 비언어적인 기술이 포함된다. 신체 언어, 발화 혹은 발성 기술 등의 예가 있다.

정서 영역은 표정, 감정의 폭, 음악에 대한 감정적 반응, 그리고 반응의 적합성 등 네 가지 하위 영역을 포함한다.

〈표 6-4〉 음악치료 진단 영역과 하위 개념

영역	하위 영역	하위 개념
인지/지각	정신 기능 학습 기능	이해력/독해력: 단어, 지시의 이해
		신체 의식: 신체 부위에 대한 이해력
		방향감 및 균형감: 위, 아래, 앞, 뒤, 오른쪽, 왼쪽에 대한 개념 인지
		시지각 기술: 시각적 자료 인지 및 활용
		청지각 기술: 강도와 템포, 음고, 음색 등의 변화 혹은 차이를 인지
신체/운동	신체적 운동적 정신운동적 감각운동적	대근육: 이동성, 비이동성 동작
		소근육: 손가락 기민성, 손의 움직임, 협응감
		운동 기능: 리듬 산출에 필요한 기술
		정신 운동 기능: 음악의 리듬적 반응
언어/의사소통	말, 언어	말/음성 특성: 표현적 혹은 수용적 언어 기술, 조음, 발음, 목소리 음질, 속도
		비언어적 기술: 신체 언어, 제스처, 수화, 발화 등
심리/정서	정서적 심리적	표정: 얼굴 표정의 변화 및 사용 기술
		기분의 폭: 변화의 빈도수와 강도
		감정적 반응의 적합성: 내용과 정서와 일치
		음악적 자극에 대한 감정적 반응 및 표현
사회	상호 작용 대인 관계	타인 및 환경에 대한 인식
		상호 작용: 윗사람, 또래 타인들과 언어적, 비언어적 교류
		집단 음악 활동 참여
음악	음악에 대한 반응수준 및 유형	음성: 목소리 사용, 음고 산출, 찬팅, 노래하기, 선율 부르기
		리듬 개념: 리듬 패턴 인지 및 변화 인식
		선율 개념: 선율 및 악절 인지
		선호도: 음악 선택, 반응, 선호도
		음악 지각력: 음악적 요소들 이해와 차이점 지각 및 인지

　　사회 영역에는 타인 인식, 환경 인식, 상호 작용, 그리고 참여도와 같은 하위
영역이 있다.

음악 영역에는 크게 다섯 가지 하위 영역이 있는데, 목소리의 사용, 리듬, 선율, 선호도 그리고 음악 지각력 등이다.

음악치료사는 감상, 즉흥 연주, 가창 등 다양한 음악 활동을 통해 내담자를 진단할 수 있다. 이때 음악 자극에 대한 내담자의 반응과 발달 영역별로 어떠한 수준의 기능을 지니고 있는지를 관찰할 수 있다. 그 다양한 진단 정보는 다음과 같다.

A. 음악 감상

1) 음악의 지각 인지 처리 능력

음악 감상은 내담자의 청취 능력을 확인할 때 쓰인다. 청취 능력은 소리를 지각하고 소리 정보를 이해 혹은 해석하는 능력을 말한다. 다양한 감상 자료를 듣고 이에 대한 감상자의 의견 또는 음악에 대한 설명을 들어볼 수 있다. 예를 들어, 내담자의 청취 능력을 보기 위해 두 가지 소리, 또는 두 가지 음악적 자극을 제시하고, 이 두 가지가 다르게 들리는지 물을 수 있다. 내담자가 혹시 청취 능력에 따른 음의 구별력을 확인할 수 있다.

2) 음악에 대한 생리 및 신체 반응

음악 감상을 통해 음악에 대한 신체적 반응을 진단할 수 있다. 이 경우에는 주로 바이오피드백 기구와 연결해서 자율 신경계 기능(예: 심박동수, 혈압)을 포함한 생리적 기능의 변화를 측정한다. 의료 현장에서 질병으로 인한 스트레스, 불안, 또는 통증을 감소시키기 위해 음악을 효과적인 매개체로 활용하는 경우가 여기에 속한다. 진정적 음악을 들려주고 신체가 이완되는지, 그리고 템포가 빠른 음악을 들려주고 각성을 경험하는 지, 음악에 어느 정도 동조화되는지 등을 살펴볼 수 있다.

3) 음악 감상을 통한 정서 상태

음악 감상은 수용적인 활동으로 음악 정보 처리 능력은 물론 음악에 대한 정서적 반응을 볼 수 있다. 인간은 개인적인 동기와 이유에서 음악을 선곡하기 때문에 감상의 욕구가 어디에서 왔는지, 감상 이후 어떠한 정서가 충족되었는지 등에 대한 이야기는 내담자의 정서적 상태를 반영해준다. 이를 통해 치료사는 내담자가 음악과 갖는 친밀도를 감지할 수 있다.

음악 감상 중에 나누는 이야기들은 내담자가 음악을 통해서 어떤 생각과 기억, 감정을 경험하는지를 알 수 있다. 이러한 감상 과정에서 규명된 감정이나 이야기들은 의식적·무의식적 차원에서 내담자의 삶에 어떻게 기능하는지를 볼 수 있다.

4) 회상 및 연상과 같은 추상적 사고 능력

음악은 시간과 공간을 초월하여 개인적인 기억과 연상을 가져다 준다. 장기기억의 한편을 떠올려 주어 그 기억과 관련된 에피소드나 실화를 이야기하게 한다. 실제 과거를 회상하면서 기억과 관련된 정서와 감정을 다시 만나 보는 시간을 가질 수 있다.

그 외에도 음악과 관련된 여러 가지 연상을 떠올릴 수 있다. 소리 자극으로 인해 유도된 심상이나 이미지를 탐색하게 하는 것이다. 여기서는 음악 감상 시 연상된 이미지를 떠올리거나 음악 속에 표현된 특정 정서가 무엇일지 생각해 보는 작업이 될 수 있다.

5) 음악 선호도

음악 감상에서 가장 중요한 부분은 내담자가 좋아하는 음악 스타일과 장르, 즉 내담자의 음악 선호도를 확인하는 것이다. 이때 실제 연주와 녹음된 자료는 모두 활용 가능하다. 치료사는 감상 시간 동안 내담자의 신체적 반응, 음악을 수용하는 자세, 선호도, 정서 표현 등을 관찰하여 음악 요소 중 내담자가 어떠한 요소에 가장 큰 비중을 두는지, 어떠한 조성과 리듬 패턴을 좋아하는지 등 음악치료에서 활용될 음악 자원에 대한 최대한의 정보를 수집한다.

B. 연주하기

음악치료에서 연주는 특별한 음악적 완성도를 가진 연주가 아니라 음악을 만드는 과정에 참여하는 다양한 차원의 경험을 의미한다. Bruscia(1987)는 '연주' 대신 '재창작'이라는 표현을 사용했는데 이는 연주가 흔히 청중을 위한 행위인 반면, 재창작은 보다 광범위한 용어로서 청중의 유무와 상관없이 기존 곡의 일부나 전체를 연주하고 음악적으로 재창조하는 작업을 의미하기 때문이다. 여기에는 악기를 사용해 악기 다루기, 주어진 소리 모방하기, 악기를 통한 리듬 및 선율 표현, 독주 혹은 합주, 즉흥적으로 연주하기 등의 다양한 활동이 포함된다.

진단 활동으로서 연주는 두 가지 구조를 지닐 수 있다. 구조화된 연주, 즉 기존의 음악을 연주하는 것과 즉흥적으로 주어진 주제에 대해서 연주하는 즉흥 연주가 있다. 즉흥 연주는 내담자가 즉흥적으로 소리나 음악을 창조해 내는 활동이므로 내담자가 자유롭게 악기를 선택해 어떤 주제나 감정에 대해서 연주하는 것을 의미한다. 치료사는 내담자가 선택한 악기가 무엇인지, 악기의 음색은 어떠한지, 연주하는 리듬과 음악적 요소들의 특성은 무엇인지, 어떠한 주제가 다뤄지고 있는지, 주제가 있다면 그 주제와 즉흥 연주가 어떤 관련을 가지는지, 즉흥 연주를 통해 내담자의 감정이나 심리적인 이슈가 어느 정도 표출되었는지 등에 초점을 두고 분석한다.

연주 활동은 다음과 같은 내용을 진단할 수 있게 한다.

1) 인지 기술 및 사고력

연주에서 기본적으로 필요시 되는 인지 기능은 음의 시간적 배열, 공간적 배열과 같은 소리의 음향학적 특성에 대한 이해와 음악적 정보 기억, 모방, 그리고 수행에 필요한 사고력이다. 음의 시간적, 공간적 배열은 음고와 음가를 인식하고 선율과 리듬의 전개를 이해하는 데 기본 개념이라고 할 수 있다. 또한 음악을 연주할 때는 악기 구성, 연주 규율과 역할에 대한 이해도 필요하다. 그러므로 연주 활동을 통해서 치료사는 내담자가 지시된 음악적 역할 수행에 따른 난이도와 관련된 세부 인지 기술을 볼 수 있다. 더 나아가 악보를 보고 연주한다면 악보에 표기된 음표를 해독할 수 있는 해석 능력도 볼 수 있다. 악보나 지시에 따라 연주하는 경우 교대주의, 선택주의, 지속주의 등 다양한 인지 영역의 세부 기능들이 필요하다. 따라서 다양한 난이도의 연주 활동을 제공하여 이에 필요시 되는 기본적 인지 기능을 지니고 있는지에 대해서 진단해볼 수 있다.

2) 운동 기술 및 협응감

연주는 기본적으로 악기 조작에 필요한 운동 기술을 요구하며, 이에 따라 소근육 및 대근육 기술을 활용한다. 그러므로 소리 산출을 위한 악기 조작은 다양한 동작을 구상하고 리듬적으로 조절하는 능력을 볼 수 있다. 음악적 표현에는 소리 강도, 아티큘레이션, 빠르기 등 다양한 운동 감각과 섬세한 근력 조절 및 협응감을 사정할 수 있다.

3) 관계 형성 기술 및 사회성

음악치료에서는 독주와 합주의 형태로 연주를 경험할 수 있다. 독주의 경우 타인 앞에서 본인의 음악을 연주할 수 있는 기본적인 자존감을 포함하여 자기 표현력 그리고 수행력을 볼 수 있다. 합주의 경우는 주어진 음악적 역할을 수행하고 공동의 목적인 하나의 음악 작품을 완성하기 위해 동료 내담자들과 조율하고 역할에 순응하는 사회적 기술이 필요하다.

4) 신체 에너지 및 기질적 특성

음악 활동 중 연주 활동은 가장 많은 신체 에너지를 요구하므로 연주는 내담자의 신체 에너지를 바로 반영해줄 수 있다. 외현화된 에너지를 가진 내담자의 경우는 빠른 템포와 높은 강도 등 상승된 음악적 에너지를 볼 수 있는 반면 내재화된 에너지를 가진 내담자의 경우는 다소 침체된 빠르기와 낮은 강도 등 비교적 낮은 신체 에너지를 음악을 통해서 볼 수 있다.

5) 심리정서적 이슈

음악치료에서 즉흥 연주를 진행할 때는 내담자가 보다 능동적으로 참여할 수 있는 기회를 제공한다. 특히, 대상의 성향에 따라 적절한 방법이 제시되어야 하는데, 예를 들어, 집중력 문제나 충동성이 있는 내담자는 감상과 같은 수동적인 활동을 부담스러워 할 수 있으므로 이럴 때는 오히려 적극적인 즉흥 연주가 더 적절하다. 뿐만 아니라, 의사소통에 어려움이 있는 내담자들의 상호 작용이나 그 문제점을 관찰하는 데도 효율적이다. 즉흥 연주에서는 지시가 음악적이거나 비언어적으로 제시되기 때문이다. 게다가 치료사가 직접 개입해 지시하기보다 음악을 통한 상호 교류 자체가 중심이기 때문에 대인 관계에 문제가 있는 내담자들의 진단에 더욱 적합하다.

즉흥 연주는 투사적 활동으로 사용되며, 내담자의 내면 세계와 타인과의 상호 작용에 관한 측면을 관찰하는 데 적합하다. 내담자는 주어진 음악 환경에서 자신만의 음악을 즉흥적으로 만들어 낸다. 만들어진 음악은 그룹의 역동성에 의해 자극된 내담자의 감정과 심리적인 이슈들이 음악적으로 표현된다. 또한, 즉흥 연주에서 나타나는 내담자의 태도와 그의 음악적 특성은 음악 외적 환경에서 나타나는 내담자의 행동 패턴을 간접적으로 반영하기도 한다. 예를 들어, 일상생활에서 기능이 비교적 높은 내담자는 즉흥 연주에서도 적절한 역할로서 음악적 참여를 보이는 반면, 기능이 비교적 낮은 내담자는 연주를 회피하거나 연주 중에 부적절한 행동을 보일 가능성이 높다고 본다(Bruscia, 1987).

C. 노래하기

노래하기는 내담자가 자신의 목소리를 음악적으로 활용하는 것이다. 토닝, 허밍 또는 찬팅 등 음악적 요소를 가미하여 소리내는 다양한 유형을 모두 포함한다. 이때 발성, 목소리 사용법, 호흡, 조음 등 다양한 가창 기술과 관련된 기능을 사정할 수 있다(⟨표 6-5⟩).

노래는 기존의 노래를 부르는 구조화된 활동과 즉흥적으로 노래를 만드는 활동이 있다. 구조화된 활동에서는 본인이 원하는 곡을 선곡하거나 다루고자 하는 주제를 지닌 가사를 선곡하여 부르는 것을 말한다. 이때 목소리를 낼 수 있는지 선율을 부를 수 있는지 또는 악보를 보고 가사를 노래할 수 있는지 등 여러 기능을 사정할 수 있다.

<표 6-5> 목소리를 이용한 사정 항목

단계	평가 항목	사정 활동(제안)	관찰 내용(치료사의 분석)
1	소리내기	• 제일 편안한 음을 하나 정한다. • 선택한 음을 소리내어보고 탐색해보도록 한다.	• 음의 속성 서술: 음색, 음을 지속하는 시간, 음이 생산되는 신체적 위치, 음의 폭 등
2	발성의 질	• 제일 편안한 음을 하나 정한다. • 가장 높은음으로 상행해 본다. • 가장 낮은음으로 하행해 본다.	• 스케일의 범위 • 내담자의 편안함 • 호흡의 안정감 • 소리의 크기 유지의 안정성
3	발성 태도	• 가장 편안한 악절을 하나 부른다. • 치료사와 공유하고자 하는 곡을 부른다.	• 내담자가 자신의 음악적 자원을 공유하고자 하는 의지 • 내담자가 노래를 어떻게 부르는지 평가
4	언어적 평가	• 목소리를 사용한 경험, 소리내고 노래를 부르는 경험이 어떠했는지 소감을 묻는다. • 경험되는 것이 있는지에 대해서 의견을 나눈다.	• 활동에 대한 불안 또는 불쾌한 부분은 없는지 확인 • 말하는 목소리와 노래하는 목소리에 대해 자기 평가 제시

<표 6-6> 사정 항목에 따른 관찰

관찰 범주	항목	부정 ◀——————▶ 안정	
I. 음향적 속성	음의 명료도	호흡 불안정으로 인한 음의 떨림	고정되고 안정된 음
	강도	간신히 들려지는 강도	충분히 들려지는 강도
	높이	말하는 음역과 매우 다름	일관된 음역 안에 있음
II. 소리내기	호흡조절	소리를 낼 때 효과적으로 호흡을 사용하지 못함	소리를 낼 때 효과적으로 호흡을 사용함
	목소리 범위: 낮은음부터 높은음	제한된 음역	충분한 음역
	강도의 유지	불안정한 강도	안정된 강도
III. 목소리 활용에 대한 태도	자기 목소리 수용력	거부	수용
	불안한 정도	수행한 활동과 음색에 대한 비판적 판단	수행한 활동과 음색에 대한 긍정적 판단
	목소리(특징)에 대한 열린 태도	자신의 목소리와 노래에 대한 부정적 평가	자신의 목소리와 노래에 대한 긍정적 평가

즉흥적 노래 부르기에는 내담자가 선율이나 노래 전체를 자유롭게 창작해 내는 경우도 있고, 기존에 있는 노래 가사나 선율을 부분적으로 바꾸어 노래하는 경우도 있다. 이때 치료사는 내담자가 본인의 목소리를 적절하게 사용하는지, 리듬과 선율을 어떻게 표현하는지, 가사는 어떤 의미를 담고 있는지 그리고 즉흥 연주를 통해 어떤 심리적인 이슈가 표출되는지 관찰한다. 〈표 6-6〉은 Chong(2011)의 목소리를 이용한 심리치료 사례 연구에서 사용된 목소리 사정 도구이다.

D. 진단 활동과 사정 지표

진단 세션을 구성할 때 관찰 세션에서 대략적인 내담자의 기능에 대한 정보를 수집한 후 몇 회기에 걸친 진단 세션을 진행할 수 있다. 이때 진단 세션을 치밀하게 구상해야 타당한 진단적 정보가 수집되며 이를 통해 치료 목표와 음악적 개입이 정해질 수 있다. 진단 활동의 논리적인 진행과 결과를 돕기 위해 다음과 같은 절차를 구상해볼 수 있다(〈표 6-7〉).

1) 절차: 먼저 진단하고자 하는 발달 영역, 그 다음 해당 영역 내 세부 기술, 그리고 이를 보고자 하는 음악 활동을 설정한 후 음악 활동시 수집해야 하는 자료를 위해서 참고할 수 있는 진단적 질문을 몇 개 구상한다.

2) 진단적 질문: 진단 세션을 위해서 고안된 활동인 만큼 의도한 정보를 제공할 수 있는 진단적 질문을 설정하는 것이 중요하다.

3) 정량화 지표: 진단적 질문에 대한 정보 수집을 위해서는 보고자 하는 목표 행동에 대한 조작적 정의을 제시하고 이를 측정할 수 있는 간단한 정량화 지표를 제시한다.

〈표 6-7〉 진단 활동 구성 예시

진단 영역	진단 기술	활동 및 활동 내용	진단적 질문	자료 수집 지표
인지	주의력	악기연주: 치료사가 피아노를 연주하다가 음악적 공간을 제시하면 내담자가 자신의 악기를 자유롭게 연주한다.	제시된 음악공간의 횟수와 연주 횟수가 일치하는가?	일치한 횟수 1-2-3-4-5
			치료사의 연주가 멈춘 시간(음악 공간)과 연주를 시작하기까지의 시간적 거리는 어느 정도인가?	반응시간 측정 1-2-3-4-5-초
사회기술	타인 인식 및 상호작용	악기연주: 한사람씩 자신의 악기로 리듬을 만들고 이를 그룹원들과 모방해 주며 연주를 이어간다.	타인이 연주할 때 시선을 연주자에게 고정하는가?	1-2-3-4-5 (회)
			타인의 연주 리듬을 모방하려는 시도가 몇 회인가?	1-2-3-4-5 (회)
			본인의 차례에 타그룹원들이 들을 수 있는 강도의 리듬을 연주하는가?	1-2-3-4-5 (강도)

　사정과 진단은 음악치료 과정에서 필수적인 부분이다. 음악치료가 하나의 치료적 개입으로서 인정받고 전문 영역으로서의 효과성을 입증하기 위해 반드시 거쳐야 하는 과정이기도 하다. 또한, 모든 진단 과정은 내담자가 음악치료를 필요로 하는 대상임을 확인할 수 있는 시간이 되기도 한다. 결과적으로 이러한 노력들은 음악치료의 전문적 정체성을 강화시키는 데 도움이 된다.

제7장

음악치료의 목표 설정과
자료 수집

　음악치료사는 진단을 통해 내담자의 문제점과 장점을 파악하고, 수집된 결과를 근거로 목표와 음악치료 계획을 수립하게 된다. 이 장에서는 음악치료의 목표 설정에 관한 과학적이고 체계적인 방법을 다룬다. 장기 목표와 단기 목표는 어떻게 설정할 것인지, 목표 설정 시 반드시 고려해야 할 점은 무엇인지 또 자료 수집을 어떻게 수행할지에 대해 살펴본다. 세션에서 수행되는 음악 활동에 대한 내담자의 반응을 측정하는 데이터 수집은 음악적 중재에 있어서 치료 효율성을 입증하는 근거가 되므로 중요하다. 따라서 이 장에서는 이에 필요한 데이터 수집의 종류와 방법, 그리고 신뢰도와 타당도를 어떻게 산출하는지 알아본다.

1. 음악치료 목표

세션을 구성할 때는 음악치료를 받고자 하는 대상의 장점과 단점에 따라 다양한 치료 목표들을 설정할 수 있다. 이 과정에서 중요한 것은 논리적인 근거와 합리적인 사고이다. Hanser(2002)는 목표 설정에 있어서 고려해야 할 사항들을 다음과 같이 제안했다.

첫째, 변화가 필요한 행동이나 영역을 치료 목표로 설정했을 때 이 부분에 변화가 필요하다는 것에 대한 객관적인 증거와 자료를 제시하고, 왜 다른 영역 혹은 기능보다 특별히 이 부분이 먼저 다루어져야 하는지에 대한 논거를 제공해야 한다. 목표가 성취되었을 때 연관있는 행동이나 다른 발달 영역의 기능에도 긍정적인 변화를 가져올 수 있는지를 검토해야 한다.

둘째, 치료 목표가 현재 내담자의 기능을 고려한 것인지 검토해야 한다. 내담자에게 너무 도전적인 목표는 아닌지, 충분히 성취 가능한 목표를 설정했는지, 실현하기 어려운 부분은 없는지 확인한다. 셋째, 목표를 수행했을 때 나타나는 행동과 변화는 객관적으로 증명이 가능하고 측정할 수 있는 것이어야 한다. 시간적·공간적 개념에 대한 학습을 목표로 정한 경우를 예로 들어보자. 이 과정에서 박자의 느리고 빠름(시간적 개념), 음의 높고 낮음(공간적 개념)은 음악의 흐름과 음의 높낮이에 반응하는 행동 변화로 나타나야 하며 관찰될 수 있어야한다. 변화를 증명하는 데에는 객관화된 행동을 정량화한 자료가 필수적이다.

넷째, 음악치료가 다른 치료들과 차별화되기 위해 음악이 어떤 치료적 특성을 가졌는지에 근거해야 한다. 치료적 매개인 음악을 사용할 때 어떠한 장점이 있으며, 무엇을 제공할 수 있는지 고려해야 한다. 이러한 음악의 치료적 특성을 토대로 세션을 구성했을 때 치료 목표가 성취될 확률이 높아지는지도 검토할 필요가 있다. 이 부분은 음악치료의 전문성과 효율성을 증가시키는 데 필수적인 부분이다.

A. 목표 행동

목표 행동을 규명하고 설정하는 것은 객관적인 변화 측정에 있어 매우 중요하다. 행동의 정의를 명확하게 설정하고 정확하게 관찰한 기록이어야 신뢰할수 있다. 그런데 이때 목표 행동의 범위를 정하는 것이 쉽지 않다. 여러 가지 행동 중에서 집중할 한 가지 목표 행동을 선택하여 측정해야 하기 때문이다. 따라서 설정된 목표 행동을 조작적으로 정의하여 명확히 제시하기 위하여 다음과 같이 세 가지 요인들을 살펴본다(Hanser, 2002).

첫째, 관찰할 수 있고 측정할 수 있는 행동을 기록한다. 사고와 감정 등 보여지지 않는 행동보다는 외부로 나타나는 가시화된 행동이어야 한다. 예를 들어, '피아노를 배운다'라는 내적 과정보다 '계명에 따라 건반을 누른다'와 같이 구체적이고 객관화된 행동으로 기술한다. 또한 객관화할 수 있는 조작적 정의에 입각해야 한다.

둘째, 변화의 방향과 정도를 제시한다. 즉 얼마만큼의 기간 동안 어떻게 변화할 것인지에 대해 구체적으로 설명해야 한다. 변화라 함은 기존 행동의 감소 혹은 증가인지 아니면 완전히 새로운 기술이나 행동을 학습하는 것인지 정확히 밝히는 것을 의미한다.

　마지막으로, 치료 목표의 범위를 서술한다. 구체적인 상황이나 조건에 맞는 치료 목표를 결정했다면 그에 해당하는 구체적인 행동에 대한 조작적 정의를 제시해야 한다.

B. 음악치료 목표와 세션 목표 설정

　음악치료 목표(장기 목표)는 음악이 치료 도구로 활용될 수 있는 발달 영역에서 선택된다. 음악치료 목표는 크게 4가지 발달 영역에서 선택되는데 인지, 운동/신체, 언어/의사소통, 사회/정서 영역이다. 세션 목표는 음악치료 목표로 설정될 수 있는 각 영역에 속하는 세부 기술들을 의미하며 단계적으로 접근한다.

　세션을 구성하는 활동 목표는 단기 목표(objective)라고도 하는데 각 활동에서 보고자 하는 목표 행동을 정량화하여 제시한다. 중요한 것은 음악치료 장기 목표에 접근하기 위해서는 매 세션에서 제공되는 음악적 중재들이 체계적이어야 한다는 것이다. 또한 단기 목표는 장기 목표와 달리 구체적인 행동에 관한 조건을 포함한다. 여기에는 행동에 대한 상황적 조건, 양적 조건, 그리고 기간적 조건 등이 포함된다. 행동을 설명할 때에도 가급적이면 함축적인 서술보다 행동적 서술을 중심으로 한다(〈표 7-1〉). 다음은 함축적 서술들을 행동적 서술

〈표 7-1〉 음악치료의 목표 설정

음악치료 목표 (장기 목표)	• 음악이 치료 도구로 활용될 수 있는 발달 영역에서 선택 • 인지, 운동/신체, 언어/의사소통, 사회/정서 영역
세션 목표	• 음악치료 목표로 설정될 수 있는 각 영역에 속하는 세부 기술 의미 • 단계적으로 접근
활동 목표 (단기 목표)	• 각 활동에서 보고자 하는 목표 행동을 정량화하여 제시함 • 장기 목표에 접근하기 위해 매 세션 체계적으로 제공되어야 함 • 구체적인 행동에 관한 조건을 포함함 　예) 상황적 조건, 양적 조건, 기간적 조건 등 • 함축적 서술보다는 행동적인 서술을 중심으로 함

로 바꾸어 구체적으로 나타낸 예이다(〈표 7-2〉).

〈표 7-2〉 함축적 서술과 행동적 서술의 예시

함축적 서술	행동적 서술
동물들에 대해 알고 있다. 피아노를 배울 것이다. 감사해야할 것이다. 자긍심이 증가한다.	동물들의 그림을 보고 이름을 이야기한다. 악보를 보고 계명에 따른 건반을 누른다. "감사합니다"라고 말한다. "저 잘했지요?" 등의 긍정적인 발언을 한다.

C. 활동 목표 쓰기: 조건, 행동, 수행기준

활동 목표 예시 1

세션 목표: 사회적 상호작용 향상

비음악적 목표: 내담자는 공동으로 참여하는 활동에서 타인이 시도한 행동에 반응하거나 타인의 반응을 유도할 수 있다.

음악적 목표: 내담자 K는 20분의 톤차임 연주에서 그룹원의 지시에 따라 연주하거나 그룹원이 연주할 수 있게 음악큐를 제시할 수 있다.

조건	행동	수행기준
연주 차례가 손 사인으로 제시된다.	자신의 톤차임을 적절한 부분에 연주한다.	G음을 정박에 12번 연주한다.

활동 목표 예시 2

세션 목표: 작업 기억력 강화

비음악적 목표: 내담자는 과제 수행에 필요한 조작 기술을 활용하여 수행할 수 있다.

음악적 목표: 내담자 S는 세 화음이 들어간 기타곡을 연주한다.

조건	행동	수행기준
기타 한 대와 악보가 주어진다.	S는 D, G, A 세 개의 화음을 연주한다.	치료사의 도움 없이 세 개의 화음이 들어간 노래를 연주한다.

활동 목표 예시 3

세션 목표: 장단기 기억력 강화

비음악적 목표: 내담자는 일상에서 습득된 정보를 필요한 상황에서 인출할 수 있다.

음악적 목표: 내담자는 치료사가 제시하는 곡을 감상하고 곡명을 이야기할 수 있다.

조건	행동	수행기준
음악치료사가 연주하는 곡의 첫 부분(8마디)을 감상한다. 만약 연속 3회기의 세션 동안 내담자가 기준을 달성하지 못하면 목표를 재조정한다.	제시되는 곡의 이름을 정확히 이야기할 수 있다.	연주되는 5곡의 이름을 정확히 말할 수 있다.

활동 목표 예시 4

음악치료 목표	세션 목표	비음악적 목표	음악적 목표	활동 목표
인지/주의력 향상	선택주의 향상	내담자는 두 개의 다른 자극 중 과제/목표 자극에 주의를 기울일 수있다.	내담자는 여러 가지 음악 요소 중에서 리듬에 집중할 수 있다.	(리듬연주 활동) 내담자는 치료사가 제공하는 두 개의 다른 리듬패턴을 듣고 자신의 악기로 그 중 하나의 목표 패턴을 모방하여 5회 중 3회 이상 정확도 80%를 유지하며 연주한다.

활동 목표 예시 5

음악치료 목표	세션 목표	비음악적 목표	음악적 목표	활동 목표
운동/소근육 기능 향상	손가락 기민성 향상	내담자는 원하는 물건을 손가락을 사용하여 조작할 수 있다.	내담자는 지정된 건반 키(음)를 손가락을 독립적으로 움직여서 연주할 수 있다.	(건반연주 활동) 내담자는 치료사가 제시하는 숫자 악보를 보고 건반에 부착된 숫자에 해당하는 음정을 10개음 중 8개 이상 리듬에 맞게 연주한다.

치료사가 치료 과정을 통해 확인하고자 하는 내담자의 행동 유형과 치료 목표 영역은 치료사 스스로의 철학으로부터 영향을 받을 수 있다. 예를 들어, 인본주의적 철학을 가지고 있는 치료사에게는 행동의 객관성이나 측정 가능성은 별로 중요하지 않다. 내담자 행동의 정량화보다는 수치로 환산될 수 없는 행동의 질적인 서술에 더 의미를 부여하는 경우도 있다. 이는 치료사의 철학에 따라 행동의 정의와 정량화 과정이 다르게 인식됨을 보여준다. 그러나 목표 설정은 변화를 기대하는 부분을 규명하는 것이므로 치료 과정에서 변화라고 인정될 수 있는 어느 정도의 객관성은 필수적이다.

음악치료 목표를 구성하는 세션 목표는 치료 과정 동안 계속 검토되면서 재조정된다. 목표가 성취되면서 한층 더 높은 기능을 목표로 잡거나 필요에 따라서는 장기 목표를 새롭게 조정하는 경우도 있다. 앞에서 언급했듯이, 이러한 목표 설정과 조정은 내담자의 필요에 대해 심사숙고하여 이루어져야 한다.

2. 자료 수집

진단에 이어 음악치료 장기 목표를 설정하고, 치료 단계에 따른 단기 목표까지 설정하고 나면 음악적 개입이 결정된다. 이때 매 세션마다 내담자의 변화를 측정하는 자료 또는 데이터 수집이 이루어진다. 음악을 매개체로 이용한 치료 접근의 효율성과 치료적 논거를 뒷받침해주기 때문에 매우 중요한 과정이다.

내담자의 음악적 행동에 관한 데이터를 수집하는 데에는 다양한 방법들이 있다. 먼저 치료해야 할 행동이 정해지면 행동의 변화 방향을 결정한 다음, 행동을 측정할 방법을 강구한다. 예를 들어, 치료가 진행될수록 긍정적인 행동 양상이 나타난다면 계속적인 증가를 보도록 유도한다. 부정적인 행동이라면 그 행동의 감소를 보고자 할 것이다.

설정된 목표 행동에 대한 데이터 수집은 시작 단계뿐만 아니라 치료 과정 동안 계속 진행되는 작업이다. 행동 과학으로서 음악치료는 인간의 음악적 행동에 대한 객관적인 측정을 전제로 한다. 데이터 수집은 내담자에 대한 과학적 자료를 통해 치료사의 음악적 접근이 어떤 효과를 가져오는지를 입증하고 산출하기 위해서도 꼭 필요하다. 데이터 수집 방법은 크게 양적 방법과 질적 방법으로 나뉜다. 행동의 유형에 따라 빈도수나 심각도를 정량화하는 것이 양적 방법에 속하며, 정량화될 수 없는 서술적인 자료를 기록하고 분석하는 것은 질적 방법에 속한다. 이 장에서는 양적 연구에 관한 데이터 수집 방법을 중점적으로 알아본다.

A. 데이터 수집의 종류

양적 연구의 데이터 수집에는 다양한 방법이 있다. 앞에서 말한 것처럼 양적 연구에서 말하는 데이터는 수량화된 자료를 의미하며, 이러한 수량화 작업은 행동의 특성과 양상에 따라 그 방법이 정해진다.

1) 사건 기록법

사건 기록법(event recording)은 빈도수 기록법(frequency recording)이라고도 한다. 이는 행동의 발생 빈도를 관찰하고 기록하는 방법이다. 일정 단위 시간을 미리 정해 놓고, 그 안에서 행동의 발생 여부를 지속적으로 관찰해 그 횟수를 기록한다. 사건 기록법을 사용하기 위해서는 목표 행동이 다른 행동과 뚜렷하게 구분되어야 한다. 목표 행동이 일어나는 횟수를 기록으로 남기면 행동의 심각성이나 발생 빈도의 객관적인 정보가 된다. 이 방법은 시작 시간과 끝나는 시간이 명확하게 정해져 있을 때 사용하는 것이 적절하다. 빠른 속도로 일어나는 행동이나 한 번 발생하면 오랫동안 지속되는 행동을 관찰할 때에는 부적절하다.

사건 기록과 유사한 방법은 지시 사건 기록법(related event recording)으로 직접적으로 지시된 행동에 대한 내담자의 반응 횟수를 기록하는 것이다. 즉 치료사가 환자에게 특별히 지시한 행동의 발생 횟수를 기록한다. 이 방법은 그 내담자가 치료사의 지시에 얼마나 규칙적이고 정확하게 반응하는지 알고자 할 때 적합하다.

사건 기록법에는 두 가지 방법이 있다. 하나는 특정 시간 단위나 상황 안에서 목표 행동이 발생한 횟수를 모두 세어 넣는 방법이다. 다른 하나는 목표 행동의 비율을 계산하는 방법이 있다. 예를 들어, 치료사 임의로 정한 최소 시간 단위 안에서 특정 행동이 몇 번이나 발생했는가를 측정하고, 그 행동 빈도를 백분율로 계산할 수 있다. 백분율은 빈도수만으로 자료가 충분하지 않을 때 행동 발생 기회가 총 몇 번인지를 분모에 두고 실제로 행동이 발생한 횟수를 분자로 하여 100을 곱하는 방식으로 구한다. 심벌을 연주하는 16곳 중 8번을 정확히 연주했을 때 이는 50%의 수행율로 계산할 수 있다. 위의 상황에서 곡마다 심벌을 치

〈표 7-3〉 사건 기록법 예시

내담자: 박OO   날짜: OOOO년 O월 O일

관찰행동: 치료사가 〈피아노와 북의 대화〉를 연주할 때, 8분음표로 구성된 두 개의 리듬이 피아노로 제시되면, 내담자는 같은 리듬을 북으로 연주한다.

연주에 대한 조작적 정의:
- 8분음표로 된 리듬을 두 번 연속 친다.

자료수집 조건:
- 두 개의 박이 코드로 제시되면 3초 내에 연주한다.

관찰 시작 시각: 2시 23분 30초
행동 발생 빈도수: 6번 (총 8회 중 6번 수행)
관찰 종료 시각: 2시 27분 40초

는 횟수가 다를 수 있으므로 '8번의 연주'보다는 '16번 중에 8번'이 더 필요한 기록이다. 이렇게 수집된 자료를 그래프화하면 시각적으로 행동 변화를 이해하는 데에도 유용하며, 다른 환경 조건과 상황에 따라 일어나는 행동의 변화들을 비교할 때도 도움이 된다(〈표 7-3〉).

2) 지속 시간 기록법

(1) 목표행동

지속 시간 기록법(duration recording)은 목표행동이 얼마나 지속되었는지를 측정하는 방법이다. 이 기록법은 총 지속 시간이나 발생 행동당 지속 시간을 측정 단위로 기록할 수 있다. 이 방식의 경우 사건 기록법과는 달리 행동의 발생 횟수보다 지속 시간에 더 중점을 둔다. 따라서 행동이 얼마동안 계속되는지가 중요하다. 행동의 지속 시간을 측정하는 방법으로는 행동이 시작할 때와 끝날 때 스톱워치를 작동해 시간을 기록하는 방법이 있으며, 음악 행동을 측정할 때는 지속되는 박자나 메트로놈 속도를 기준으로 몇 마디만큼 행동이 진행되었는지 셀 수 있다.

행동이 지속되는 시간을 정하는 과정에서 두 가지를 결정해야 한다. 먼저, 목표 행동의 조작적 정의와 조건을 명확히 한다. 둘째, 목표 행동이 '발생했다'고 판단되면 그 정의가 행동의 시작점, 행동의 지속 시간, 행동의 종결, 이 세 가지 중 어디에 해당하는지를 고려하여 결정한다. 특히, 지속되는 행동은 그 시작과 끝이 명확해 관찰에 지장이 없어야 한다. 지속 시간 측정은 개별적으로는 기록할 수 없는 행동이 이어지는 시간을 측정할 때 적합하다. 가창이나 연주가 그 예가 될 수 있으며, 특정 행동이 반복적으로 일어나는 경우에도 적절하다. 또한 치료사의 모델링이나 발화, 발성을 모방하거나 특정 행동이 반복적으로 일어나는 경우에도 적합하다. 이외에도 내담자가 강화 없이 긍정적인 행동을 지속해

나가는 시간을 측정할 때도 유용하다. 즉 내담자가 부정적인 행동을 하지 않는 상태가 얼마나 유지되는지 측정할 수 있다.

(2) 반응 시간

행동 발생과 관련한 시간을 측정하는 기록법은 반응 시간(latency of response)을 측정하는 데에도 사용된다. 반응 시간은 내담자가 주어진 자극에 행동으로 반응하기까지 걸리는 시간의 길이를 의미하는데, 자극을 제시한 직후부터 행동 반응이 시작되는 순간까지를 초/분 단위로 측정한다. 이 기록법은 개별 세션이나 그룹 세션에서 한 가지 행동만을 관찰하는 경우에 가장 적절하다. 단, 한 명 이상의 내담자 행동을 동시에 관찰하는 경우에는 어려움이 있을 수 있다(〈표 7-4〉).

〈표 7-4〉 지속 시간 기록법 예시

내담자: 최○○   날짜: ○○○○년 ○월 ○일
관찰 행동: 발성 모방
모방에 대한 조작적 정의: 음성적으로 제시된 치료사의 모음을 유사한 길이와 강도로 명료하게 모방한다.

	시작 시간	종료 시간	총 시간(초)
1.	_____	_____	_____
2.	_____	_____	_____
3.	_____	_____	_____
4.	_____	_____	_____
5.	_____	_____	_____

총 시간:
처음 시작 시간:
마지막 종료 시간:

3) 등간 기록법

등간 기록법(interval recording)은 한 회기의 관찰 시간을 동일한 간격으로 나누고, 각 구간마다 목표 행동이 발생했는지 기록하는 방법이다. 목표 행동이 발

〈표 7-5〉 등간 기록법 예시

내담자: 박○○   날짜: ○○○○년 ○월 ○일
관찰 행동: 가창
가창에 대한 조작적 정의: 제시된 가사지를 보고 선율의 음고와 음가에 따라 가사를 정확하게 발음한다.

시작 시간: 2시 10분
기록 방법: V= 수행함, × = 수행하지 않음
시간 단위: 20초

시간	1분			2분			3분			4분			5분			6분		
단위(초)	20	20	20	20	20	20	20	20	20	20	20	20	20	20	20	20	20	20
행동	V	V	V	×	V	V	V	V	×	V	×	V	V	V	V	V	V	V

종료 시간: 2시 16분   총 수행 구간: 18구간
수행된 구간(V된 구간): 15구간   백분율: 15/18 X 100= 83%

생했는지 여부를 관찰하기 위해 전체 시간 길이를 일정한 시간 단위로 균등하게 나눈다. 이때 각 단위를 얼마나 길게 잡아야 하는가는 목표 행동의 지속성과 특성에 따라 결정한다. 예를 들어, 내담자가 상체를 앞뒤로 흔드는 것과 같은 상동 행동을 보이는 경우에는 시간적 간격을 조금 더 길게 정한다. 그러나 자주 보이는 행동에 대해서는 짧은 시간 간격을 두는 것이 적합하다.

이 기록법은 특정한 시간을 단위화하여 행동을 관찰한다는 점, 예상 행동이 어떤 시간 단위에서 나타나는지에 대한 정보를 수집한다는 점에서 다른 기록법과 다르다. 시간 단위는 관찰 시간과 기록 시간이 같은 경우도, 다른 경우도 있다. 예를 들어, 10초 동안 관찰하고 그 10초 전체를 기록하는가 하면, 10초 동안 관찰하고 그중 5초만을 기록하는 경우도 있다. 시간 단위의 시작과 끝을 정확하게 파악하기 위해 관찰할 때와 기록할 때를 알려 주는 큐를 녹음 테이프로 만들어 사용하기도 한다.

이 관찰법을 사용해 수집한 정보는 대개 백분율로 계산한다. 음악치료 및 관련 분야의 문헌을 고찰해보면 연속 시간 단위 관찰법에는 다양한 행동과 여러 명의 내담자를 동시에 관찰할 수 있다는 이점이 있다(〈표 7-5〉).

4) 시간 표집법

시간 표집법(time sampling)은 시간 단위를 이용하여 관찰·기록한다는 면에서는 등간 기록법과 유사하지만 목표 행동 발생 여부를 각 구간의 마지막 순간에만 관찰, 기록한다는 점에서 차이가 있다. 5분 구간의 경우, 5분마다 대상자를 관찰하여 목표 행동을 보이는지 여부를 기록한다. 그룹 세션과 같이 모든 대상자들을 관찰하기 어려운 경우나 노래 부르기처럼 행동의 빈도수를 측정하기에 부적합한 경우, 혹은 지속 시간이 긴 음악적 참여도 등을 측정할 때 적합하다(〈표 7-6〉).

〈표 7-6〉 시간 표집법 예시

내담자: 정OO   날짜: OOOO년 O월 O일
관찰 행동: 착석 행동
착석에 대한 조작적 정의: 제공된 카페트 방석(carpet square) 위에 앉도록 하며 엉덩이가 반 이상 방석 밖으로 나오지 않는다.

시작 시간: 11시 11분
기록 방법: V(수행 시 사용하여 기록)
시간 단위: 30초

시간	1:00	1:30	2:00	2:30	3:00	3:30	4:00	4:30	5:00	5:30	6:00	6:30
행동	V	V	V		V	V		V		V	V	V

종료 시간: 11시 16분 30초   총 수행 구간: 12 구간
총 참여 구간: 9구간   백분율: 9/12 × 100 = 75%

5) 집단 활동 기록법

집단 활동 기록법(planned activity check)은 두 사람 이상의 그룹 구성원에 대한 정보를 얻어야 할 때 사용하며, 참여자 모두의 행동을 관찰 기록한다. 관찰자는 미리 정한 시간 간격 동안 그룹 내 참여자들의 수를 기록한다. 이 방법

은 집단 구성원들이 음악 활동에 보이는 평균적인 참여도와 활동 내용의 적절함 등을 평가하는 데 유용하다. 예를 들어, 다섯 명의 아동이 신체 모방하기 활동에 참여했다고 하자. 이때 전체 세션에 참석한 아동들(total in area)과 과제 수행을 하는 아동들(total on-task)의 수를 계산해 기록한다. 이는 집단 내에서의 참여도, 음악적 개입의 효율성, 그리고 내담자들의 성향을 보는 데 활용될 수 있다. 아동들의 50% 이하가 과제 수행에 참여하지 않을 경우에는 활동의 효율성, 언어적 지시, 과제의 수준들을 재평가해야 하므로 설정된 목표에 대한 자료뿐만 아니라 음악적 접근의 적절성에 대한 정보도 제공해주는 셈이다(〈표 7-7〉).

〈표 7-7〉 집단 활동 기록법 예시

내담자: 지적장애 아동 그룹　　　　　　　　　　　　　　　　날짜: ○○○○년 ○월 ○일
관찰 행동: 동작 모방하기
모방에 대한 조작적 정의: 치료사의 동작에 따라 정확한 신체 부위에 손을 얹는다.
자료수집 조건: 치료사의 큐와 모델링에 따라 3초 이내에 모방을 행동적으로 실행한다.

시작 시간: 10시 13분
시간 단위: 20초

시간	1분			2분			3분			4분			5분			6분		
단위(초)	20	20	20	20	20	20	20	20	20	20	20	20	20	20	20	20	20	20
Total on-task(명)	5	3	4	3	4	4	4	5	5	4	4	4	3	4	3	5	5	5
Total in-task(명)	5	5	5	5	5	5	5	5	5	5	5	5	5	5	5	5	5	5

종료 시간: 10시 19분　　　　　　　　　　　　　　　　　　　총 수행 구간: 18구간
총 참여자/총 구성원 수 × 100 = 74 / 90 × 100 = 82%

B. 신뢰도와 타당도

데이터 수집에 있어 타당도와 신뢰도는 중요한 개념이다. 데이터 수집 과정에 필요한 모든 검사 도구와 관찰 기술에는 타당도와 신뢰도가 모두 측정되어

야 한다. 타당도는 측정하고자 하는 내용을 얼마나 정확히 측정했는지, 선택된 검사 도구가 실제 확인하려는 부분을 측정하는데 적절한지를 확인하는 적합성의 의미가 있다. 신뢰도는 관찰되어야 하는 변인이 얼마나 일관되고 안정적으로 측정되었는지를 나타내는 지표이다. 예를 들어, 물건의 무게를 알아보려 한다면 무게를 재는 도구인 저울을 사용하는 것이 타당하다. 그 다음에는 저울이 눈금이 정확한지, 정밀하게 무게를 측정할 수 있는지에 대한 신뢰성을 확인해야 한다. 만일 고장으로 수치가 정확하지 않거나 매번 물건을 올려 놓을 때마다 수치가 다르게 나타나는 경우라면 도구가 타당해도 신뢰도는 낮아진다. 따라서 이때 수집된 수치와 데이터는 활용할 수 없게 된다.

수집된 데이터의 객관성과 일관성을 보기 위해서는 두 명 이상의 관찰자 간 신뢰도를 통해 볼 수 있다. 즉 두 관찰자가 수집한 자료가 일치하는 정도는 관찰 행동의 조작적 정의에 대한 명확성과 자료의 객관성이 연관되므로 중요하다. 이러한 관찰자 간 신뢰도는 관찰자 간의 일치된 평가를 통한 자료의 객관성을 의미하므로 자료 수집에서 중요한 부분을 차지한다. 데이터 수집 방법에 따라 관찰자 간의 신뢰도를 산출하는 공식은 달라진다(이소현, 박은혜, 2000).

사건 기록법 관찰자 간의 신뢰도를 측정하는 경우는 발생한 목표 행동의 빈도수를 측정하는 경우에 사용된다. 두 관찰자의 행동 관찰 결과가 다른 경우 더 적은 행동 발생 횟수를 분자에, 큰 행동 발생 횟수를 분모로 놓은 후 계산한다. 구체적인 예를 들어보자. 치료사가 제시하는 카드에 적힌 숫자를 읽고 숫자만큼 북을 치는 행동을 기록해야하는 상황이다. 관찰자 1은 6번이라고 하고, 관찰자 2는 5번이라고 했다면 다음과 같은 공식을 사용할 수 있다.

$$\frac{5(\text{더 작은 행동 발생 횟수})}{6(\text{더 큰 행동 발생 횟수})} = 0.833$$

이 공식을 기준으로 계산한 결과, 관찰자 간 신뢰도는 0.833이 된다. 매우 높은 수치의 신뢰도를 나타낸다고 할 수 있다.

지속 시간 기록법은 물론이고 그 외에도 시간을 측정 단위로 사용하는 기록법의 경우에는 기록된 자료의 일치 여부보다는 시간의 정도를 계산한다. 이때는 행동이 나타난 때를 각각 하나의 행동 발생 단위로 보고, 이 단위가 얼마간 지속되는지를 관찰한다. 그리고 두 관찰자의 시간적 측정이 얼마나 비슷한가를 계산한다. 다시 말해, 먼저 각각의 행동 발생 단위를 개별적으로 계산한 후 최종적으로 전체적인 일치성을 다시 계산한다. 이와 관련된 사례를 살펴보자. 치료사의 모음 발화를 모방하는 아동의 발화 시간을 기록하는 경우이다. 피아노 화음과 함께 총 10번의 발화를 시도했다고 가정했을 때, 발화를 유도할 때마다 아동이 소리를 낸 시간의 기록은 다음과 같다(〈표 7-8〉).

〈표 7-8〉 관찰자 간 발화 횟수 기록표

시도 횟수	1회	2회	3회	4회	5회	6회	7회	8회	9회	10회	계
관찰자 1(초)	3	4	3	4	5	2	3	4	3	6	37
관찰자 2(초)	3	4	4	4	5	2	4	5	4	6	41
신뢰도	1	1	.75	1	1	1	.75	.80	.75	1	.902

등간 기록법이나 시간 표집법의 경우에는 시간을 특정 간격으로 나누어 그 구간을 기준으로 신뢰도를 산출한다(〈표 7-9〉). 이때 어떤 자료를 원하느냐에 따라 두 가지 방법이 있을 수 있다. 하나는 두 관찰자가 행동 발생에 대해서 동의하거나 동의하지 않는 구간을 세어 신뢰도를 산출하는 방법이고, 다른 하나는 행동 발생에 초점을 맞추어 행동 발생 신뢰도를 산출하는 방법이다. 예를 들어 구간 대 구간 신뢰도를 산출하는 경우 다음과 같다.

시간	1분			2분			3분			4분			5분			6분		
단위(초)	20	20	20	20	20	20	20	20	20	20	20	20	20	20	20	20	20	20
관찰자 1	V	V			V	V	V	V		V	V	V		V	V	V	V	V
관찰자 2	V			V	V	V		V		V	V	V	V	V	V	V	V	V

$$\text{구간 대 구간}\atop\text{신뢰도} : \frac{14(\text{동의 구간수})}{14(\text{동의 구간수}) + 4(\text{비동의 구간수})} = 0.77$$

그 다음, 행동 발생 신뢰도의 산출은 다음과 같다. 구간을 기준으로 계산을 하는 경우 관찰자간 동의 구간 수에는 행동이 보이지 않은 구간도 포함되기 때문에 행동 발생을 보인 구간에 대해서만 신뢰도를 산출할 수 있다.

$$\text{행동 발생}\atop\text{신뢰도} : \frac{12(\text{행동 발생 동의 구간수})}{12(\text{행동 발생 동의 구간수}) + 4(\text{행동 발생 비동의 구간수})} = 0.75$$

이와 같이 타당도와 신뢰도는 자료 수집과 기록에서 중요한 부분을 차지한다. 연구자 외의 전문가나 동료에게도 관찰자 역할을 의뢰할 수 있지만 신뢰도를 위해서는 보고자 하는 행동을 정확히 규명하고, 이에 대한 조작적 정의와 그 타당성을 평가할 수 있는 전문가로 선정해야 한다. 마지막으로 수집된 데이터는 음악치료적 중재가 시작되기 전의 기초 자료이므로 치료의 효과와 진전을 보여주는 데 매우 중요하다.

제8장

음악치료 접근과 활동

　이 장에서는 음악의 치료적 활용 방법과 음악 활동이 지닌 치료적 특성을 살펴본다. 이를 위해 먼저 음악이 지닌 세부 요소들의 심리적 기능과 이러한 요소적 특성들에 의한 정서적 또는 운동적 반응이 무엇인지를 알아본다. 그 다음 음악 활동인 감상, 연주, 노래하기가 지닌 치료적 측면을 알아본다. 수동적 참여가 가능한 음악 감상에서부터 적극적인 참여를 필요로 하는 연주와 노래 활동에 관련된 심리치료 및 기능을 살펴봄으로써 내담자의 치료 목표에 부합하는 활동 구성에 관한 이론과 실제를 이해한다.

1. 음악 요소들의 심리분석적 의미

음악을 치료 도구로 사용함에 있어 가장 먼저 음악치료사가 지녀야 하는 역량은 음악을 구성하는 요소들의 심리치료적 기능을 분석하는 것이다. 이제까지는 음악을 하나의 단위(entity)로 다루었다면 음악치료에서는 음악을 복합 단위로 보아야 하며 이 복합단위를 구성하는 음악 요소들과 이들의 치료적 기능을 규명할 수 있어야 한다. 즉 활동으로 구성되는 음악의 요소적 측면에 대한 세부적인 이해가 필수적이다.

이에 대해 Bruscia(1987)는 음악 활동에서 음악치료사는 내담자의 음악을 단순히 듣기보다는 음악 안에 숨겨진 표현과 심리적 이슈를 읽을 수 있는 '음악적 귀'를 가져야 한다고 주장했다. Bruscia는 음악이 인간 행동의 한 부분인 만큼 내담자의 음악을 통해 그의 몸과 마음을 '읽을 수 있어야 한다'고 했으며, 이를 돕기 위해 음악 요소별 심리분석적 의미를 규정한 즉흥 연주 사정 프로파일을 개발했다. 음악 요소별 분석은 즉흥 연주 상황뿐 아니라, 음악 감상에서도 감상자가 음악 안에서 경험할 수 있는 특성이다. 감상한 곡 역시 작곡가에 의해 만들어지고 연주자에 의해 표현된 음악이기 때문이다.

Bruscia(1987)는 음악 요소를 크게 세 가지 범주로 나누었다. 첫째는 리듬 관련 요소군으로서 리듬 전경과 리듬 배경을 중심으로 분류했다. 둘째는 조성 관련 요소군, 셋째는 기타 음악적 요소군으로 범주화했다.

A. 리듬 관련 요소군

첫 번째 범주는 배경 리듬(rhythmic ground)으로 박, 하위 분할된 박, 박자, 템포로 나뉘며, 두 번째 범주인 전경 리듬(rhythmic figure)에는 악센트와 엇박으로 구성된 리듬 패턴이 포함된다.

1) 배경 리듬

배경 리듬(rhythmic ground)에는 박, 하위 분할, 템포가 포함된다. 이들은 기본적인 평정 상태를 유지하는 데 필요한 리듬 요소들이며, 안정감을 가져다 준다. 이 세 가지 요소들의 공통점은 에너지 수준의 변화와 절정, 즉 클라이맥스를 주도하지 않는 것이다. 배경 리듬은 에너지의 수준을 통제하면서 유지하고 변화를 유도하거나 자극하지 않는다.

• 박(pulse)

박은 배경 리듬의 가장 하위 단위로서 개별적으로는 비트(beat)라고도 하며, 리듬의 가장 작은 구성 요소이다(♩ ♩ ♩ ♩). 박의 규칙적인 나열은 안정성과 예측성을 암시하기도 한다. 박들은 일관된 시간적 거리를 두고 나열되는데, 이는 태아가 양수 환경에서 경험했던 평정 상태를 재경험하도록 해준다. 박은 신체적 항상성과 연관되므로 인간에게 지지적 정서를 제공하며 안정적 범위의 에너지 수준을 유지해준다. 그러므로 박의 일관성으로 인해 에너지 고조(energy drive)는 형성되지 않는다.

• 박의 하위 분할(subdivision of pulse)

박의 하위 분할이란 하나의 박을 일정한 시간적 단위로 나누는 작업을 말한다. 박이 하위 분할되면 에너지 수준이 상승하고, 이로 인해 평정 상태에 변화가 일어난다. 이때 하위 분할의 비율과 에너지 수준의 상승은 정적 상관 관계가 있다.

예를 들어, 1단계: ♩ ♩ ♩ ♩, 그 다음 단계에서는 2단계: ♫ ♫ ♫ ♫로 제시되고, 그 다음 3단계: ♬♬♬♬♬♬♬♬와 같이 하위 분할이 전개된다고 가정하자. 처음 1단계의 리듬 패턴의 에너지 수준보다 2단계는 두 배, 그리고 3단계는 세 배의 에너지를 유도한다. 하지만 전반적으로 규칙성을 지니고 있으므로 배경 리듬의 특성을 띤다.

• 템포(tempo)

템포는 박과 박의 시간적 거리를 의미하며 전체적인 빠르기, 즉 템포의 상승은 활동 수준이 높아지는 것을 의미하며, 템포의 하강은 활동 수준이 낮아지는 것을 의미한다. 따라서 템포는 곡이 가지고 있는 활동 혹은 에너지 수준의 측정기라고도 할 수 있다.

• 박자(meter)

박자는 나열된 박을 덩이짓는 개념이다. 세 박씩 덩이짓게 되면 3박자, 네 박씩 덩이짓는 경우는 4박자가 된다. 박자는 박으로 인해 유지되는 에너지의 안정감과 항상성을 더욱 촉진시키고 전체적인 박의 나열을 구조화함으로써 에너지 수준을 의식적으로 조절하는 역할을 한다. 또한 박의 단위를 재구성하면서 에너지 수준을 조절하는 힘을 가지고 있다. 상황에 따라서는 박자 개념을 확실히 하기 위해 첫 박을 부각시키기도 한다. 박들이 박자에 따라 규칙적으로 조직화되면 명료한 리듬 패턴이 구성된다.

2) 전경 리듬

전경 리듬(rhythmic figure)은 박들이 규칙적으로 제시되는 것과는 상반된 다양한 시간적 간격을 지닌 리듬 패턴을 말한다. 예를 들어 배경 리듬은 심장 박동수처럼 계속 규칙적인 박들을 가리키는 반면, 전경 리듬은 각기 다른 시간적 길이를 가진 박들이 나열되는 것을 말한다. 박동수, 즉 'pulse(심장박동)'와는 반대인 'im-pulse'라고도 하는데 이는 에너지를 동반한 '충동성'을 의미한다. 그러므로 전경 리듬은 평정 상태와 안정성을 방해하며 에너지의 동적 변화를 촉구한다.

전경 리듬의 목적은 배경 리듬으로부터의 분리이다. 배경 리듬에서 분리되는 것은 한 차원 높은 에너지 수준으로 향하는 것을 의미한다. 방향성이 있는 전경 리듬은 삶의 에너지라고도 한다. 다시 배경 리듬으로 복귀하는 경우는 에너지의 수준이 다시 통제되면서 평정 상태로 돌아오는 의지를 뜻한다. 전경 리듬 중에서도 특정 리듬 패턴이 반복되는 경우가 있는데 이를 배경화된 전경(figured ground) 리듬이라고 한다. 시간적 간격은 다르지만 일관성 있게 반복되는 패턴이 예측적이기 때문이다.

3) 악센트

악센트(accent)는 리듬 패턴에서 특정 박에 강도를 더함으로써 의미를 부여하는 것을 말한다. 이러한 의미 부여는 박자에 따라 강박과 일치할 수도 있고 그렇지 않을 수도 있다. 예를 들어, 박자 개념에 따라 세 박씩 묶었을 때 첫 박에 악센트가 주어지면(강약약) 박자의 개념을 명료히 하지만, 그렇지 않은 경우 박자의 규칙성과 명료도에 방해가 된다.

또한 악센트가 얼마나 자주 있는지에 따라 에너지 수준이 달라질 수 있다. 예를 들어, 에너지 고조를 유도하는 리듬 패턴을 보면 주로 악센트가 엇박(syncopation)에 주어진다. 악센트가 엇박에 주어지는 경우에는 규칙성, 안정성, 예측성과는 상반되는 변화와 이에 따른 각성과 정서를 유도한다.

B. 조성 관련 요소군

1) 선율

선율(melody)은 리듬에 음의 고저 또는 공간적 개념이 추가된 소리의 패턴을 말한다. 선율은 감정을 의미하고, 선율의 음폭은 감정의 폭을 의미한다. 음폭이 크면 클수록 감정이 더욱 표현되며, 음역이 좁으면 표현력이 절제된다. 또한 선율은 음과 음이 이어지면서 형성되는데 이러한 음의 전개 방식에는 순차적 진행과 도약적 진행이 있다. 순차 진행되는 선율은 음폭이 좁을 수 있으며, 도약 전개로 인해 음폭이 넓으면 감정의 폭도 넓을 수 있다.

2) 선법

선법(modality)은 선율을 구성하는 음계(scale)에 따라 결정된다. 전경 리듬과 배경 리듬의 관계처럼 선율은 조성적 전경 역할을, 음계는 조성적 배경 역할을 한다. 조성적 배경으로서 음계는 어떤 음을 사용할 수 있는지에 대한 음악적 규율을 제공한다. 음계는 음악을 통해 표현하려는 감정을 지지해주는 한편, 제재하기도 한다. 또한, 즉흥 연주에서 선율이 변하지 않을 때는 감정적 맥락이 지속된다. 하지만 선율이 음계 밖으로 나가거나 하나 이상의 음계를 사용하는 경우는 또 다른 차원의 감정을 다루고자 하는 시도라고 해석할 수 있다.

3) 화음/화성

화음/화성(harmony)은 조성적 요소의 하나로 음악 안에서 중요한 역할을 하며, 선율이 표현하고자 하는 감정을 지지하는 역할을 한다. 협화음은 선율이 전하고자 하는 감정적 맥락을 지지하는데 반해, 불협화음은 이를 방해한다. 또한 화음은 선율 속에 담긴 감정적 표현을 이끌어내는 역할을 한다. 이때 적절한 화음의 변화는 감정의 흐름을 촉진시키고 반대로 변하지 않은 동일한 화음은 그 흐름을 제재한다. 그러므로 선율의 전개를 지지하는 화음 전개는 감정의 고조, 변화, 그리고 해결을 주도하는 데 핵심적인 기능을 한다.

4) 조성

조성(tonality)은 선율을 구성하는 선법의 가장 기본인 '중심 음(root)'을 말한다. 조성의 모든 음들은 나름대로의 의미와 기능을 가지고 있는데 중요한 음부터 그렇지 않은 음으로 위계를 세우기도 한다. 이 중에서 가장 중요한 것은 으뜸음으로 그 음악의 조성적 중심(key center)이 된다. 선곡된 음악에 중심음이 있는지 없는지에 따라 조성 음악 또는 무조 음악으로 분류되는데 조성 음악은 구조 전개가 예측적인 반면 무조 음악은 그렇지 않으므로 감상 시 모호한 전개로 인해 긴장을 유도할 수 있다.

C. 기타 음악적 요소군

1) 강도

강도(intensity)는 표현하고자 하는 감정, 그리고 에너지의 강도를 말한다. 얼마나 강한 감정인지, 또는 이를 표현하고자 하는 의지가 있는지를 말해준다.

2) 음색

음색(timbre)은 소리의 색깔을 의미하는데 이는 악기에 따라 달라진다. 음색에 따라서 연주 시 그 악기의 역할이 달라지고 연주법이 정해지기에 악기를 충분히 아는 것이 매우 중요하다. 연주 시 고려되어야 하는 것은 선율 악기인지의 여부와 공명이 어느 정도 있는지에 대한 것이다. 예를 들어, 음악심리치료 기법에서 음색은 표현하는 대상 또는 감정의 주체를 나타낸다. 어머니에 대한 감정을 연주한다고 했을 때 선택되는 악기는 어머니의 정서를 상징하는 악기라고 할 수 있다. 또는 자신이 표현하고자 하는 감정을 가장 잘 표현하는 음색을 지닌 악기를 선택하게 된다. 악기에 따라 음색이 정해지고, 그 음색이 표현의 한 형태가 되기 때문에 연주 시 음색은 매우 중요한 음악 요소라 할 수 있다.

3) 형식

형식(form)은 음악을 구성하는 구조를 일컬으며 음악 요소 중 가장 넓은 단위이다. 형식에도 하위 단계가 존재하는데 마디는 형식의 가장 작은 구성 요소로, 마디가 어울려 악절(phrase)을 이룬다. 이러한 악절을 통해 리듬과 선율이 관계 지어지는데, 리듬은 에너지 흐름을 조절하고, 선율은 감정을 다루게 된다. 만약 리듬과 선율이 악절 안에서 일치하지 않는다면 감정 전개와 에너지 방향은 상충될 수 있다.

음악에서 선율들이 악절을 형성하는지 여부와 악절이 어떤 패턴으로 제시되는지가 중요하다. 음악에서 악절의 형식과 전개는 예측성이나 심리적인 부분과 연관지어 설명할 수 있다. 예를 들어, 특정 악절을 반복하는 경우에는 이 부분을 통해 표현하고자 하는 특정 메시지를 강조한다고 볼 수 있다. 악절로 구성된 주제가 계속 바뀌면서 제시되는 변주곡의 경우에는 소개된 악구의 친숙함과 신선함을 적절히 유지하면 감상자로 하여금 예측성을 경험하게 해준다. 한 예로 론도(rondo) 형식이 기존의 주제와 새로운 주제를 교대로 제시하면서 친숙함과 새로움을 만들어가는 형식이라 할 수 있다.

2. 음악 활동의 심리정서적 기능

A. 음악 감상

음악 감상은 인간의 보편적인 음악적 행동(musical behavior)이며 이를 위한 선곡은 다양한 치료적 원리와 이론을 바탕으로 결정된다. 음악 감상은 음악치료사뿐만 아니라 음악 심리학자들도 많은 관심을 갖고 있는 분야로서 계속적으로 연구되고 있다. 음악을 감상할 때 일어나는 감정의 변화, 심미적인 경험 등은 인간이 무의식적으로 추구하는 내적인 욕구에 의한 것이다. 인간이 음악을 감상하면서 경험하는 각성(arousal)과 심미적 반응에 대한 현상학적 분석과 해석은 관련주의적 시각에서의 관련성 이론, 표현주의적 시각에서의 기대 이론, 최적 복잡성 이론, 그리고 이 두 가지 시각을 절충한 정서 이론이 있다. 이외에도 감상과 관련된 동질성 원리, 카타르시스 이론이 있다.

1) 음악 관련성 이론

관련주의적 시각에서는 음악의 심미적인 경험은 음악이 가지고 있는 음악 외적인 요소에 있다고 주장한다. 즉 각성은 음악 요소적 특성들이 음향적으로 묘사하는 특정한 심상이나 이미지, 혹은 감상자가 개인적으로 가지고 있는 음악에 대한 기억이나 추억 등에 따른 감정적 반응에 의해 일어난다고 한다. 이러한 시각은 음악이 하나의 청각적 자극제로서 지닌 음악 외적(referential) 의미와 이에 따른 정서적 반응에 중점을 둔다(Unkefer, 1990).

2) 기대 이론

음악 관련성 이론과는 반대로 표현주의적 시각은 음악을 하나의 경험적인 개체로 보고 음악에 대한 반응은 음악에 내재된 음악적 특성 때문이라고 주장한다. 이러한 시각을 주장하는 학자들에는 Meyer와 Berlyne을 대표 학자로 들 수 있다. Meyer(1956)는 음악의 의미와 감정은 음악적 자극 자체에 대한 지각 패턴에 의존한다고 설명했다. 그는 Dewey(1934)의 감정의 복합 이론과 McCurdy(1925)의 이론에 근거해 인간이 각성을 경험할 때 내재된 반응이 먼저 억제를 경험해야 한다고 주장했다. Meyer는 이와 유사하게 감상 과정에서도 감상자가 음악적 패턴에 대한 특정한 예측적인 도식(expectancy scheme)을 발전시킨다고 주장한다. 이 예측 과정에서 뜻하지 않은 절제나 방해 또는 해결을 감당하게 되면 이는 감정적 반응, 즉 각성을 유도하게 된다고 한다. 감상자가 계속해서 음악을 감상할 때 음악에 대한 화성적 전개와 도식이 무의식적으로 학습된다. 이렇게 학습된 음악적 전개는 감상자 고유의 음악적 지식이 되고, 새로운 곡을 감상할 경우에도 이에 대한 예측 기제로 가동된다(Unkefer, 1990). 예를 들어, 화음의 전개가 I도로 시작해 다른 화음들을 경유해 I도로 끝나는 음악이 있다. 이 곡을 반복해서 듣게 되면 시작과 마무리에 대한 특정한 기대 패턴을 갖게 된다. 이러한 화음 전개에서 기대한 것과 실제로 제시되는 음악에 차이가 있으면 이에 대한 해결은 지연된다. 이는 곧 긴장을 고조시키고, 각성을 유도한다.

Meyer는 더 나아가 음악에서 얻는 정서적인 경험은 삶에서 겪는 정서적 경험과 유사한 부분이 있다고 이야기했다. 곧 음악 내의 긴장과 해결을 통한 정서적 경험이다. 한껏 고조된 음악적 긴장이 해결되어 정서적 만족을 느끼는 것처럼 삶의 한 부분에 긴장이 발생하더라도 다른 부분에서 만족스러운 경험을 함으로써 긴장이 해결되는 보상을 경험할 수 있다. 이는 음악적 경험과 일상의 사건에 반응하는 인간의 보편적인 성향을 보여준다.

3) 최적 복잡성 이론

Berlyne(1971)은 최적 복잡성의 원리(optimal complexity theory)를 중심으로 음악의 난이도와 미적 경험 간의 관계를 설명했다. 그는 음악 감상의 미적 경험은 정서, 각성, 그리고 보상을 포함한다는 이론을 제시했다. 이 이론은 감상자 개인별 수준에 따라 음악적 복잡성을 긍정적으로 받아들일 수 있는 한계선이 다르다는 주장으로 개인별 수준에 따라 유쾌함과 불쾌함의 구분이 정해진다고 한다. 이러한 음악적 난이도나 복잡성이 가장 적절한 지점을 최적 복잡성 지점(optimal complexity point)이라고 했다. 어느 정도 음악이 유쾌하려면 적절한 수준의 음악적 복잡성이 필요하다. 하지만 음악적 자극이 지나치게 강하고 난해하면 불쾌함을 줄 수 있다.

이러한 음악적 반응에 관해 Berlyne은 혐오 체계와 보상 체계를 이용해 설명했다. 이를 결정하는 요인은 바로 감상자에게 제공되는 보상인데, 보상은 혐오 체계와 보상 체계가 만나는 지점이다. 예를 들어, 감상자가 새로운 곡을 감상한다. 그 곡이 특별히 어렵지 않다면 감상자는 주의를 집중할 수 있다. 이제 같은 곡을 열 번 반복해 들었다고 가정하자. 열 번째 감상하는 그 곡은 이미 익숙한 나머지 어렵게 느껴지지 않을 것이다. 이때 이 곡에 대한 선호도 반응은 처음보다 더 감소될 수 있다. 최초에 경험한 보상감이 나중에는 지루함으로 변할 수 있기 때문이다.

　음악의 예측성으로부터 보상감을 얻는 감상자에게는 바로크 음악을 감상하는 것이 긍정적인 감상 경험이 될 수 있다. 하지만 존 케이지(John Cage)의 현대 음악과 같이 비구조화되고 예측 불가능한 음악을 듣는다면 부담스럽게 느낄 수 있다. 이 이론은 음악적 정보의 내용적 깊이와 복잡성이 감상자의 정서에 영향을 미친다는 사실을 설명한다(〈그림 8-1〉).

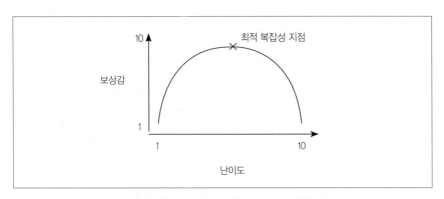

〈그림 8-1〉 음악의 난이도와 보상감의 ∩자형 관계

4) 음악과 정서 이론

　Thaut는 기존의 음악과 정서 이론들이 절충된 음악으로 인해 경험되는 정서 반응을 신경 생리학적 차원에서 시작하여 심리, 그리고 신체적 영역까지 포함하여 이론화했다(〈표 8-1〉).

　우선 청각 자극의 형태인 음악을 들으면 내담자의 신경 생리학적 과정이 전개되기 시작한다. 그 다음, 내담자는 음악적 자극에 주의를 기울이고 탐색하기 시작한다. 이때 음악의 요소적 특성을 이해하고, 음악의 전개에 따른 예측과 분석을 시도한다. 이러한 분석이 어느 정도 예측적인가에 따라 내담자의 정서 반응이 달라질 수 있다.

음악의 자극적 특성은 〈표 8-1〉에 나타난 것처럼 심리 음향적 특성(강도, 템포, 음색/ 파형, 변화의 속도)과 음악 내적 요소(구조와 형식, 음악 패턴) 및 음악 외적 요소(내담자의 학습된 음악 외적 의미, 연상과 같은 개인적 반응)로 구분될 수 있다. 음악적 자극의 특성에 따라 내담자의 각성과 정서는 환기된다. 내담자는 음악을 지각하는 과정에서 나타나는 이러한 변화를 통해 정서적 만족감과 보상, 그리고 정적 감정을 경험하며, 동기화된 행동을 유도하거나 확장한다. 이때 치료사는 변화를 유도한 음악적 자극이 무엇이었는지와 유도된 신체 · 심리적인 반응의 양상을 규명한다.

음악을 통한 정서 반응은 표에서와 같이 세 가지 차원으로 구분된다. 음악의 신체적 반응(활성화/에너지/각성), 인지적 반응(구조/체계/명확성/신선함/이해와 수용), 그리고 음악 외적 반응(연상/기분/심상/기억/상징)에서의 경험이다. 이렇게 복합적인 차원의 정서 변화가 일어난다. 이 과정에서 내담자의 기능 및 현재 각성 수준, 그리고 개인적 음악 선호도 역시 정서 반응에 영향을 미친다.

정서 변화에 기여하는 활성화, 구조, 그리고 연상은 이후 치료적 목표에 따른 행동 변화로도 연결된다. 첫째, 음악 감상에서 활성화(activation)는 내담자의 에너지 수준의 변화를 뜻한다. 에너지 수준의 변화는 긴장도나 불안과 같은 부적 정서를 감소시키고 정직 각성을 유도한다.

둘째, 음악적 구조(structure)는 음악 요소들이 개별적으로 가지고 있는 형식과 구조를 가리키며, 음악의 기본적인 틀을 제공한다. 이러한 음악 구조의 인지는 내담자의 지남력을 발달시키는 치료 목표와 연관이 있다. 예를 들어, 왈츠곡을 감상하면서 3/4박자를 인지하는 것도 음악적 구조를 분석한 결과라고 볼 수 있다. 내담자가 음악적 구조 안에서 순서와 전개의 명확성, 음악적 내용의 친숙함과 신선함을 경험하는 것도 개인적인 분석 과정을 통한 결과이다. 그러므로 음악 감상은 청각 자극을 이해하고 이에 따른 의식적인 반응의 행동을 유도하는 데 활용할 수 있다. 자폐나 뇌손상, 지적장애, 혹은 정신 분열 등 다양한 지각적 문제를 보이는 대상의 기능에 맞춘 감상 활동을 제공함으로써 음악 구조에 대한 지각과 이해를 도모하는 것은 의미 있는 접근이 될 수 있다(Thaut, 1990).

셋째, 음악의 연상(association) 작용은 감상한 음악에 따른 내적인 사건, 곧 심리적·정신적 변화를 의미한다. 앞에서 말한 것처럼, 이때의 심리적 반응은 음악과 연관된 정서나 이미지, 기억 또는 추억과 관련된다. 이 과정은 내담자가 과거에 경험한 개인적 사건에 의존한다. 내담자는 음악 감상을 통해 변화된 감정 상태를 해석할 수 있고, 자극된 감정 경험을 다시 인식할 수 있다. 결국 연상은 내담자의 감정을 지지하고, 이미지를 통해 추억을 회상하게 해주며, 주의 전환으로 스트레스를 감소시켜 주는 역할을 한다.

5) 동질성의 원리

동질성의 원리(Iso principle)는 음악 감상에서 가장 중요한 개념이다. 음악을 선곡하는 과정에서, 내담자의 필요를 판단하는 과정에서, 그리고 음악의 적절한 접근을 포함한 모든 부분에서 고려되어야 할 가장 기본적인 개념이라고 할 수 있다. 'Iso'는 그리스어에서 유래했으며 'same', 즉 '같다'라는 뜻을 가지고 있다. 이 개념은 Altshuler(1968)에 의해 가장 처음으로 쓰였으나, 이후 Benenzon(1997)이 임상적인 접근에서 'Iso'를 응용한 다른 개념들로 발전되었다. 동질성의 원리에서 가장 기본적인 개념은 감상자의 내면 상태와 유사한 음악적 요소를 갖춘 곡을 선곡함으로써 감상자가 음악적으로 의사소통할 수 있는

지극   신경학적 처리   지각 과정   자극의 특성   반응

지극
- 강도(dynamic)

신경학적 처리
- 중추 신경계

지각 과정
- 주의
- 탐색
- 동기화
- 강화
- 변별

자극의 특성
- 심리음향적 특성:
  - 강도
  - 템포
  - 음색/파형
  - 속도
- 음악 내적 요소:
  - 구조와 형식
  - 음악 패턴
- 음악 외적 요소:
  - 음악 외적 의미
  - 기억

감성과 정서

반응
- 활성화
- 에너지 상승
- 각성

- 구조 인식
- 체계 인식
- 명료화
- 환기
- 이해와 수용

- 연상
- 기분
- 심상
- 기억
- 상징

〈표 8-1〉 음악의 지각 과정과 정서 반응(계속)

정서적 반응	치료적 목표	변화
감상자의 현재 기능 및 각성 수준	주관적 변화 기분의 변화 경험의 만족감 불안과 긴장감의 감소 병리적 사고에서 주의 전환 집중의 고조	활성화(activation): 객관적 행동 변화 표정 변화 에너지 수준의 변화 운동 수준의 변화
정서적 평가 강도와 방향성 보상 유쾌 동기 유발 부적 경험		음악적 구조(structure): 구조적 경험에 따른 행동 변화 감각적 행동의 강화 현실감과 보상 경험 청자각 기술 촉진 인지/분석 기술 촉진 즉각적 정서 변화
음악 선호도 친근감		음악 연상(association): 연상 관련된 행동 변화 유의미한 기억 회상을 통한 감정 자연 연상을 통한 감정 변화

채널을 형성하는 것이다. 예를 들어, 에너지 수준이 낮은 감상자라면 음악의 템포나 다이내믹이 조절된 음악을 선곡하고, 그렇지 않은 경우엔 리듬감이 느껴지는 곡을 선택한다.

선택된 음악은 진단적 역할을 하기도 하는데 그러기 위해서는 음악이 감상자의 상태와 필요에 부합하도록 선택되어야 한다. 예를 들어, 세션에서 내담자들은 어떤 곡이 듣고 싶다거나 아니면 어떠한 곡이 특별히 끌린다거나 하는 음악적 선호도를 표현할 수 있다. 이는 감상자의 욕구 또는 내면적인 필요(needs)와도 깊이 연결되어 있다. 감상자가 특정 주제나 이슈를 다룬 음악이나 노래를 감상하고 싶어한다면 감정 이입을 느끼고 싶은 내면적 필요가 있을 수 있다. 또한 슬픔을 자극하는 정서의 음악을 감상하려 한다면 슬픔을 느끼고 싶은 욕구가 있을 수 있다. 복잡하고 난해한 음악을 감상하여 머리를 가득 채우고 있는 생각(preoccupied mind)들을 전환하거나 음악으로 에너지를 자극하여 분출하고자 하는 욕구가 있을 수 있다.

인간은 음악을 귀로만 듣는 것이 아니라 마음 또는 감정으로 듣기 때문에 모든 선곡은 의식적이기보다는 무의식적으로 이루어지는 경우가 많다. 인간의 음악적 행동은 본능과 연관되어, 음악을 취함으로써 본능적인 필요와 욕구가 채워진다. 상황에 따라 선택하는 곡이 다른 것은 그에 따른 음악적 필요(musical needs), 즉 음악으로 인해 충족되는 욕구가 다르기 때문이다. Bonny & Salvary(1990)는 GIM에서의 음악의 역할을 이야기할 때 음악과 무의식의 관계를 언급하면서 감상하는 동안 음악이 의식 수준에서 인지되지 않았더라도 감상자는 전치된 의식 또는 무의식에서 음악을 받아들인다고 했다. 다시 말해, 우리가 어떤 특정 음악을 선곡할 때는 항상 내면적인 필요에 의해 선택(decision making)하게 되므로 내담자의 선곡을 주시해야 한다. 그리고 선곡된 곡을 통해 내담자의 심리적, 또는 감정적 상태를 읽어 낼 수 있어야 한다. 이러한 음악적 충족은 내담자의 필요와 동질적인 요소가 충족되어야 가능하다고 볼 수 있다(Summer,

1993).

6) 카타르시스 이론

카타르시스는 몸과 마음에 영향을 주는 좋지 않은 정서를 몸 밖으로 배출시키거나 정화시키는 것을 의미하며, 현재 정신 건강 영역에서도 연구되고 입증된 개념이다. 이는 몸과 마음에 질서와 균형을 가져오는데 중요한 치료적 개념으로 부정적 정서가 정화되지 않고 억압되는 경우 '정신 신체적 증상(psychosomatic symptoms)'으로 나타날 수 있다. 카타르시스 이론에 의하면, 심리적인 불안이나 억제된 감정에서 벗어나기 위해서는 음악적 요소를 치료적으로 활용하여 정화를 유도하고 촉진할 수 있다. 클라이맥스로 전개되는 선율은 감정적 절정을, 리듬은 에너지 분출을 경험하게 해준다. 따라서 음악의 리듬과 선율은 감정 정화에 효과적인 매개가 될 수 있다.

예를 들어, 사물놀이 연주에서 꽹과리의 리듬 전개는 에너지 고조와 분출을 가져온다. 리듬을 통해 카타르시스를 경험할 수 있는 이유는 음악이 감정뿐 아니라 해결되어야 하는 에너지를 자극하기 때문이다. 인본주의 시각에서는 이러한 정화 체험을 '절정 경험(peak experience)'이라고 하는데, 삶의 질적인 만족을 위해 필수적이라고 본다. 이는 일상생활 외에 감각적, 정서적, 인지적, 사회적, 예술적 영역을 충족시켜 주며, 인간 존재의 본질적 가치를 확고히 해준다 (Nordoff & Robbins, 2001). 음악은 이러한 절정 경험을 제공하는 데 매우 효과적인 매개체라고 할 수 있다.

카타르시스는 "모든 인간은 신체적, 심리적, 생리적 균형 혹은 조화를 추구하려고 하는 내재된 성향을 가지고 있다"고 하는 균형의 원리와 연관된다. 균형의 원리는 신체적 항상성(homeostasis)에서 유래했으나 음악치료에서는 감정적, 심리적 균형에도 적용시켜 이론화되었다. 신체적 항상성은 모든 인간이 자신의 최적 상태를 유지하려는 항상성의 기제를 가지고 있다는 개념이다. 이 기제는 자신이 최적의 상태에서 어느 정도 일탈되었는지 변화를 탐지하고 이러한 불균형 상태를 즉각 교정하려는 것을 말한다. 자극에 의해 손상이 오거나 불균형이 발생했을 때 항상성의 기능을 발동시켜 뇌로 하여금 그 불균형을 수정할 수 있도록 재조정한다. 이러한 개념은 신체적인 불균형뿐 아니라 감정이나 정서 영역에도 적용된다. 예를 들어, 기분이 상승하거나 분노를 경험할 때 어느 정도 시간이 지나면 이성을 찾으려고 하는 행동도 이 원리와 연관이 있다. 그러므로 감정적 혹은 카타르시스적 정화를 통해 '최적 상태'를 복원하는 것은 인간의 내재된 기제와도 관계가 있다. 덧붙여, 이후에 안정과 이완을 경험하려고 하는 것 역시 인간의 보편적인 성향이라고 할 수 있다.

7) 음악 감상의 치료 목표

영역	치료 목표	내용
인지	소리 정보 처리	감상한 곡의 선율의 윤곽과 리듬 패턴을 정보 처리(덩이짓기 등)하기
	주의력(선택, 초점, 지속)	변주된 선율을 규명하기 주선율 외 대선율을 따라가기(다성음악)
	연상	음악으로 유도된 주제나 이미지는 연상하기
운동	호흡 조절	템포가 느린 배경 리듬을 듣고 들숨과 날숨을 규칙적으로 조절하기
	각성	템포가 빠른 전경 리듬을 듣고 신체 에너지를 활성화시키기
	호흡력	제시된 리듬의 규칙성에 따라 들숨과 날숨의 흐름과 강도를 조절하기
심리정서	긴장 이완	규칙적인 배경리듬의 음악을 듣고 긴장 이완하기 연상을 유도하는 음악을 듣고 긍정적 심상 떠올리기
	정서 수정	다른 조성의 음악을 듣고 정서 환기를 경험하기
	정서 교감	현재 정서를 반영한 음악을 감상하고 나누기
사회	관련적 음악 정보 공유	음악의 제목과 주제를 인지하고 타인과 공유하기
	타인과의 교감	음악에 대한 타인의 의견을 듣고 공감하기

B. 악기 연주

악기 연주는 적극적인 참여를 유도하는 음악 경험 중 하나로, 기존의 음악을 다양한 악기로 연주하는 활동과 새로운 음악을 창작해 연주하는 활동을 모두 포함한다. 음악치료의 악기 연주는 악기를 이용해 음악을 만들어 내는 폭넓은 과정을 의미하지만 어느 정도의 구조화된 접근이 필요하다. 가장 기본적으로는 소리의 강도, 위치, 음색 등의 지각력을 촉진하는 접근에서부터 완성된 곡의 연주까지 확장된다. 연주가 중심이 된 활동에서는 구체적인 곡의 이름이나 주제 등을 결정해 악기를 선택한다. 연주 내용, 그리고 어떻게 연주해야 하는지도 단계적으로 제시된다. 연주의 완성도와 음악 결과물도 의미 있겠지만 음악치료가 우선적으로 목표로 삼는 것은 연주 활동을 통해 내담자의 과제 수행력과 문제해결력이 향상되는 것이다. 따라서 참여 과정에서 나타날 수 있는 변화를 중심으로 악기 연주 활동을 진행한다.

1) 악기 연주의 다감각적 측면

악기를 사용한 연주 활동은 다양한 감각을 발달시켜 주며, 크게 촉각(tactile), 시각(visual), 청각(auditory)의 세 가지 범주에서 치료 효과를 가능하게 한다. 나무, 가죽, 금속 등과 같이 서로 다른 촉감을 가진 재료를 활용하여 온도, 표면의 느낌, 단단함, 무게, 탄력, 진동을 느끼게 할 수 있으며, 서로 다른 크기와 모양을 가지고 있는 악기를 통해 시각적인 자극을 제공할 수 있다.

특히 악기 연주는 선율이나 리듬을 인식하기 전 단계에서도 얼마든지 활용될 수 있는데 그 이유는 내담자 본인이 느끼는 에너지 수준과 기분을 다양한 리듬으로 연주하게 하는 등 연주 규칙 없이도 표현을 가능하게 해주기 때문이다. 연주를 통해서 내담자는 청각적(소리강도)·운동적(악기조작)·시각적(악기 목표)

자극 등의 감각통합적 체험을 얻을 수 있다. 그러므로 악기연주는 소리의 강도와 빠르기를 활용하여 자유로운 표현을 유도하는 데 용의한 활동이다.

2) 악기 연주 시 고려 사항

음악치료 환경에서 적용되는 악기 연주는 내담자의 장단점을 고려해 단계별로 구성할 수 있다. 음악치료에서는 내담자와 치료사의 관계가 가장 중심이 되지만, 이외에 내담자가 음악과 맺는 관계 또한 중요한 요소이다. 음악을 받아들이지 못하거나 연주 자체에 저항하는 내담자의 경우 음악과의 관계가 이루어졌다고 보기는 힘들다. 더 나아가 그 내담자에게는 연주가 음악적 중재(intervention)로 부적합할 수 있다. 그러므로 먼저 악기 탐색과 악기에 대한 호기심, 그리고 하나의 소리가 훌륭한 음악을 구성한다는 사실을 인지할 필요가 있다. 이 과정에서 음색, 크기(악기 자체의 볼륨), 모양 등이 다른 다양한 종류의 타악기를 탐색하고 연주하는 과정을 통해 내담자의 참여 수준과 반응, 그리고 악기 선호도를 파악하는 것이 필요하다.

악기 구성은 연주에서 매우 중요하다. 활동이 아무리 훌륭하다 하더라도 악기 선택이 적절치 않으면 그 세션은 유연하게 진행되기 어렵기 때문이다. 기본적으로 치료사는 악기가 가진 소리의 특성과 적절한 연주 기법, 악기의 재질을 알고 있어야 한다. 예를 들어, 종음의 길이를 짧게 제시해야 하는 악기라면 탬버린보다는 클라베가 더 적합할 수 있다. 그러나 공명을 다양한 강도로 연주해야 할 때는 탬버린이 더 적합하다. Warner(1991)는 연주 시 고려해야 할 악기 특성에 대해서 〈표 8-2〉와 같이 제안했다.

〈표 8-2〉 타악기의 효과적인 사용법 〈Warner, 1991〉

악기		소리		강도	효과적인 사용		
		지속적인 소리(공명)	짧은 소리	크게—작게	빠르고 많은 음표	느리고 적은 음표	간헐적인 사용
가죽	핸드드럼		O	O	O	O	
	탬버린			O	O	O	
	베이스 드럼		O		(O)		O
	팀파니		O		O	O	O
금속	큰심벌	O					O
	핑거심벌	O				O	O
	심벌	O					O
	트라이앵글	O				O	O
나무	클라베		O		O	O	O
	우드블럭		O		O	O	O
	템플블럭		O		O	O	O
셰이커	마라카스						O
	샌드래틀				O		
	에그셰이커				O	O	O

3) 연주 활동 구조화 전략

연주 활동은 치료사가 섬세하게 내담자의 치료 목표와 음악적 배경, 그리고 능력을 고려하여 구조화해야 한다. 먼저, 연주 수준과 선곡의 난이도를 구조화한다. 처음부터 곡 전체를 연주하기보다는 부분적으로 특정한 절을 연주하는 형식으로 구성하고, 점차적으로 증가시켜 연주 경험이 최대한 성공적일 수 있도록 한다. 예를 들어, 내담자는 치료사가 제공하는 특정 리듬 패턴 또는 화음(T)에 맞추어 건반으로 블루스 음계(C)를 자유롭게 연주한다.

둘째, 선호도를 고려한 연주를 구성한다. 대상, 치료 목표, 연령, 음악적 배경, 그리고 선호도에 따라 악기와 연주 수준이 달라질 수 있다. 청소년들이 드럼이나 기타를 선호한다는 연구 결과를 참고하여 드럼의 기본 비트나 기타의 약식 코드를 활용하는 것도 좋은 방법이다.

셋째, 내담자의 연주 참여도를 구조화한다. 세션이 진행될수록 음악적 비중을 높이고 구조와 지시를 낮춤으로써 내담자가 참여할 수 있는 연주 공간을 확장한다. 지시된 리듬이나 선율만을 연주하던 작업에서 시작하여 점차적으로 내담자 스스로가 완성도를 경험하도록 유도한다. 이러한 구조화 전략은 악기와의 친밀감 형성 및 연주 경험을 갖게 해준다.

4) 악기 연주의 치료 목표

영역	치료 목표	내용
인지	악보의 부호화	기보된 음표(시각적)를 보고 청각화하기
	연주 지시 따르기	제시된 연주 방법과 합주에 필요한 규율을 기억하기
	복합과제 수행	하나 이상의 악기 연주와 다양한 리듬 또는 선율 패턴을 연주하기
	기억력 강화	학습한 연주 내용을 장/단기적으로 기억하여 연주하기
운동	소근육 강화	기민성, 손가락 잡기, 손바닥 쥐기 등의 근력 강화하기
	대근육 강화	연주시 필요한 강도를 산출하기 위해 운동 궤적 확장하기
	눈손 협응감 및 공간 지각력 강화	연주에 필요한 협응감과 거리 조정 및 조준에 필요한 공간 지각하기
	시지각력 강화	연주하는 동작을 보고 빠르기를 인지
심리정서	선호 악기 결정하기	자신의 선호를 탐색하고 결정하기
	연주를 통한 자신감 향상	자신의 악기를 소리내서 타인에게 들려주기
	에너지 표출 및 주의 환기	자신의 악기를 통해서 내재된 에너지 및 충동성을 표출하기
사회	합주를 통한 사회성 강화	주어진 음악 역할을 수행하고 공동의 목표 성취하기
	공동체 의식 강화	타인들과 공동의 관심사인 음악 만들기를 경험하기

C. 노래심리치료

노래는 음악치료에서 다양하게 사용되며 언어와 음악의 결합으로 이루어져 있다. 언어는 인지적이지만 음악은 감정적이다. 이러한 특징 덕분에 노래는 치료에 참여한 사람의 인지와 감정을 동시에 자극하고, 개인의 생각과 느낌에 대한 표현을 보다 풍부하게 해준다. 그렇기 때문에 노래는 좀 더 쉽게 감정과 생각의 변화를 이끌어 낼 수 있는 장점이 있다.

더 나아가 노래는 인간의 목소리를 주 매개체로 한다. 개인의 목소리는 각자의 정신적, 심리적인 정체성을 가지고 있다. 음악치료에서는 목소리 사용을 통한 정체성 확립, 그리고 정체성 표현에 치료적 목표를 둔다. 노래를 이용한 치료적 접근은 치료 목적에 따라 음악과 언어 중 어디에 더 큰 비중이 있느냐에 따라 달라진다.

노래심리치료는 이러한 노래의 치료적 기능을 활용한 접근방법이다. 이는 크게 두 가지로 나뉘는데 노래 자료(대중 가요)를 이용한 음악심리치료의 한 방법으로 가사를 중심으로 활용하는 접근과 작사 또는 개사를 통해 만들어진 곡을 직접 노래하는 활동이 있다. 가장 중요한 것은 노랫말에 대한 분석이며, 가사 속의 상징, 은유, 비유 등을 통해 인식하지 못했거나 회피했던 감정과 생각들을 수용하고 받아들이는 작업이다. 외부 세계에서의 개인의 경험과 감정들을 노래 가사에 담아 치료적 자원으로 활용할 수 있다.

1) 노래를 활용한 치료적 활동

노래심리치료의 치료 목표는 심리정서적 변화를 도모하는 데 있다. 음악과 언어를 통해 구체적인 자기 표현을 가능하게 하며 자기의 현재 상황과 문제들을 노래 안에서 동일시하게 되는 것이다. 따라서 스스로를 어떻게 왜곡되게 파악하고 있는지 알 수 있도록 도와준다. 내담자의 내면적 문제를 가장 잘 표현한 노래를 선곡하고 들으면서 내담자의 반응이나 통찰을 유도해야 한다.

노래 선곡은 치료 과정(treatment contour)에 따라 세 단계로 나누어질 수 있다. 첫 번째 단계에서는 치료사와의 긍정적인 관계, 즉 마음을 열고 진실하게 이야기를 나눌 수 있는 신뢰감 형성에 중점을 두고, 가사나 선율이 단순해 누구나 쉽게 따라 부를 수 있고 좋아할 만한 곡들로 선택한다. 두 번째 단계에서는 개인의 정서나 심리적 이슈들을 찾아가고 확인하는 데 목표를 두고 다양한 소재의 곡들을 선택해 여러 가지 문제들에 접근할 수 있도록 한다. 세 번째 단계에서는 확인된 문제들을 정리하고 해결할 수 있는 노래들을 선택해 스스로 부정적인 감정들을 처리하고 자신의 문제에 대해 통찰할 수 있으며, 긍정적인 자아상을 만들어 가도록 돕는다.

치료사는 노래심리치료를 활용함에 있어 대상에 따라 어떤 방법이 가장 효율적인지를 판단하여 구성한다. 노래심리치료는 성취하고자 하는 대상에 따라 다른 기법을 활용할 수 있는데 각각의 노래심리치료 방법마다 성취하고자 하는 치료 목적이 달라진다.

• 노래 대화하기(Song Communication)

준비된 노래를 듣고 그 노래에 대한 개인의 생각이나 느낌을 치료사와 또는 집단 구성원과 함께 나누는 방법이다. 가사를 중심으로 자신의 문제가 투사된 구절을 같이 나누고 동질감 또는 시각 변화를 경험하게 해준다.

• 가창 또는 노래 부르기(Singing)

목소리를 사용하여 음색, 선율, 가사 등을 직접 표현하는 방법으로 간단한 토닝(toning) 혹은 허밍(humming)부터 목소리로 가창하는 활동이 포함된다. 특히 심리 사회적 문제나 대인 관계 기술에 문제가 있다면 가창 활동은 더욱 효과적이다. 자신의 목소리로 노래를 부르는 것은 매우 개인적이면서도 존재론적인 체험이기에 자긍심 문제와 같은 개인 내적인 문제에서부터 관계적 문제까지 다루어 줄 수 있다. 앞서 이야기한 것처럼 목소리는 직접적인 표현 수단이 되기에 자기역량 훈련에 있어 매우 효율적이다.

• 노래 회상하기(Song Reminiscence)

과거 회상을 목적으로 긍정적인 기억과 좋았던 정서들을 다시 재경험할 수 있는 활동이다.

• 노래 만들기(Song Writing)

노래를 만드는 작업으로 기존 곡에 부분적 또는 전체적으로 직접 가사를 바꾸거나 새로운 노래를 만드는 방법을 말한다. 노래를 하나의 구조화된 활동으로 구성하여 그 안에 있는 가사의 일부분을 자신의 이야기로 바꾸거나 치료 목표에 따라 새로운 곡을 만들 수 있다.

2) 노래의 심리치료적 기능

노래심리치료에서 언급되는 몇 가지 심리치료적 기능은 다음과 같다.

• 문제 규명 및 외현화: 노래의 가사에서 다루어진 문제점이나 감정과 동일시(투사)함으로써 자신의 내면적 문제와 정서를 확인하기
• 감정 이입: 노래에서 다루어지는 내용에 대한 감정을 경험하고 공감하기
• 자기 정화: 현재의 억압된 감정을 노래를 통해서 표출하기
• 시각 변화: 가사를 통해 현재 대면하고 있는 심리적 어려움에 대한 새로운 시각을 갖기

• 보편화: 가사를 통해 본인의 문제가 타인들도 경험할 수 있는 것이라는 것을 인식하기

• 감정 표현: 본인의 감정을 노래를 통해 전달하고 표현하는 방법으로 활용하기

3) 노래하기의 심리치료적 측면

노래하기는 크게 기능적인 어려움을 가진 대상과 심리정서적 문제를 가진 대상에게 효과적이다. 전자의 경우 언어 기술에 어려움이 있는 내담자, 후자의 경우 유창성의 문제를 지닌 내담자를 예로 들 수 있다. 언어 기술에 문제가 있는 경우는 주로 노래하기가 인지 및 언어 영역과 관련된 기술을 강화하는 데 사용된다. 인지 및 언어 영역에서는 노래의 가사가 주요 역할을 하는데 후자의 경우는 심리적인 문제나 정서적 어려움이 있는 대상들에게 자신의 목소리를 사용하여 자존감과 존재감을 강화시켜 주기 위해 활용되는 경우가 있다. 노래는 극히 개인적인 경험이므로 노래를 한다는 것은 큰 도전으로 느껴질 수 있다. 하지만 본인의 목소리를 타인이 듣게 한다는 것은 특별한 경험이므로 이를 격려하고 강화한다.

자신의 목소리에 대해 불만이 많거나, 자신의 말투나 음색을 싫어하거나, 혹은 절대로 타인 앞에서 노래를 부르지 않으려는 내담자의 태도는 이미 많은 정보를 제시해준다. 자신의 목소리에 대한 인식은 곧 자긍심에 대한 정보이기 때문이다. 그러므로 노래 활동은 소리내기(vocalization), 발성, 그리고 노래 부르기 등에 초점을 두고 진행한다. 먼저, 내담자 본인이 만들어 낸 소리를 탐색하는 것, 자신의 소리를 평가하거나 비판하지 않고 그 자체로 받아들이는 것 등 자신에 대한 반영과 허용을 중심으로 다양한 목소리 작업에 참여하도록 한다. 이러한 접근은 대인 공포증을 가진 대상, 심한 자기 의식에 시달리는 대상 등을 위한 접근이 될 수 있다. 일반인 중에서도 자신의 목소리에 대해 필요 이상의

의식과 비판을 가진 경우를 많이 찾아볼 수 있다. 그러므로 이러한 접근은 실제 목소리로 음악을 만드는 과정에 더 초점을 둔다고 볼 수 있다.

노래하기의 목적은 스트레스의 해소, 타인과의 의사소통 능력의 증진, 그리고 신체적·정서적인 안녕(well-being) 상태에 도달하는 것이다. 내담자가 노래를 하는 동안 치료사는 내담자의 음성 상태와 발성, 음색, 목소리의 공명, 소리의 음악적 요소(음정과 리듬)에 집중하면서 긴장 요소와 에너지 수준을 분석한다. 동시에 목소리를 통한 표현을 방해하는 요소가 있는지, 심리적인 이슈는 무엇인지 등을 탐색하고 규명함으로써 치료를 전개한다(Bruscia, 1987).

4) 노래하기의 치료 목표

영역	치료 목표	내용
인지	기억력 강화	학습한 가사를 기억하기
	단어 이해력 강화	가사를 구성하는 언어를 이해하기
	독해력 강화	노래에서 전달하고자 하는 주제를 인지하고 대표적인 메시지를 규명 또는 발췌하기
	장기 기억력 강화	가사와 관련된 음악을 듣고 관련 내용을 회상하기
운동	호흡력	악절과 쉼표에 따라 호흡 조절하면서 노래하기
	발성 및 조음 강화	발성과 특정 음절이 들어간 가사를 노래하기
심리정서	자긍심 강화	자신의 목소리를 타인에게 들려줄 수 있는 기본적인 자기 개념 및 자긍심 강화하기
	자기 역량 강화	발성 및 소리내기를 통해서 내적인 힘 강화하기
	심리적 이슈 규명 및 외현화	자신의 심리적 문제를 가사에 투사하여 이를 규명함으로써 외현화하기
	긍정적 메시지의 인지적 내면화	긍정적인 의미를 지닌 가사를 듣고 자신에게 적용하기
사회	유대감 형성	노래 부르기를 통해 타인과 관계 형성 및 유대감 형성하기
	공동체/소속감 강화	공동의 목표인 음악 만들기(합창)를 통해 소속감 경험하기

D. 즉흥 연주

음악치료에서 즉흥 연주는 치료적 목적에 따라 내담자가 즉흥적으로 음악을 만들어 내는 활동을 의미한다. 음악치료에서 즉흥 연주는 'music'과 'making'을 합성해 '음악 만들기(musicing)'라고도 불리는데 매우 능동적이며 체험적인 활동이라고 할 수 있다(Elliott, 1982). 그러므로 치료사는 내담자의 참여 동기를 고려하여 단계적으로 가장 낮은 연주 수준에서부터 높은 연주 수준까지 구성할 수 있다.

세션 목표에 따라 즉흥 연주는 여러 가지 형태로 구조화될 수 있으나 공통적인 부분은 연주되는 음악 안에 내담자가 참여할 수 있는 음악적 공간을 만들어 주는 것이다. 음악적 공간의 길이와 지시 형태에 따라 구조적 즉흥 연주부터 비구조적 즉흥 연주로 구분할 수 있으며, 구조적 즉흥 연주는 기존의 곡 내에 내담자가 자유롭게 연주할 수 있는 공간을 일정 마디 제시하는 것을 말한다. 반면, 비구조적 즉흥 연주는 특정 주제를 정해서 그 주제에 대한 감정을 자유롭게 음악적으로 표현하게 하는 것을 말한다. 이러한 비구조적 즉흥 연주는 여러 가지 활동 중에서도 추상적 사고력과 표현력 등 일정 수준의 인지 기능을 가장 많이 요구한다고 볼 수 있다.

이러한 즉흥 연주는 연주 행위에서 오는 신체 리듬(에너지)의 활성화, 음악으로 표현되어지는 정서, 전달하고자 하는 소통 의지, 그리고 함께 연주하면서 경험하는 집단 역동성과 성취감 등 다양한 치료 목표를 다루어준다. 또한 즉흥 연주를 하는 동안 최소한으로 평가하거나 이성적 개입을 배제시킴으로써 자신의 감정과의 접촉(contact)을 촉진시켜 준다. 여기에서 치료사는 내담자의 음악에 귀를 기울이고 음악으로 표현된 내담자의 정서를 읽어 낼 수 있는 음악적 귀(ear)를 지녀야 한다.

1) 기초 음악성과 음악아이

즉흥 연주의 핵심인 '음악 만들기', 즉 musicing은 모든 인간이 음악적인 성향을 지닌 존재라는 전제에 근거한다. 기초 음악성(elemental music)은 음악 교육자 Carl Orff의 부인이며 음악치료사인 Gertrud Orff에 의해 개념화된 용어로 동작과 언어의 자연적인 리듬을 사용하여 자발적으로 음악을 만드는 인간의 보편적이고 생득적인 성향을 가리킨다. 기초 음악은 영아기 때부터 성장하면서 꾸준히 계발되는데 이러한 기초적 음악성은 영아기에 다른 영역의 발달을 촉진하는 데 기여한다.

Gertrud Orff(1980)는 음악적인 환경에서 자신을 한 개인으로서 표현하고, 다른 사람들과 함께 음악을 만들 수 있는 사회성을 경험하게 했다. 이에는 자신에 대한 경험(지각, 연상 등)과 사회적 영역의 경험(듣기, 타인 배려, 상호 작용 등), 일상과 현실의 물리적인 경험(시, 공간 지각, 개체 개념 등)이 포함된다. 이러한 기초 음악은 환경을 탐색하고 사고하는 데 필요한 기술을 발달시켜 주며 더 나아가 응용력, 추리력 등 문제 해결력과 창의성에도 도움을 준다.

이와 유사한 개념으로는 Nordoff-Robbins(1995)의 음악아이(music child)를 들 수 있다. Nordoff와 Robbins는 모든 인간 내면에는 음악에 반응하는 '음악아이'가 존재한다고 했다. 음악아이란 음악에 반응하고 즐기며, 참여하고자 하는 성향을 말한다. 장애 아동은 일반 아동과는 달리 발달 영역의 기능 장애로 인해 이러한 음악 활동 참여에 제한을 갖게 되는데 음악치료에서는 장애 아동의 기능 수준에 맞추어 음악의 즐거움을 실현시켜 주고 창조적으로 승화시키는 데 목적을 둔다. 그러므로 즉흥 연주의 구조 수준을 단계적으로 구성하여 아동으로 하여금 성취감을 경험하게 하는 것이 가장 중요하다.

2) 음악의 요소적 특성과 개인적 특성

즉흥적으로 연주된 음악은 그 음악에 내포된 내담자의 성향을 반영하므로 연주된 음악을 분석함으로써 내담자를 더욱 이해할 수 있다. 연주된 음악은 내담자 고유의 음악적 표현이므로 내담자의 심리 정서적 상태를 읽을 수 있다. 이러한 음악의 심리분석적 기제를 '음악적 투사(music projection)'라고 하는데 이 개념은 즉흥 연주에서 매우 중요하다고 할 수 있다.

예를 들어, 리듬적 요소의 경우 내담자의 리듬이 배경 리듬(rhythmic ground)의 특성을 띠는지 아니면 전경 리듬(rhythmic figure)의 특성을 띠는지에 따라서 에너지 수준을 분석할 수 있다. 또한 크고 낮은 강도의 범위를 통해 에너지를 표현하고자 하는 의지를 볼 수 있다.

선율적 요소의 경우 사용된 음들의 음역대를 통해 정서의 무게감을 볼 수 있는데 저음역대인 경우 무거운 정서를, 고음역대는 가벼운 정서와 일치시켜 볼 수 있다. 음폭 역시 분산된 넓은 음역대인지 아니면 적절한 선율 진행이 담겨진 음폭인지에 따라서 내담자가 표현하고자 하는 정서의 명료성을 볼 수 있다. Bruscia(1998)는 다양한 차원에서 내담자의 음악 요소들을 심리적으로 분석할 수 있는 즉흥연주사정프로파일(Improvisation Assessment Profile: IAP)을 개발했다. 이러한 분석틀은 즉흥 연주를 제시할 때 치료사가 숙지해야 할 기본 역량이라고 할 수 있다.

3) 음악적 조건과 비음악적 조건

Bruscia(1987)는 음악적 환경 또는 제시된 연주 조건(music given)에서 반응하는 내담자의 행동이 외부 환경 또는 사회적 조건(social given)에서 반응하는 행동 양상과 상당 부분 일관된다고 했다. 이는 개인이 가지고 있는 정서 또는 사회적 어려움이 음악적이든 비음악적이든 그 자극과 환경에 반응하는 양상이 유사하기 때문이다. 즉 사람들 앞에 서는 것이 의식되는 사람은 다른 사람을 위해서 노래를 부를 때나 연주할 때 의식될 수밖에 없다. 그러므로 다양한 조건의 형태를 사용하여 즉흥 연주를 진행할 수 있는데 첫째, 소리언어 중심의 조건(vocabulary given), 둘째, 절차 중심의 조건(procedural given), 그리고 마지막으로 관계 중심의 조건(interpersonal given)이 가능하다. 예를 들어, 주어진 주제를 어떻게 연주할 것인가를 소리언어 중심의 조건으로 진행한다면, 세 가지 음으로만 연주하는 등 사용할 음의 수를 제시할 수 있다. 절차 중심의 조건을 제시하는 경우는 느린 정박에서부터 시작해서 가장 크고 빠른 템포까지 진행되었다가 다시 정박으로 복원하는 등 음악의 흐름을 정해서 연주하는 것이다. 마지막으로 관계 중심의 조건은 한 사람이 연주를 시작하면 다른 한 사람씩 추가되는 진행인지 아니면 두 사람씩 정해서 듀엣으로 연주하는 것인지 연주 진행에 필요한 내담자의 참여 형태를 조건화하는 것이다.

더 나아가 Bruscia는 이러한 반응이 그 당시 내담자의 심리적 상태에 따라서 달라질 수밖에 없고 이러한 다름 또는 변화는 음악으로 표현된다고 했다. 이에 즉흥 연주는 그 순간순간을 반영해주는 경험적 도구로 사용된다고 볼 수 있다. 즉 내담자의 상황에 따라 누구 앞에서인지 혹은 그날의 심리적 안정감이 어느

〈표 8-3〉 3가지 음악적 조건(given)

구분	구조화 전략	예시
소리언어 중심 (vocabulary given)	어떻게 표현해야 되는지에 대한 음악적 언어 제시하기	세 악기 또는 음을 사용하여 연주해 본다.
절차 중심 (procedural given)	연주 차례 또는 전개를 설계한 후 연주하기	느린 템포로 시작하여 클라이맥스까지 올라간 다음 다시 템포를 늦춘다(음악이 어떻게 전개될 것인지를 제시하는 조건 의미).
관계 중심 (interpersonal given)	그룹 내에서 타인들과 형성해야 할 음악적 관계를 조건화하기	차례대로 한 사람씩 연주, 듀엣 혹은 리더를 정해서 연주한다.

정도인지에 따라 노래 또는 가창이 조금씩 달라질 수 있다. 어떠한 연주 조건이 더 효율적인지는 치료사가 그룹 구성원의 내담자 성향을 잘 파악하여 결정하도록 한다(〈표 8-3〉).

4) 즉흥 연주의 치료 목표

영역	치료 목표	내용
인지	사고력 증진	어떤 주제를 정할 것인지에 대해서 사고하고 이를 어떤 악기로 연주할 것인지를 판단하여 연주하기
	창의력 향상	연주하고자 하는 감정을 다양한 음악적 요소들을 사용하여 청각적 형태로 전환하기(감정에 소리를 입히는 능력)
심리정서	감정 표현하기	현재 느끼는 감정과 정서를 소리(음악)형태로 표현하기
	자기 표현하기	현재의 생각과 의견, 그리고 소통하고자 하는 메시지를 소리(음악)형태로 표현하기
사회	타인 인식 및 경청하기	다른 사람의 연주를 인식하고 타인의 연주 흐름을 인지하기
	협동하기	지시에 따라 차례 또는 연주 조건(given)에 부응하는 연주를 수행하기

제9장
음악치료 세션 구성

음악을 치료적 매개체로 사용하는 이유에 대한 논거를 밝히는 것은 음악이 지닌 치료적 타당성을 증명하는 매우 중요한 부분이다. 이 장에서는 음악치료의 타당성을 보여줄 수 있는 치료적 논거를 토대로 세션 목표에 따라 활동을 구성하고, 치료 목표 성취를 위해 활용할 수 있는 다양한 구조화 전략을 제시한다. 더 나아가 개인 세션 및 집단 세션의 차이점과 특징을 살펴보고, 마지막으로 가장 중요한 치료사 윤리를 소개한다.

1. 논거 구성하기

음악치료 진단에 따라 목표가 정해지는데 이에는 장기 목표, 세션 목표, 그리고 활동 목표가 있다. 음악치료 목표(장기 목표)가 설정되면 단계적으로 성취해야 할 세션 목표가 정해지고 각 세션을 구성하는 활동이 구성된다. 음악 활동이 결정되면 왜 이 활동인지에 대한 논거와 부합하는 활동 목표(objective), 그리고 전개에 필요한 과제 분석을 제공한다.

치료적 논거에서 가장 중요한 것은 '왜 이 음악인가?'에 대한 부분이다. 음악의 치료적 논거는 세션에 적용된 음악이 어떤 치료적 특성을 가졌는지, 왜 그 음악을 사용했는지를 이론적이고 논리적으로 서술하는 것이다. 활동에 사용된 음악이 가지고 있는 특성을 명확히 밝히고, 이 음악을 통해 성취하고자 하는 치료 목표가 기능적으로 어떻게 실현되는지 타당하게 설명해야 한다.

A. 활동 논거

치료 논거는 음악이 활용되는 영역과 대상, 그리고 치료 목표에 따라 달라진다. 음악 치료를 통해 변화가 필요한 영역이 하나에서 주된 치료 목표가 무엇

<표 9-1> 활동 논거 예시

예시 1
활동: 표현언어 향상을 위한 노래부르기
의사소통 기능 향상을 위해 선택된 노래 부르기 활동은 노래를 통해서 전달하고자 하는 메세지에 필요한 단어 습득과 이를 활용한 표현력을 강화시켜줄 수 있다. 자연스러운 노래부르기를 위해 선율의 높낮이와 억양을 일치시켜 단어 습득력을 촉진한다. 또한 리듬의 장단을 단어의 음절과 연계하여 발음의 정확성을 향상시켜줄 수 있다. 노래 부르기에 필요한 호흡조절력은 표현언어에도 전이되는 기술이므로 규칙적인 지점에서 호흡하면서 노래하도록 한다.

예시 2
대상: 운동 발달 지연 아동 그룹
목표: 상체 동작의 범위를 확장한다.

절차:
1. 음악치료사는 크고 색채감 있게 그려진 나비 그림을 그룹에게 보여준다. 그리고 "이것은 크고 아름다운 나비예요. 우리는 오늘 이 나비들처럼 날아 볼 거에요" 라고 말한다.
2. 음악치료사는 각 아동들에게 스카프를 하나씩 나누어 준다.
3. 음악치료사는 다음과 같은 짧은 곡들을 들려 주면서, 음악에 맞추어 상체 동작을 유도한다.

   a. Sugar Plum Fairies 댄스 – 스카프를 가볍게 옆에서 옆으로 흔들어 주기
   b. Washington Post 행진곡 – 스카프를 힘차게 위아래로 올렸다 내렸다 하기
   c. Espagnol 카프리치오소 – 스카프를 몸 앞에서 물결치듯 흔들기
   d. Blue Danube 왈츠 – 스카프를 느리게 땅으로 내리기

4. 음악치료사는 치료가 진행되는 동안 그룹원들을 지켜보고, 치료사의 동작을 모방하는 아동들에게 "정말 나비 같아요" 또는 "정말 예쁘게 선생님을 따라하고 있네요!" 라고 언어적 강화를 제시한다.

5. 음악치료사는 "음악에 맞추어 지금은 스카프를 넣을 시간이에요" 라고 말하고 노래를 부르면서 바구니에 스카프를 회수한다.

치료적 논거:
   음악과 함께 다양한 동작을 표현하는 것은 내재된 동조화 신경을 촉진하고 전반적인 운동 협응감을 강화시켜준다. 본 활동에서는 다양한 음악적 구조와 리듬적 특성을 지닌 곡을 선곡하여 운동의 범위와 빠르기를 조절할 수 있게 진행된다. 음악적 요소의 특성을 인식하는 청각지각력과 이에 따른 동작을 구사하는 감각운동 및 통합 능력을 훈련한다. 더 나아가 리듬 변화에 따라 각기 다른 동작을 표현하는 민첩성을 강화한다.

이냐에 맞추어 치료적 논거를 작성한다. 앞 장에서 언급한 것처럼, 음악은 여러 영역에서 치료적, 교육적 매개체로 활용된다. 따라서 치료 논거 역시 다양한 범주로 나뉜다.

  음악 중재는 행동이나 반응을 유도하기 때문에 매우 중요하다. 또한 세션에

서 사용된 음악의 특성과 요소가 어떤 구체적인 반응으로 이어졌는지도 중요하다. 이를 위한 음악의 치료적 논거를 제시할 때는 세션에서 제공된 음악의 역할과 요소들에 어떤 치료적 기능과 특성이 있는지 설명해야 한다. 이에 대한 설명은 곧 음악이 어떻게 치료 매개체로 쓰일 수 있는지에 대한 이론적 기반이 되기 때문에 모든 치료사들은 명확한 논거를 제시해야 한다(〈표 9-1〉).

Hanser(2002)는 치료 교육적인 차원에서 구조화된 음악 활동이 곧 학습에 필요한 기술들을 촉진하고, 음악 경험을 통해 교육 목표를 성취하게 한다고 강조했다. 또한 음악 과제 수행에 필요한 기술은 실제 학습 환경에서도 필요하다고 했다. 그러므로 음악 활동이 지니는 치료적, 또는 교육적 이점을 명료하게 제시하는 것이 매우 중요하다.

음악치료사는 세션의 활동을 구성하고 음악을 치료적 매개체로 활용함에 있어 활동 구성이 치료 목표에 부합하는지, 그리고 내담자의 기능과 수준에 적합한지를 질문하고 이에 답할 수 있어야 한다. 또한 다른 매개체와 달리 음악만이 제공할 수 있는 이점이 무엇인지를 규명해야 내담자의 치료 목표에 적합한 활동인지에 대한 당위성이 확인된다.

B. 음악 논거

활동에서 음악이 차지하는 역할과 비중이 큰 만큼 음악을 구성하는 개별적인 요소들이 인간의 행동과 어떤 관계가 있는지도 명확히 밝혀야 한다. 음악에는 다양한 요소들이 있지만, 그중에서도 선율, 리듬, 형식, 가사 등 곡이 지닌 치료적 특성을 모두 나열할 수 있어야 한다. 여기서 중요한 것은 서술 내용이 음악에 대한 것이어야 한다는 점이다. 즉 감상자의 주관적인 설명이 아닌 음악을 설명하는 객관적 서술 형태로 논거를 제시해야 한다(〈표 9-2〉).

선율은 감정과 정서를 자극하고 리듬은 에너지 수준을 자극한다. 이때 선율을

- 선율: 순차적 진행의 선율이 반복적으로 제시된다. 순조로운 선율 전개로 인해 감정을 자극하기보다는 안정감과 평온감을 유도한다. 선율의 흐름이 예측적이므로 친근감을 느끼게 한다.
- 리듬 : 배경 리듬(pulse)이 안정적으로 제시되고 감상자의 심장 박동보다 느린 템포로 진행되므로 이완을 유도한다.
- 화음: 명료하고 예측적인 협화음의 전개를 지니고 있다. 선율을 적절하게 지지하면서 화성적 고조를 유도하고 긴장을 해소해준다.

포함하여 선법과 조성, 템포, 리듬의 전경과 배경(rhythmic figure and ground), 전체적인 템포, 변화, 박자의 일관성 등을 모두 설명한다. 또한 음악에 사용된 악기의 음색과 음조직(texture)도 중요하며, 악기 음색은 감상자의 반응을 고려하여 신중하게 선택해야 한다. 예를 들어, 이완적인 기능을 위해서는 악기의 수가 적은 연주곡을 선택하는 반면, 감정의 정화를 유도하기 위해서는 관현악곡을 선택한다.

곡의 형식 또한 전체적 음악 전개에 영향을 미친다. 이완을 위해서는 반복이나 론도 형식을 가진 곡이 적합하지만, 감정의 고조를 유도할 때는 단계적 전개로 클라이맥스까지 도달하는 곡을 선택한다. 노래의 경우는 가사가 전하는 메시지, 연상이나 이미지 등을 모두 상세히 설명함으로써 선곡이 치료 목표에 적합하다는 충분한 논거를 제시할 수 있어야 한다. 여기서 더 나아가 관련주의적, 표현주의적 관점에서 음악의 역할을 설명하는 것이 중요하다. 즉 선율이 이끌어 내는 특정 정서 반응 외에도 음악 외적 요소와 관련된 내담자의 주관적 반응까지 모두 포함해 설명해야 한다.

마지막으로, 음악의 역할을 설명한다. 음악은 선행 자극, 목표 행동, 후속 자극 등 다양한 역할을 수행하는데, 선행자극으로서 음악은 적절한 반응과 행동을 유도하는 중요한 역할을 담당한다. 예를 들어, 활동에 사용할 음악을 고를 때 특정 이미지나 주제와 연관지어 선택할 수 있다. 이 경우, 선율은 연상을 자극해 기억력을 촉진시켜주고, 자극된 기억은 시각적·공간적 정보를 인출한다. 이는 음악 작업의 중요한 특징이다. 또한 리듬과 템포는 이어질 상황에 대한 기대 심리와 예측성, 그리고 필요한 에너지를 충족시키는 데 사용되는 경우가 많다. 가령, 치료사가 가창 활동의 시작을 알리기 위한 카운팅으로 "1, 2……, 시-작"이라는 신호를 제시하면, 이 카운팅 속도와 강도에 맞춰 노래의 속도와 강도가 설정될 수 있다.

이처럼 음악 논거에서는 음악이 활동 내에서 어떤 기능을 하는지 또는 음악 경험 안에서 내담자가 어떤 행동 변화를 보이는지 구체적이고 객관적으로 서술해야 한다. 이러한 논거는 세션 활동 선택의 타당화에 중요한 역할을 하므로 활동 목표를 염두에 두고 서술되어야 한다(〈표 9-3〉).

〈표 9-3〉 인사노래에 대한 음악 논거 예시

안 녕 - ○○○ 안 녕 - ○○○ 안 녕 - ○○○ 반 가 워 요
　　(이름)　　　　　　(이름)　　　　　　(이름)

이 노래는 세션의 시작을 알리는 데 효과적이다. 세션 시작을 인지하는 것은 이어질 활동에 참여를 유도하기 때문에 매우 중요하다. 가사에 그룹 구성원의 이름을 넣어 부르면서 세션에 참여한 또래들이 서로의 이름을 인지하게 된다. 또한 "안녕"이라는 노래 가사를 통해 언어적 참여를 유도할 수 있다.
선율은 아동이 언어적으로 반응할 수 있는 음악적 공간을 제시하고 리듬은 이러한 행동을 촉진하는 구조적인 신호를 제공한다. 또한 가사와 선율이 단순하고 반복적이기 때문에 아동들이 쉽게 배울 수 있으며, 자신의 이름이 불려지는 긍정적인 경험을 통해 내적 동기(intrinsic motivator)가 자극될 수 있다.

2. 세션 구성에 필요한 과제 분석

세션 구성에서 가장 중요한 것은 세션 전개에 필요한 과제를 단계적으로 나열하는 작업이다. 이 과정에 필요한 기술은 과제 분석(task analysis) 기술인데 전체적으로 복잡다단한 행동을 가장 작은 구성 요소들로 세분화하는 과정을 말한다. 다시 말해, 과제 분석은 과제에 포함된 하위 기술들을 세분화하여 복잡하고 어려운 과제를 성공적으로 완수하게 하는 전략이다(Hanser, 2002).

다양한 발달적 문제를 가진 내담자들의 경우, 과제를 한 번에 성공적으로 수행하기란 어렵다. 인지 기능이 낮은 대상은 모든 영역에서 행동 결손을 나타내고, 정상적인 기능을 가진 대상에 비해 학습 능력의 한계가 뚜렷하다. 과제 분석의 장점은 과제 수행에 필요한 작업을 나열함으로써 대상이 수행할 수 있는 범위가 어디까지인지, 그리고 발달 기능의 문제가 어디에 있는지를 알려 준다는 점이다. 대부분 쉽고 간단하게 느껴지는 과제도 발달 지체, 발달 지연을 가진 내담자에게는 상대적으로 매우 어려울 수 있다. 따라서 점진적인 접근이 필수적이다.

다음의 과제 분석 예시는 학습할 행동들을 동작의 작은 단위들로 세분화한 과정을 보여준다. 이 과정에서 내담자가 세분화된 동작들을 수행하기 위해 충분히 단계화되었는지, 동작 단위들은 특정 구조화 개념을 기준으로 알맞게 배열되어 있는지 확인할 필요가 있다(〈표 9-4〉, 〈표 9-5〉, 〈표 9-6〉).

〈표 9-4〉 과제 분석 예시 1

내용: C 음 톤차임 연주하기

1. 아동이 잘 사용하는 손(dominant hand)을 확인한 후 톤차임을 제시한다.
2. 고무벨이 위를 보도록 톤차임을 잡게 한다.
3. 톤차임을 잡은 손을 원을 그리면서 소리를 내도록 모델링을 제시한다.
4. 모델링에 따라 톤차임을 연주하면서 소리를 탐색하게 한다.
5. 소리를 충분히 탐색하게 한 후, 리듬에 맞추어 규칙적인 소리를 연주하게 한다.
6. 연주 후에는 톤차임을 위로 젖힌 후 어깨에 살짝 닿게 해 소리의 울림을 멈춘다.

<표 9-5> 과제 분석 예시 2

내용: I와 V 화음으로 톤차임 연주하기

 1. 톤차임 C 음에는 빨간색 스티커를 붙이고, G 음에는 파란색 스티커를 붙인다.
 2. 소리를 탐색하고, 음높이의 차이를 인지하게 한다.
 3. 〈나비야〉 가사 위에 스티커가 붙은 큰 악보를 앞에 걸어 준다.
 4. 반주에 맞춰 가사를 보면서 〈나비야〉를 노래한다.
 5. 빨간색 스티커가 붙은 곳에서 톤차임 C 음을 연주하면서 노래한다.
 6. 파란색 스티커가 붙은 곳에서 톤차임 G 음을 연주하면서 노래한다.
 7. C 음과 G 음을 적절한 곳에서 연주하며 노래 전체를 부른다.

<표 9-6> 과제 분석 예시 3

내용: 〈아리랑〉에 맞추어 세마치 장단 연주하기

 1. 악기의 소리를 들어본 후 채로 북을 쳐 본다.
 2. 일정한 박자를 계속적으로 친다. (♩ ♩ ♩)
 3. 박자를 1단계 하위 분할하여 친다. (♫♫♪)
 4. 세마치 장단을 몇 번 들려준다.
 5. 세마치 장단을 오른손으로 오른쪽 무릎에 쳐 본다.
 6. 세마치 장단을 왼손으로 왼쪽 무릎에 쳐 본다.
 7. 오른손과 왼손을 바꾸면서 세마치 장단을 쳐 본다.

3. 세션 전개에 필요한 구조화 기술

세션 구조화(structuring)는 음악치료 세션을 구성하고 이를 성공적으로 이끄는 데 꼭 필요한 개념이다. 아무리 훌륭한 세션도 충분히 구조화되지 못하면 치료사의 의도대로 진행되지 않을뿐더러 예측하지 못한 결과를 초래할 수 있다. 구조화 작업에서는 내담자의 기능을 고려한 후 이에 적합한 언어적 지시, 과제와 활동의 단계, 참여의 깊이 등이 설정되어야 한다. 즉 모든 것이 내담자 중심으로 이루어져야 한다. 치료사는 치료 단계마다 음악을 어떻게 사용하며, 그 과정을 어떻게 진행할 것인지 충분히 고려해 세션을 계획해야 한다. 다음은 세션을 구성하는 과정에서 고려해야 할 다양한 구조화 개념들이다.

A. 발달 수준과 난이도

세션의 효과적인 활동을 위해서는 활동의 복잡성을 최소화하고 내담자의 발달적 수준을 고려하여 난이도를 반영하는 것이 필요하다. 즉 치료사의 지시와 수행 과제를 단계적으로 분석해 나열해야 한다. Hanser(2002)의 반응 분류 체계(Response Hierarchy System)는 여러 영역의 기능적인 발달 과정을 고려해 수행과 과제에 필요한 사항을 구조화하는 체계이다. 예를 들어, 언어 기능을 강화하기 위해 가창 활동을 구성할 때 기존의 언어 발달 단계를 고려하여 모음 발성을 유도한다. 먼저 기본적으로 배워야 할 모음들을 다루고 나서, 그 다음 단계의 모음들을 소개한다.

운동 기능을 고려한 활동에서도 마찬가지이다. 동작 활동에서 규칙적인 보행 이후에 앵금질(skipping)을 배우듯이 행동과 과제를 수행할 때도 기능에 따라 단계적으로 전개해야 한다. 인지적으로는 새로운 노래를 배울 때도 먼저 노래 전체를 들려 주고, 그 다음 단계에서 구절 단위로 나누어 가르치는 것이 효과적이다. 아동들은 청각적 학습 과정에서 전체적인 흐름을 먼저 인지하고 난 후, 부분적인 것들을 습득하는 것에 익숙하기 때문이다. 복잡한 리듬 패턴을 학습하는 활동의 경우 먼저 본인의 신체 일부를 이용하여 리듬을 익힌 다음, 악기로 옮겨가는 것이 더 효과적이다. 청각적인 패턴을 학습하는 것 이외에도 감각운동적으로 리듬을 내면화(internalize)할 수 있기 때문이다. 이처럼 활동 구성에는 발달적 특성에 따른 수준을 고려한다.

음악치료에서 사용되는 리듬 연주 활동의 경우 리듬의 난이도를 고려하여 단계적으로 제시하는 것이 매우 중요하다. 리듬의 난이도는 Rider(1981) 연구에서 시작하여 Duerksen & Chong(2013)까지 꾸준히 연구되어 왔다. 다음의 표는 복잡성과 난이도를 고려하여 단계적으로 나열된 리듬 패턴이다(〈표 9-7〉).

〈표 9-7〉 복잡성과 난이도를 고려한 리듬 패턴 예시

B. 강도와 범위

치료사는 연주 활동에서 수반되는 운동 기능을 고려해야 하며, 이때 산출되어야 하는 소리 강도(intensity)와 이에 필요한 운동적 범위(range of motion)를 고려하여 단계적으로 진행시키는 것이 중요하다. 즉 처음부터 큰 소리를 연주하도록 하기보다는 작은 소리부터 시작해 점차 큰 소리를 내도록 유도한다. 또한 작은 운동 궤적에서부터 시작해서 넓고 큰 범위에서의 운동 궤적으로 넓혀 간

다. 이때 운동 범위의 증가는 소리의 강도와 정비례한다. 즉 소리 정도를 통해 대근육 운동의 범위가 점차 증가하는 것을 확인할 수 있다.

목소리 활동의 경우 토닝과 같이 발성에서 시작하여 가창으로 전개될 수 있다. 이때 개인이 가장 편하게 느끼는 음정에서부터 시작하여 점차적으로 방향성 있는 음역대로 옮겨 가게 하는 것도 좋은 전략이다. 처음부터 너무 크게 요청하기보다는 단계적으로 강도를 높이도록 한다. 특히 목소리의 경우, 매우 개인적인 표현 도구이므로 악기 연주를 지시할 때보다는 더욱 섬세하게 활동 지시가 이루어져야 한다.

C. 동질성

음악치료에서 동질성(Iso-principle)은 음악 요소의 동적/정적 특성을 내담자의 신체 에너지와 정서에 일치시키는 것이다. 각성이나 이완 또는 감정적 반응을 유도할 때는 음악이 가지고 있는 리듬과 멜로디의 특성을 고려해 선곡한다. 이완이나 기분 전환을 위한 활동에서도 내담자의 현재 신체 리듬이나 운동적 수준을 고려해 동작의 속도나 흐름을 구조화해야 한다. 가령 침체된 내담자의 기분 전환을 유도하려고 갑자기 빠른 음악을 감상하게 한다거나 여기에 맞춰 빠른 템포로 연주할 것을 지시한다고 가정해보자. 내담자가 경험하고 있는 에너지 수준이 음악과 일치하지 않는 상황이 발생하게 된다. 기분 전환은 내담자의 기분을 교감해주면서 단계적으로 음악을 사용하여 유도한다.

D. 관련성

음악치료에서 관련성(referential meaning)은 음악 자료와 음악 외적 정보가 연상적 관계를 갖는 것을 의미한다. 음악 외적 특성을 적극 활용하면 내담자의 적절한 반응을 유도하는 데 도움이 된다. 특히 선곡과 활동이 내담자의 선호도를 고려한 것이라면 더욱 성공적이다. 그렇다면 선호곡은 어떻게 결정되는가? 주로 내담자가 특별한 의미를 부여하는 음악, 또는 개인적으로 상징성을 부여한 음악의 경우 선호도가 높을 것이다. 내담자의 관심 주제를 고려한 곡이나 특정 연상을 유도하는 곡 등 음악 외적 의미가 담긴 선곡의 경우 내담자의 반응이 더욱 긍정적일 수 있다.

둘째, 기존에 공유되는 음악의 상징적 기능을 활용하는 것이다. 한 예로, 어버이날을 기념하기 위해 〈어머니 은혜〉라는 곡을 선택한다면 내담자는 그 달이 5월이라는 사실과 5월 8일이 어버이날이라는 사실을 상기할 수 있다. 이외에도 〈결혼 행진곡〉, 〈생일 축하 노래〉 등 음악을 활용하여 그날의 의미를 알림으로써 내담자의 현실 소재 인식을 촉진할 수 있다. 이는 음악의 관련적 요소를 활용해 시간, 장소와 같은 현실적 사실을 인지시키는 것이다.

셋째, 특별한 의미가 없었던 음악을 특정 상황과 목적에 반복적으로 사용할 경우 그 음악의 본래 역할 외에도 하나의 음악적 큐나 시그널로 인식될 수 있다. 〈인사 노래〉와 〈헤어짐의 노래〉를 예로 들자. 처음에는 노래 가사가 세션의 시작과 종료를 알리는 메시지가 된다. 하지만 곡을 반복하여 사용할수록 음악치료 세션의 시작과 끝을 알리는 큐가 될 수 있다. 이후, 그 선율만 듣더라도 세션이 시작되었음을 알 수 있으며, 반복을 통해 그 음악에 특별한 의미와 메시지를 부여함으로써 관련성이 형성된다.

E. 물리적 환경

세션의 목표를 달성하기 위해서는 내담자에 따라 물리적 환경(physical environment)을 재구성하는 것이 필요하다. 특히 주의집중력장애나 과잉행동장애를 지닌 아동의 경우, 물리적 구조화가 절대적으로 필요하다. 먼저, 세션에서 주어지는 다양한 자극들에 대한 전경과 배경(figure-ground)을 구별해야 한다. 가급적이면 아동의 주의를 분산시키는 자극제들을 제거하는 것이 좋다. 아동의 관심을 끌 만한 특별한 물건이나 악기들이 많이 진열되어 있는 환경도 치료에는 방해가 된다. 이때 나타나는 아동들의 문제 행동은 치료사의 신중하지 못한 판단의 결과이다. 따라서 세션 환경이나 활동에 불필요하거나 세션에 방해가 될 만한 음악적 혹은 비음악적 자료들이 있다면 제거할 것을 권한다.

참여도를 높이려 할 때는 대상의 기능에 맞는 시각적 촉진제를 사용한다. 예를 들어, 아동이 특정 위치에 앉아 있어야 하는 경우, 특히 의자가 아닌 바닥에서 작업하는 경우가 있다. 이때 방석으로 자리를 표시해 두면 아동 스스로 본인의 자리, 위치를 인지하고 머무를 수 있다. 방석으로 시각적 구조화를 제시하는 것이다. 물론 치료사의 철학에 따라서는 치료실을 뛰어 다니는 아동을 따라다니며 참여를 유도할 수도 있다. 하지만 대체로는 아동에게 '적절한' 위치를 인식시키고, 이에 대한 음악적 보상을 제공하는 것이 중요하다.

또한 활동에 필요한 공간적 조건을 고려해야 한다. 좁은 공간에서는 동작이 자유롭지 못해 움직임 자체가 위축되거나 음악에 대한 신체적 반응을 지나치게 의식하게 될 수도 있다. 그러므로 운동 기능 강화에 목표를 둔 세션이라면 상체, 하체만을 움직이거나 혹은 전신을 움직일 공간이 필요한지 몸의 움직임을 충분히 고려해 의자와 악기를 배치해야 한다.

음악극이나 합주처럼 여럿이 함께 음악을 만들 때는 치료사의 큐가 잘 보이는 구조로 악기와 의자를 배열하는 것이 좋다. 이러한 물리적 구조화가 적절하게 이루어지면 세션 참여도와 활동의 성공률이 높아진다. 더불어 불필요한 자극들을 최소한으로 통제할 수 있다.

〈표 9-8〉 구조화를 사용한 AP 작성 예시

대상	내담자 P (자폐스펙트럼장애/ 만9세/ 남)
음악치료목표	관계 형성 기술 향상
세션목표	상호 작용의 향상
활동목표	내담자는 치료사가 북면이 있는 탬버린을 제공할 때 제시된 리듬을 총 제시 횟수의 50% 이상 수행할 수 있다.

활동 전개	전략

환경구성
 	
1) 자리 배치: 치료사와 내담자는 미리 바닥에 깔아놓은 카페트 위에 마주 보고 앉는다.
2) 악기 배치
  – 키보드는 치료사의 왼쪽에 설치한다.
  – 탬버린은 악기 상자에 담아 내담자가 보이지 않게 치료사의 옆에 놓아둔다.
  – 악기는 제시 순서에 맞추어 내담자에게 제공한다.
3) 자폐아동의 특성을 고려하여 사용된 리듬악기는 다시 원래 있던 위치에 놓는다.
	▶ 물리적 환경의 재구성

활동내용
 	
1) 치료사는 내담자와 마주 보고 앉는다.
("OO야, 지금이 몇 월이지? 그래, 12월이야. 12월에는 어떤 기념일이 있지? 크리스마스가 있지? 오늘은 크리스마스를 생각하면서 크리스마스 때 많이 부르는 노래를 악기로 연주해볼 거야.")
2) 치료사는 내담자에게 탬버린을 보여주고, 악기의 이름을 소개한다.
3) 치료사는 내담자에게 탬버린 소리를 들려주고, 내담자가 손으로 악기의 북면을 쳐 볼 수 있도록 제시한다.
4) 치료사는 반주악기 없이 4분음표의 길이로 한 박을 연주한 후 오른손으로 내담자에게 악기를 제공하여 교대로 1번씩 연주할 수 있도록 총 8회를 제시한다.
5) 치료사는 〈흰눈 사이로〉의 A파트를 부르며 아래와 같이 내담자가 박을 연주할 수 있도록 탬버린을 제시한다.
 	
흰 눈 사 이 로 - 썰 매 를 타 고
 	
6) 치료사는 내담자의 반응에 따라 반복하여 제시한 후 왼손으로 코드 반주를 제공하며, 음악과 함께 과정(5)를 반복하여 진행한다.
7) 치료사는 내담자에게 제시한 한 박(♩)의 연주를 하위분할하여 8분음표 2개 단위(♪♪)를 연주하도록 제시한다.
	▶ 관련성 고려
	
	▶ 과제 분석
	  – 악기
	  – 음색
	
	  – 연주 시연
	
	  – 음악 구조 내 연주(무반주)
	
	  – 음악 구조 내 연주(반주)
	▶ 난이도 반영

확장 – 소리의 크기를 점점 크게 또는 작게 단계적으로 연주한다. – 빠르기의 정도를 점점 빠르게 또는 느리게 단계적으로 연주한다.	▶ 강도/빠르기의 구조화

4. 비음악적 전략

촉구(prompt)는 내담자가 정확하게 반응하도록 돕는 부가적인 자극을 말한다. 이러한 전략은 목표 행동이 쉽게 발생되도록 돕는다. 다음과 같이 다양한 종류의 촉구를 제시할 수 있다.

A. 시각적 촉구

치료사는 적절한 부분에서 시각적인 신호를 제공해 내담자의 음악적 참여를 유도한다. 합주할 때 차임벨 순서에서 적절히 수신호를 주거나 빠르기나 강도에 대한 신호를 보낸다. 이러한 신호는 내담자가 주의를 집중하고, 적시에 음악적 행동을 하도록 돕는다. 시각적 촉구가 특정 행동뿐 아니라 전체적인 음악 활동을 구조화하는 예도 있다. 치료사의 가창 또는 합주의 지휘는 내담자의 연주 강도와 속도를 조절하는 효율적인 시각적 촉구가 된다.

B. 언어적 촉구

부가적인 설명, 지시, 격려 등 행동을 유도하는 데 필요한 언어 자극을 언어적 촉구라고 한다. 예를 들어, 내담자가 음악적, 음성적으로 참여해야 하는 부분에서 "하나, 둘, 셋"을 말함으로써 '선행적 신호(anticipatory cue)'를 준다. 합주에서 지정된 역할을 맡은 내담자가 독립적으로 연주하지 못하는 경우에는 내담자의 이름을 불러 주의를 집중시키고 과제를 수행하도록 돕는다.

C. 물리적 · 신체적 촉구

신호를 명확히 이해하거나 인지할 수 없는 내담자의 경우에는 보다 쉽고 확실한 신호를 제시해야 한다. 이때는 신체적인 감각을 이용해 신호를 주는 경우가 많다. 내담자의 전반적인 기능이 낮은 경우, 손잡아 도와주기(hand-over-hand)나 보조를 제공해 악기 소리를 내도록 도울 수 있다. 또한 연주 순서가 왔을 때 어깨나 무릎과 같은 특정 신체 부위를 가볍게 쳐서 촉각적 큐를 줄 수 있다. 자일로폰을 연주할 때 내담자가 채를 잡게 하고, 치료사가 내담자의 손을 잡아 적절한 음을 연주하는 방법도 가능하다.

5. 개인 치료와 그룹 치료

개인 치료와 그룹 치료의 형태에서 치료사와 내담자의 관계, 내담자를 위하여 설정된 목표가 공통적으로 중요하다. 개인 치료와 그룹 치료 여부는 내담자의 필요에 따라 달라지는데 확실한 것은 치료가 개인적인 수준에서 제공되었을 때와 그룹 수준에서 제공되었을 때 그 효과와 음악이 제공하는 장점이 다르다. 예를 들어, 그룹 치료에서는 내담자가 의식하는 다른 내담자들이 있기 때문에 개인 치료에서와는 다른 영역이 자극되는 효과가 있다. 가령 그룹 상황에서만 다루어질 수 있는 것은 잠재된 지도력, 성향, 통제력 등이다. 다음은 개인 치료와 그룹 치료가 지닌 치료적 특징과 이에 따른 장점들을 소개한다.

A. 개인 치료

개인 치료에서 치료사와 내담자는 일대일의 관계가 된다. 따라서 보다 더 내담자의 필요에 더 맞는 세션이 구성되고 전개될 수 있다. 곡 선정이나 악기 연주 방법도 철저히 내담자의 기능을 고려해 결정한다. 이러한 일대일 관계에서 내담자는 치료사의 무조건적인 지지와 관심을 확인할 수 있다. 친밀한 음악적 환경과 치료사와의 열린 관계도 경험하게 된다. 개인 치료 환경에서 치료사는 물리적인 조건, 시각적 자료, 그리고 신체적 보조 등 음악 환경의 모든 구조들을 내담자 개인에게 맞춤으로써 세션을 성공적으로 이끌어 가는 데 주력한다.

B. 그룹 치료

그룹 치료의 장점은 음악적 환경 안에서 참여자들의 사회적 기능에 대한 문제를 다룰 수 있다는 점이다. 치료사와의 관계, 음악과의 관계를 경험한다는 점에서는 개인 치료와 같지만 그 밖에 또 하나의 역동적인 관계, 즉 다른 구성원과의 관계를 경험할 수 있다는 점이 추가된다. 따라서 그룹 치료는 사회기술 문제를 가진 대상들에게 매우 효과적이다. 그룹 치료에서는 내담자 상호간에 관계가 형성되어 집단 내에서 역동이 일어난다. 이때 치료사와 내담자 일대일의 관계에서는 표면화되지 않던 문제가 돌출될 수 있으며, 이에 대한 중재가 가능하다(Boxill, 1985). Morgenstern(1982)은 그룹 음악치료의 목적이 음악 환경 내에서 '새로운 사고를 행동에 옮기는 것'이라고 했다. 덧붙여, 음악 환경이 음악적 또는 대인 관계적 상호 교류를 통해 '새로운 행동에 대한 사고'가 아닌, '새롭게 깨우친 생각들을 직접 행동으로 옮길 수 있는' 작은 사회적 구조로 기능하게 된다고 주장한다.

그룹 치료에서는 개인 치료와 같은 일대일의 상황에서 다루어지기 힘든 그룹 안에서의 사회성, 대인 관계에 관련된 문제점들을 집중적으로 중재할 수 있다. 개인 세션에서 나타나지 않던 문제점들이 그룹 세션을 통해서 드러남으로써 내담자에 관한 새로운 시각을 갖게 되기도 한다. 가장 이상적인 방법은 개인 치료와 그룹 치료를 병행하는 것으로, 그룹 치료 세션에서 표출된 장단점을 개인 세션에서 재조명해 깊이 있게 다룰 수 있기 때문이다.

특히 그룹 음악치료에서는 언어적 나눔이 중요하다. 구성원 개개인의 느낌, 사고, 경험을 인지적 차원에서 나누는 것이다. 소극적인 내담자의 경우라도 음악이라는 비언어적 표현 방법을 통해 공개적이고 집단적인 환경 속에서 자신을 표현할 수 있다. 그리고 이를 통해 언어적 표현에서도 자신감을 가질 수 있다. 따라서 언어적 나눔은 치료 과정에서 일어난 개인의 음악 경험을 구체화시키고 일상생활에 실질적으로 적용할 수 있는 방법을 탐색함으로써 외부 세계에서 필요한 통찰력과 대응 전략을 세우게 한다(Thaut, 1990).

C. 그룹 세션 구성

Plach(1980)는 그룹을 이끌어 가는 과정에서 치료사가 고려해야 할 사항들에 주목했다.

첫째, 그룹 세션을 위한 활동은 구성원들의 신체적 한계와 정신적 증상을 충분히 고려해 구성한다. 이러한 정보는 음악 선곡부터 음악을 활용할 범위를 결정하는 가이드라인이 된다. 예를 들어, 조현병이 있는 구성원이 환청을 경험한다면 세션에서는 음악과 심상을 피하고 극히 구조화된 음악을 활용해야 한다. 이처럼, 음악적 활용 범위를 알기 위해서는 구성원들이 겪는 문제점들을 알아야 한다.

둘째, 구성원들의 문화와 연령을 고려해 음악을 선곡한다. 음악은 극히 개인적인, 동시에 문화와 밀접한 관계가 있다. 따라서 내담자가 어떤 음악적 선호와 배경을 가졌는지가 중요하다. 특히 기능에 어려움을 겪는 대상들은 단기 보상 심리가 강한 편이기 때문에 음악이 낯설거나 자신의 기호에 맞지 않으면 음악을 거부할 수 있다. 따라서 선곡은 내담자 중심으로 신중하게 결정되어야 한다.

셋째, 음악적 개입이 어느 정도의 구조를 가지고 제공되야 하는지 고려한다. 이 질문은 구성원들의 기능과 깊은 연관이 있다. 예를 들어, 목표 지향적인 과제 중심, 그리고 음악 작업을 중심으로 구성하기 위해서는 높은 구조화가 필요하다. 반대로 경험 중심의 접근이라면 구조화 수준을 낮춤으로써 구성원의 음악적 방향을 허용하고 수용한다.

넷째, 그룹 음악치료에서는 활동의 형태 역시 매우 중요하다. 구성원들을 모두 참여하게 하는 것은 물론, 개개인의 참여를 강화하면서 세션의 치료 목표를 성취한다. 이 과정에서 모두가 참여할 수 있는 즉흥 연주 혹은 음악극을 할 것인지 아니면 개인의 음악을 소개하는 방법을 택할 것인지 등의 활동 형태를 결정한다. 누가 관찰자가 되고 누가 청취자가 될 것인가, 또는 누가 리더가 되고 누가 연주자가 될 것인지 등 구성원들의 필요와 역할을 탐색해 결정한다. 더 나아가 활동이 전개되는 것을 감안해 음악의 방향을 어디로 끌고 갈 것인지 순발력 있게 결정해야 한다. 즉흥 연주를 예로 들어보자. 언제, 어떻게 고조를 가져갈 것인가, 아니면 다시 안정을 복원할 것인가? 타인을 보조하게 할 것인가, 아니면 개인적 표현을 강화시켜 줄 것인가? 등 그룹 전체가 필요로 하는 것, 혹은 그룹의 구성원이 필요로 하는 것에 따라 음악적 방향을 설정한다.

다섯째, 행동과 감정을 포함한 그룹 구성원들의 모든 반응을 반영하고 수용해 준다. 그룹 세션에서는 예측 불가능한 상황이 빈번하게 일어난다. 치료사가 의도한 것과는 다른 방향으로 세션이 진행되기도 한다. 그날의 세션 상황은 내담자의 기분이나 그룹 구성에 따라서도 달라진다. 이때 최대한 유연성 있는 자세로 모두의 반응을 인성하고 받아들이는 치료사의 태도가 중요하다. 치료사의 의도를 고집하기보다는 구성원들의 필요를 중심으로 세션을 이끈다. 내담자가 어떤 반응을 보이든지 치료사는 자신의 역량 안에서 그룹이 필요로 하는 모든 것에 동조하고 지지한다.

여섯째, 적절한 수준의 의사소통을 지속적으로 유도한다. 내담자가 의미 있는 행동이나 언어적 반응을 보일 때마다 치료사는 즉각적인 강화를 제시해야 한다. 이때 치료사의 관찰력과 통찰력이 필요하다. 내담자의 행동을 주의깊게 확인할 뿐 아니라, 그 반응을 이해하고 분석할 수 있어야 한다. 강화는 즉각적이고 구체적이어야 한다. 예를 들어, "좋았어요", "잘 했어요" 보다는 "오늘 ○○씨의 목소리가 어느 때보다 크고 힘차게 들리네요" 또는 "오늘 ○○씨 심벌 연주가 정확히 강박에 연주되어서 음악을 듣고 있을 때 에너지가 자극되는 느낌을 받았어요" 등과 같이 구체적인 강화를 제시한다. 그러나 무엇이 '좋다', '나쁘다' 혹은 '맞다', '틀리다'와 같은 언어적 반응보다 중요한 것은 음악과 행동에 대한 반영(validation)을 제공하는 일이다.

일곱째, 이전 세션에서 내담자들이 보였던 참여도와 반응을 기억하여 변화와 차이를 언급한다. 예를 들어, "○○씨가 지난 주에 선곡하신 곡들은 주로 방황에 대한 것들이었는데, 오늘은 긍정적인 메시지가 들어간 곡들을 선곡하셨네요"라고 이야기하는 등 내담자의 변화를 규명해준다.

마지막으로 가장 중요한 점은 세션에서 접한 새로운 깨달음이나 통찰을 음악 외적 상황으로 전이하도록 돕는 것이다. 예를 들어, "○○씨가 오늘 긴장 이완 활동에서 팬플루트 곡에 이완이 되셨다고 했는데, 혹시 다음에 긴장이 되거나 불면증을 경험할 때 그 곡을 들으면서 스스로 이완해보시겠어요?" 또는 "○○씨가 오늘 즉흥 연주에서 본인의 의도와는 무관하게 큰 소리로 연주하고싶은 충동을 느꼈는데, 혹시 일상에서도 본인의 의사와는 다르게 행동하게 되는 부분이 있는지 한번 생각해보시겠어요?" 등이다. 음악 세션에서 나타난 음악 행동을 현실과 연관지어 내담자가 음악적 기분과 사회적 기분의 연계성을 경험하도록 돕는 것이다.

6. 치료 윤리와 대처 전략

음악치료는 신체적 혹은 정신적으로 어려움을 가지고 있는 내담자를 대상으로 하기에 치료 세션에서는 다양한 윤리적 갈등 상황이 발생한다. 이러한 내담자를 긍정적인 방향으로 안내하기 위해서는 치료사가 음악치료 윤리를 이해하고 그 개념을 명확히 숙지할 필요가 있다. 윤리는 치료 효과에도 매우 중요한 개념이며, 올바른 윤리 의식은 치료사 및 내담자 모두를 보호해준다. 윤리적 개념이 없으면 두 사람 모두 치명적인 타격을 입을 수 있다. 또한 이러한 치료 윤리를 이해하려면 치료사 자신이 내담자와 관계 맺는 과정에 대한 통찰이 있어야 하며 수퍼비전을 통해 윤리적 갈등에 대한 올바른 문제해결력과 대처 전략을 배울 수 있다.

A. 치료 윤리

음악치료 세션에서 필요한 치료 윤리는 크게 비밀 보장, 자기 노출, 이중 관계, 경계 형성의 문제로 나누어 살펴볼 수 있다.

첫째, 내담자 정보의 공유와 관련된 비밀 보장 문제이다. 기본적으로 모든 세션에서 다루어졌던 내용에 대해서 비밀 보장을 준수해야 한다. 그러나 세 가지 상황에서는 세션 외 관련자에게 자문을 구할 수 있다. 위법 및 불법 행위 등의 법적인 문제, 자살을 계획하고 있을 때, 누구로부터 학대받고 있는 경우이며, 이러한 사항과 관련하여서는 보호자 또는 기관 관계자와 그 내용에 대해 공유하는 것이 허용된다.

둘째, 필요 이상의 치료사 개인 정보는 내담자에게 또는 세션 내에서 노출하지 않는다. 흔히 치료에서 치료사-내담자 간의 신뢰와 지지가 중요한 이슈이기 때문에 혼란이 있을 수 있으나 라포 형성과 공감은 개인적 노출을 해야만 형성되는 것이 아님을 기억할 필요가 있다. 그러므로 공감을 위해 나누는 정보와 이를 넘어선 개인적 나눔의 경계선을 인식하는 것이 중요하다. 그렇다면 어디까지 개인 노출이 필요할까? 세션 목표에 부합하거나 진행을 촉진시켜 줄 수 있을 때 이와 관련된 나눔은 타당할 수 있다. 예를 들어, 고향에 대한 노래를 다룰 때 내담자에게 질문하면서 치료사도 자신의 고향이 어디임을 언급할 수 있다. 이러한 내용은 개인 정보가 아닌 세션에서 다루어질 공통 주제이기 때문이다.

이외에도 나누는 내용이 충분히 보편성을 지니고 있다면 치료의 전개를 해치지 않는 범위 내에서 가능하다. 예를 들어, 감정을 반영한 음악을 들을 때 분노나 슬픔이 주제라면 치료사 역시 이러한 분노 또는 슬픔을 경험한 적이 있는지 이야기할 수 있다. 하지만 그 이상 감정 경험에 대한 구체적인 이야기를 나누는 것은 문제가 있을 수 있다. 치료사가 자신의 감정적 에피소드에 대해서 논하게 되면 치료 내에서 내담자와의 관계적 역동의 균형을 상실하게 되고, 더 나아가 이러한 자기 노출은 치료 전개에 부정적인 영향을 미칠 수 있기 때문이다. 그러므로 치료사는 세션이 내담자를 위한 시간임을 염두에 두어 내담자를 위한 공감과 반영을 충분히 제공하되 자신의 이야기가 중심이 되지 않도록 유의한다.

셋째, 이중 관계의 문제이다. 내담자와 전문적 관계(professional relationship)를 유지하기 위해 여러 가지 사항이 고려되어야 한다. 치료사-내담자 관계를 제외한 그 어떤 개인적인 관계를 형성하거나 사적인 만남을 갖지 않는 것이 중요하다. 또한 치료를 목적으로 하는 세션 외에 필요 이상의 도움을 주고받거나 치료 외 다른 공통의 목적을 추구하지 않는다. 예를 들어, 내담자가 개인적인 연락처를 물어보거나 식사 초대를 할 경우 강경하게 거절하는 것이 필요하다. 부득이하게 세션과 관련해서 연락이 필요할 경우, 기관의 담당자를 통해 공식적으로 소통하도록 권유해야 한다.

이러한 전문적 관계 유지 및 관리를 위한 전략의 하나로 적절한 비용이 책정된 세션을 제공하는 것이 필요하다. 세션비 책정은 치료사에게는 전문가 의식을, 내담자에게는 자신의 변화를 도모해야 할 책임 의식을 갖게 해주어 치료사-내담자의 관계 유지 및 관계에 도움이 될 수 있다.

마지막으로 경계 형성과 관련된 문제이다. 치료 윤리에서 경계선에 대한 인식은 무엇보다 어렵지만 매우 중요한 부분으로, 치료사 개인이 아닌 전문가로서의 관계임을 기억하고 명확히 경계를 지어야 한다. 경계 형성은 앞에서 이야기한 이중 관계, 자기 노출과 연계될 수 있는 기본적인 윤리 의식이다. 예를 들어, 내담자가 치료사에게 특별한 도움을 주고자 할 때 이는 치료사-내담자 관계의 경계선을 침범하는 상황으로 발전될 수 있으므로 유의한다. 세션을 준비하는 과정에서 특정 내담자가 기기 연결을 하거나, 세션 후 특정 내담자가 악기를 차에까지 운반해주는 등 내담자에게 지정된 역할을 부여하는 것은 경계선 문제를 야기한다. 흔히 세션 전에 내담자가 치료사에게 음식이나 음료 등을 권하는 경우가 있는데 '같이 먹는 행위' 역시 기본적인 욕구와 관련이 있으므로 치료사는 적절하게 내담자의 기분을 해치지 않는 선에서 거절할 수 있어야 한다.

B. 대처 전략

세션에서 발생할 수 있는 다양한 갈등 상황이 있으며 이러한 갈등 상황을 지혜롭게 대처하지 못하면 세션 진행의 비효율성, 치료사-내담자 관계의 갈등, 그리고 윤리적 문제로까지 이어질 수 있다. 효과적인 세션을 위해서는 여러 가지 측면에서의 대처 전략이 필요하다. 몇 가지 대표적인 갈등 상황에 대해서 다음과 같은 전략을 고려해볼 수 있다.

첫째, 세션 시간을 준수하지 않거나 이탈 행동이 잦은 내담자들이 있을 수 있다. 이때 치료사는 세션을 주도하는 입장에서 주어진 세션 시간만큼은 치료사가 자신감 있게 세션을 이끌어야 함을 기억해야 한다. 다시 말해, 내담자의 행동에 반응하는 것(reactive)이 아니라 치료사가 이에 대해 미리 대안을 제시하는 것(proactive)이다. 이러한 경우 음악치료 프로그램 초기에 세션에 대한 합의된 규칙을 정하는 것도 도움이 된다. 예를 들어, 세션 시작 전에 화장실을 다녀올 것을 요청하거나 세션 중 가능한 것은 무엇인지를 미리 공지하여 세션에 대한 존중과 이해에 대한 각자의 역할 숙지, 세션 내 불필요한 행동을 통제할 수 있도록 한다.

둘째, 특정 내담자에 따라 치료사와 공간적으로 가깝게 있고자 하는 경우가 있을 수 있다. 대표적인 예로 세션 중 바로 옆에 밀착되어 앉고자 하거나 귓속말을 하고자 하는 등 부적절하게 가까워지고자 하는 경우이다. 이러한 경우 치료사는 물리적인 개인 공간(personal space)을 두어 최소한의 거리를 유지하는 전략이 필요하다. 여기서 물리적인 개인 공간이란 두 팔을 뻗었을 때 얻을 수 있는 최소 공간을 의미한다. 이 공간이 유지되지 않았을 때의 문제점은 다른 여러 가지 이차적인 문제로 확장될 수 있으므로 공간에 대한 확보가 필수적이다. 이외에도 귓속말 또는 매우 가깝게 이야기를 시도하는 내담자가 있는 경우, 세션을 마치고 이야기할 수 있도록 또는 잠시 그룹에서 밖으로 이동하여 이야기하도록 유도하는 등의 대안이 있을 수 있다.

셋째, 부적절한 개인적 질문 또는 예상 외 질문으로 인해 치료사가 당황하거나 곤란한 경우가 발생할 수 있다. 이때는 치료사가 당황하지 않고 질문이 활동 과제와 관련이 있는지를 반문하여 치료사의 역할을 상기시키는 것이 중요하다. 모든 질문에 답하려 하지 말고 질문의 적절성, 그리고 이에 대한 답변이 어디까지일 때 가장 '치료적'인지를 판단하여 답변한다. 모든 질문에 대해서 답변해야 할지의 선택권은 자신에게 있음을 기억해야 한다.

넷째, 부적절한 신체 접촉 혹은 폭력으로 인해 곤란하거나 어려움이 있는 경우가 있다. 부적절한 또는 폭력적인 행동의 경우 무엇보다 그 문제 행동이 어디서 오는 것인지, 그 목적이 무엇인지 분별하도록 한다. 즉 내담자의 사고 또는 인지적인 문제인지 아니면 치료사의 수용 한계를 시험(testing limit)해보기 위한 행위인지 판단할 수 있어야 한다. 이 부분을 판단할 수 있어야 감정적으로 반응하거나 당황하지 않고 이성적으로 그 행동에 대한 적절한 대처를 할 수 있기 때문이다. 먼저 그 행동이 부적절함을 내담자에게 인식시키고, 반복될 경우 세션에서 제외될 수 있다는 조건을 명료하게 제시해야 한다. 그럼에도 불구하고 문제가 지속될 경우 기관 담당자의 배석을 요청할 수 있다. 치료사가 내담자와 물리적인 공간을 유지할 경우 이러한 문제는 어느 정도 예방되는 문제이므로 앞에서 언급한 개인적인 공간을 반드시 유지하도록 해야 한다.

다섯째, 부적절한 신체 행위를 하는 경우가 있다. 지적장애 청소년을 대상으로 할 때 주로 이러한 문제가 발생할 수 있으며, 충동적인 행위인지 아니면 충분히 인지함에도 보이는 행동인지를 판단할 필요가 있다. 이러한 경우, 두 손을 사용할 수밖에 없는 타악기 연주와 같은 상충 과제(incompatible behavior)를 제시하여 음악 활동으로 관심을 분산시키는 대안이 가능하다. 또한 연속적으로 행동이 발생될 경우에는 이 행동의 문제를 직접적으로 알려주거나 배석한 기관 담당자에게 개입을 요청하는 등 적극적인 중재를 시도할 수 있다.

이외에도 내담자 혹은 내담자의 보호자가 선물을 주거나 필요 이상의 인사치레를 하는 경우가 있다. 이러한 경우 선물의 내용과 의미에 따라 치료사가 현명하게 결정하도록 한다. 예를 들어, 학교 세팅에서 한 학기를 마치고 내담자가 그동안의 세션에 대해서 감사의 뜻으로 CD를 선물하고자 한다면 크게 문제가 될 수 없을 것이다. 하지만 선물의 의미와 목적이 불분명하고 내용 또한 음악치료와 관련이 없는 것이라면 고민해볼 필요가 있다. 선물을 거절할 때 치료사는 명료하게 왜 거절해야 하는지에 대해서도 알려줄 필요가 있다. 그렇지 않으면 내담자는 개인적으로 받아들여 자신이 거부되었다는 생각과 상처를 받을 수 있기 때문이다.

이처럼 음악치료에서 치료사-내담자 관계가 매우 큰 비중을 차지하기에 이러한 관계 형성 및 유지에 관한 다양한 역동과 갈등은 섬세하게 다루어져야 한다. 앞에서 언급했듯이 명료한 윤리 의식은 치료사와 내담자 모두를 보호하는 것이며, 궁극적으로는 치료 효과를 가져 올 수 있기에 반드시 숙지해야 하는 개념이다. 또한 치료 전략 역시 세션의 질을 위해서 중요한 부분을 차지하므로 현장에서 지속적으로 연구하면서 축적해야 하는 역량이라고 볼 수 있다.

제10장

음악치료 평가와 연구 설계

　음악치료 평가는 크게 두 가지로 나눌 수 있다. 한 가지는 개별 세션에 대한 평가이며, 또 한 가지는 음악적 중재 전후에 나타난 변화를 살펴보는 평가이다. 이 장에서는 음악치료 과정에서 음악이 치료적 중재로서 어떤 변화를 유도하는지 살펴본다. 그리고 설정된 목표를 얼마만큼 성취하고 있는지에 대한 음악치료 평가 방법을 다룬다. 연구 설계 및 방법으로 단일 대상 연구와 실험 연구를 포함하여 음악치료의 효과를 입증하는 데 적합한 연구 방법과 양적 · 질적 연구의 특성 및 장 · 단점에 대해 고찰한다. 마지막으로 전문가로서 숙지해야 할 연구 윤리 의식을 설명한다.

1. 음악치료 세션 기록 및 평가

A. 개인 세션 기록 및 평가

세션 평가는 양적인 부분과 질적인 부분을 모두 기술한다. 음악치료의 특성상 세션에서 나타난 변화들이 모두 양적으로 측정될 수는 없기 때문에 질적인 변화를 함께 고려해야 한다. 초기에 설정했던 세션 목표가 어느 정도 성취되었는지, 또는 목표가 매 세션마다 어떻게 조정되었는지도 고려해 작성한다.

치료사가 평가지를 작성하기 때문에 각 치료사의 음악치료 철학과 치료 대상에 접근하는 방법에 따라 평가 항목이 달라질 수 있다. 치료 과정에서 보고자 하는 것에 치료사마다 개인차가 있기 때문이다. 일반적으로는 양적 변화를 확인하는 평가지와 질적인 변화를 확인하는 평가지를 선택적으로 사용한다.

1) 관찰지

음악치료 세션 관찰지는 진단 과정에서 가장 많이 사용되는 서식으로 내담자의 반응을 정리하고 정보를 구조화하는 데 효율적이다. 관찰지는 내담자의 행동을 발달 영역별로 나누어서 기록하게 되어 있어서 초기 행동을 분석하고 분류하는 훈련에 도움이 된다(〈표 10-1〉).

〈표 10-1〉 관찰지 작성 예시

관찰지

- 치료 대상군 : 노인
- 내담자명 : L
- 성별/나이 : 남/80대
- 주진단명 : 경증 치매

- 관찰 일시 : ○○○○년 ○월 ○일
- 세션 시간/형식 : 50분/그룹(13명)
- 보고서 작성일 : ○○○○년 ○월 ○일
- 작성자 : SMT

주 내담자는 서울 소재의 치매케어센터에 거주 중인 80대 남성 경증 치매 노인으로, 15명 내외의 그룹과 함께 생활하고 있다. 내담자는 공격적인 성향이 강하며, 평상시 그룹원들과 자주 갈등을 겪는다. 다른 프로그램에서는 참여를 거부하거나 부정적인 태도를 보이지만, 음악치료 시간에는 가창이나 악기 연주에 적극적으로 참여하는 모습을 보인다. 경증 치매로 경미한 수준의 인지 기능 손상을 보이며 일상생활을 수행하고 의사소통을 하는 데 큰 어려움이 없다.

〈세션에서 관찰된 행동의 영역별 기록〉

운동 영역
가. 내담자 L은 보행을 할 때 상체를 앞으로 기울이며 좁은 보폭으로 느리게 걸었다.
나. 에그쉐이커를 오른손과 왼손으로 연주하기를 요청했을 때 왼손의 악기 강도가 오른손에 비해 현저하게 낮은 차이를 보였다.

인지 영역
가. 내담자 L은 자신의 차례에서 핸드벨을 정확하게 연주했다.
나. SMT가 지난 주 세션에서 불렀던 곡의 이름을 묻자 "안 불렀다"라고 말했고 수행한 활동을 기억하지 못했다.

언어/의사소통 영역
가. 개사 활동에서 자신이 출생한 장소의 이름을 넣어 부르는 부분에서 장소를 명료하게 이야기 했다.
나. 〈아리랑〉을 노래할 때 한마디 이상 호흡 유지에 어려움을 보였다.

사회/정서 영역
가. 내담자 L은 옆 사람의 이름을 노래에 넣어서 부르기를 시시했으나 계속 자신의 이름을 넣어 불렀다.
나. 연주 활동에서 지시를 제공하는 동안 치료사와 눈맞춤을 거의 하지 않으며 악기만 주시하면서 연주했다.

2) SOAP 노트

SOAP 노트는 각 세션에 대한 평가지로, 개인 세션에서 활용한다. 설정된 목표에 관한 자료를 기술하는 부분과 질적인 정보, 그리고 내담자의 새로운 행동이나 반응 등을 기록하는 부분으로 나뉜다. 이러한 내용들을 참고해 다음 세션을 구성할 수 있도록 정보를 제공한다. SOAP 노트는 세션에서 제공된 개별 음악 활동별로 작성한다(〈표 10-2〉).

① 주관적 정보(Subjective Note; S)

주관적 정보는 세션에서 나타난 내담자의 비언어적, 신체적, 언어적 행동에 관한 서술이다. 모든 행동을 객관화할 필요는 없지만 세션 내에서 관찰된 사항들을 충분히 기록해야 한다. 예를 들어, 내담자의 실제 행동을 자세히 묘사하고 내담자가 한 말은 인용해 기록한다. 주관적 정보에서는 특별히 세션 목표와 관계가 없는 행동이라도 치료사 입장에서 중요하다고 생각되는 행동들을 명시할 수 있다.

② 객관적 정보(Objective Note; O)

객관적 정보에는 세션 목표와 관계된 행동을 주로 기록한다. 이 부분은 실제 세션에서 나타난 행동들이 설정된 목표에 다다르고 있는지, 아니면 목표와 전혀 관계없는 행동인지에 대한 정보를 제공해준다. 따라서 내용은 객관적이며 정량화된 행동이어야 하며, 이 자료는 설정된 목표의 적합성을 암시해주는 중요한 정보로 활용된다.

③ 진단적 정보(Assessment; A)

이 부분에서는 실제 내담자가 세션에서 보여준 반응과 행동 중에서 진단이나 평가에 도움이 될 만한 내용을 서술한다. 물론 음악치료를 시작하기 전에도 진단 과정을 거치지만, 그때 모든 영역에 대한 기능을 정확히 판단하기란 어렵다. 그러므로 본 세션에서 관찰된 내담자의 발달, 기능, 그리고 기술 등에 대한 치료사의 의견과 함께 진단적 측면을 기록하는 것이 중요하다. 여기서 주관적, 객관적 정보에서 기록된 부분들을 참고하고, 이에 대한 종합적인 견해를 제시할 수 있다.

④ 세션 구성에 관한 정보(Planning; P)

해당 세션에서 보인 내담자의 반응과 행동, 그리고 기술을 기준으로 다음 세션을 계획하는 데 필요한 정보도 기록한다. 이 부분에서는 치료 목표와 치료기법 두 가지를 서술해야 한다. 치료 목표에 대해 기록할 때는 어떤 조정이 필요한지, 그 이유가 무엇인지를 설명한다. 기법에 대해서는 다음 세션에서 어떤 접

〈표 10-2〉 SOAP 노트 작성 예시

SOAP NOTE
내담자: _____ 작성자: _____ 세션 회기/총 회기: _____ 작성 일자: _____

Subjective	Objective	Assessment	Plans
RAS 활동: 내담자 K는 RAS 활동을 하는 동안 계속, "저 잘 못해요"라고 하며 눈맞춤을 피했다. 세션 시작부터 우울한 표정을 지었지만, 마지막 곡이 나오자 보행하는 동안 미소와 간헐적인 눈맞춤을 유지했다.	내담자 K는 3-point로 걷기 훈련 과정에서 지팡이에서 오른발로 무게를 이동하는 시간이 감소했으며, 케이던스(cadence)가 5% 증가했을 때 가장 정확히 수행할 수 있었다.	내담자 K는 보행 훈련에서 케이던스가 10% 증가된 음악을 제공했을 때, 보폭의 거리와 균형은 유지되었으나 속도가 감소했는데, 이는 보행 훈련과 함께 적절한 하체 운동 기능 강화의 필요성을 암시한다.	Treatment Objective: 다음 세션에서는 보행 속도를 기존의 계획(케이던스 = 5%)보다 빠르게 제시하여 보행을 유도한다. 관찰된 바에 의하면 지금까지 3개월 동안의 RAS 훈련으로 인해 리듬에 동화된 움직임이 강화되었으므로, 다음 세션은 템포를 조절하는 데 있어 중요한 시점이라고 판단할 수 있다. Technique: 곡을 달리하여 음악의 다이내믹을 적용할 수 있는 곡들로 구성한다. 템포가 빨라짐으로 인해 곡의 악센트가 더욱 강조되어야 함으로 미디 작업에서 이 부분을 유념하도록 한다.

근이 이루어져야 하는지와 그 이유를 제시한다.

B. 그룹 세션 평가

집단 세션의 내담자들이 어느 정도 공통적인 치료 목표를 가지고 있다면 그룹 역동성 내의 변화를 유도하는 음악 활동을 제공할 수 있다. 이러한 집단 치료에서는 다양한 부분들을 평가할 수 있는데, 앞에서 명시한 것처럼 행동의 양적인 변화와 상호 작용, 반응에 대한 질적인 현상들을 기술할 수 있다.

집단 치료 세션에서 목표를 설정할 때는 그룹 구성원들의 기능을 고려해 특정 행동의 기준을 세우고 이에 대한 각 내담자의 반응을 기록한다(〈표 10-3〉).

〈표 10-3〉 그룹 음악치료 반응 기록지 예시

그룹 음악치료 반응 기록지

내담자: _____ 　　　　 작성자: _____
세션 회기/총 회기: _____ 　 작성 일자: _____

활동 목표: 청각 지각 및 사고 기능 강화
논거: 현실 감각 증진을 위해 외부 자극으로서의 음악을 인지하고 지시된 작업을 수행하게 함.
　　　음악의 음향을 이용하여 묘사한 것을 인식하게 함.

이름	활동에 따른 목표 행동			비고
	리듬 모방	선율 모방	가사 기억	
내담자 A	3/4(마디)	2/3(마디)	4절	음의 시간적 배열을 기억함 첫 번째 세션에서 다룬 음악의 선율을 기억함
내담자 B	2/4(마디)	1/3(마디)	2절	음의 시간적, 공간적 배열 모두를 지각하는 데 어려움이 있음
내담자 C	2/4(마디)	1/3(마디)	1절	소리에 대한 인지 및 단기 기억에 어려움이 있음. 음향적 정보에 대한 적절한 사고가 이루어지지 않음(피콜로의 새소리에 적절한 답변을 하지 못함)
내담자 D	1/4(마디)	3/3(마디)	2절	음의 고저와 화성을 구별함

2. 음악치료 평가: 양적 방법과 질적 방법

음악이 지닌 연구 도구로서의 독특한 특성으로 인해 사례 연구와 같은 질적 접근을 주장하는 연구자들이 있는가 하면, 아직도 음악이 치료적인 도구로 인정을 받으려면 보다 더 객관화된 접근이 필요하다는 이유로 양적 연구를 주장하는 연구자도 있다. 음악치료가 처음 학문화된 1940년대 중반부터 1980년대 초반까지는 많은 연구들이 양적 접근을 기본으로 했으나, 이후 자연주의적 (naturalistic) 철학에 대한 인식 강화와 함께 질적 연구에 대한 관심이 증가하고 있는 추세이다(정현주 외, 2004b).

즉 음악치료 평가는 치료사의 철학, 보고자 하는 내용, 가장 적합한 연구 방법, 그리고 데이터 수집 방법 및 유형에 따라 양적 방법과 질적 방법으로 나뉜다. 용어가 말해주는 것처럼 이 두 방법에는 주요한 차이가 있다. 양적 방법이 정량화할 수 있는 자료를 다루는 것이라면, 질적 방법은 정량화될 수 없는 내용적인 자료를 다룬다. 인간 행동을 보는 시각과 해석은 각기 다른 철학적 논점을 근거로 한다. 따라서 둘 중 어떤 방법을 선택하는지는 치료사의 개인적인 치료 철학과도 밀접한 관계가 있다.

양적 방법을 사용할 경우, 치료사는 진단 평가를 시작하기 전에 미리 목표를 설정하고 목표 영역에 대한 정의를 내린다. 그 다음 목표 영역과 연관된 몇 가지 행동적 변인을 규명하고 이에 대한 조작적 정의를 제공한다. 반면, 질적 방법의 경우에는 연구를 진행하면서 목표 및 목표 영역이 자연스럽게 부각되도록 지켜보며, 이에 따라 정의를 내리고 그 영역도 규명한다. 행동을 규명하는 자료는 정량화하는 대신 서술적으로 기록하는데 목표 행동과 관계된 환경적인 자극, 혹은 대상자 내면의 문제 등을 분석하는 작업을 중심으로 전개한다.

특별히 양적 연구에서 데이터를 수집할 때에 선행 연구를 통해 효과적이라고 입증된 표준화된 수집 방법을 선택하도록 한다. 양적 방법을 선택하는 치료사는 내담자에 대해 객관적인 입장을 취해야 한다. 데이터에 영향을 미칠 수 있는 개인적인 시각 또는 내담자와 교류하는 과정에서 일어나는 주관적 요인 등을 최소한으로 감소시키고 통제하도록 한다. 수집된 자료는 여러 변인 간의 인과 관계 또는 예측 가능성을 알려 주고, 이후 동일한 결과가 일어날 확률을 제공해 준다. 양적 연구의 목적이 가능한 한 객관적이고 과학적인 결과를 도출하는 데 있기 때문에 수량화하여 통계적으로 분석된다.

반면, 질적 접근에서는 치료사가 수집된 자료를 참고하여 내담자의 개별적인 필요에 맞는 음악 접근 방식을 계속 고안하고 수정한다. 질적 방법은 연구 과정에서 치료사의 주관이 불가피할 뿐 아니라 필연적이라고 간주한다. 따라서 치료사는 개인적 변인을 통제하지 않는다. 오히려 계속 발전하고 변하는 치료사와 내담자의 관계를 토대로 내담자를 이해하기 위한 새로운 시각과 접근을 시도하는 것이 중요하다. 이때 내담자와 치료사의 교류 양상이나 그 결과는 상호적이므로 연구 결과를 예측하기란 어렵다. 그렇기 때문에 가설을 미리 설정하기보다 세션의 전개와 이슈화되는 주제에 연구 초점을 맞춰야 한다. 질적 연구 결과는 미리 계획된 연구 문제에 대한 답이 아니라, 자연적인 상황에서 나타나는 현상과 이슈를 기록하고 분석하는 과정에서 도출된다.

A. 양적 연구의 장단점

음악치료 임상 연구는 크게 질적 연구와 양적 연구로 나누어 실행할 수 있다. 앞에서 이야기한 것처럼 양적 연구에서는 다양한 방법의 연구가 가능하다. 반면, 질적 연구는 상대적으로 다양성이 적은 편이다. 다양한 양적 연구 방법 중에서도 실험 연구는 임상 환경에서 자주 접하게 되는 방법이다. 특히 음악치료에서는 단일 대상 연구가 가장 익숙한 연구 방법이다. 양적 연구에서 단일 대상 연구를 통해 대상자에 관한 자료를 수량화함으로써 음악의 효과를 객관적으로 평가할 수 있다. 예를 들어보자. 지시에 반응하는 시간을 기록하면 주의력을 측정할 수 있다. 음색의 정확도나 리듬을 통해서는 음악적 기술을 평가할 수 있다. 곡에 대한 가사를 어느 정도 알고 있는지는 기억력을 보여준다. 이렇게 정량화한 자료를 다른 자료들과 비교해 결과를 제시하게 되면 유사한 조건에서 나타날 결과를 예측하는 데에도 도움이 된다.

정량화는 우리가 외부 세계를 인식하는 과정에서 정보를 조직화하고 이해하는 기본적인 방법 중 하나이다. 그리고 양적 연구가 적절하기만 하다면 음악치료 접근에 관한 우리의 다양한 궁금증들은 일정 부분 해소될 수 있다.

음악치료 연구들은 음악치료사에게만 중요한 것이 아니다. 음악치료 연구 결과는 관련 분야에 종사하는 다른 전문가들에 의해서도 읽히고 해석된다. 양적 연구를 통해 밝혀진 음악치료 연구 문제나 양적 연구에 관한 지식들은 다학문적 차원에서 심리학, 약학 또는 사회학과 같은 분야의 전문가들과 공유된다. 음악치료에 대한 궁금증은 결국 인간 행동에 대한 지식과 연관되기 때문이다.

한편, 양적 연구의 한계도 간과할 수 없다. 지적한 것처럼, 기본 변수들이 명확히 규명되지 않았거나 변수에 대한 영향들이 가설로만 알려져 있는 경우에는 양적 연구보다 다른 방법으로 접근하는 게 바람직하다. 그리고 다양한 방식으로 접근하기 위해서는 치료 과정에 대한 전체적인(holistic) 이해가 필요하다. 양적 연구이든 아니든 음악이 인간에게 미치는 효과를 완전히 이해하는 데에는 정확성과 객관성 확립이 필수적이다. 따라서 한번에 하나 내지는 두 가지 연구 문제만을 다룰 것을 권유한다. 많은 연구 문제를 동시에 다루다 보면 답변 하나하나가 불투명해질 수 있기 때문이다. 특히 감정적 반응이나 심리정서적 문제를 다루는 경우 양적 연구를 사용하게 되면 연구자료를 정량화하는 과정에서 자료가 지나치게 단순화될 우려가 있다.

B. 내용 분석

질적 연구의 가장 기본은 연구 자료의 유형이 '질적'이라는 점이다. 음악치료에서 사용되는 질적 자료 수집과 분석 방법 중 가장 실증적 접근에 가까운 방법으로는 내용 분석(content analysis)을 들 수 있다. 내용 분석은 yes/no로 답변될 수 없는 연구 문제들을 위한 자료 분석 방법이다. 즉, '무엇이', '어떻게'를 먼저 살펴본 후 '얼마만큼'을 도출할 수 있는 분석 방법이라고 할 수 있다. 연구자에 따라 정성적 자료를 수집해서 분석하는 것이기에 질적 연구 방법으로 분류하는 연구자도 있고, 궁극적으로는 결과가 정량화되기 때문에 양적 연구로 분류하는 연구자도 있다.

질적 연구에서 내용 분석은 수집된 질적 자료를 분석하여 결론을 이끌어 내는 방법이다. 어떤 현상이나 실태, 혹은 성향에 대한 추론 등 연구에서 보고자 하는 결과의 가능성이 열려 있는 상태에서 자료를 수집한다. 예를 들어, 인간이 주로 어떠한 상황에서 음악을 접하는지, 치료사와 내담자와의 관계에서 음악은 어떤 역할을 하는지, 또는 음악적 긴장을 경험하는 상황은 어떤 경우인지 등 열려 있는 연구 문제(open research question)를 다룬다.

내용 분석의 가장 첫 단계에서는 연구를 통해 확인하려는 현상에 관한 답변과 반응을 이끌어 낼 수 있는 설문지나 상황 등을 제시한다. 설문지의 경우 모든 문항들은 열린 질문으로 작성한다. 상황을 관찰하는 경우에는 참여자의 모든 행동을 비디오로 녹화한다. 한 예로 Chong(2010)은 먼저 참여자들의 전반적인 자신의 목소리에 대한 인식을 설문 조사하고, 이후 노래하는 상황에 참여하도록 하여 자신의 목소리를 음악적으로 활용했을 시의 인식 차이를 조사했다. 사람들이 가지고 있는 자신들의 목소리에 대한 주관적인 의견과 노래 능력에 대한 평가가 자긍심과 어떤 관계가 있는지를 보기 위해 참여자들이 가창 활동에 참여하게 한 후 다음과 같은 질문에 답하게 했다(〈표 10-4〉).

<표 10-4> 목소리에 대한 인식 질문지

---

1. 당신의 목소리에 대해 전반적으로 설명해보세요. 당신은 말할 때의 목소리가 만족스러우십니까?

2. 당신이 노래할 때 목소리를 설명해보세요. 당신은 노래할 때의 목소리가 만족스러우십니까?

3. 방금 부르신 노래에 대해서 어떻게 생각하세요?

4. 다른 사람들이 노래를 들었다고 했을 때, 그들이 당신의 노래에 대해서 어떻게 생각할까요?

5. 당신은 자신이 노래를 잘한다고 생각하세요?

6. 노래하기를 즐기세요? 그 이유는 무엇입니까?

질문에 대한 답변들을 모두 녹음했고 기록한 자료들은 먼저 목소리 설명에 대한 형용사들을 중심으로 개념화했는데 크게 긍정적 시각, 부정적 시각, 그리고 중립적 시각으로 나누었다. 마지막 질문은 내용 분석을 통해 결과를 정리했으며, 분석을 통해 개발된 개념들은 다음과 같은 범주들로 나뉘어진다(<표 10-5>).

<표 10-5> 목소리 인식에 대한 자료의 내용 분석

---

1) 노래를 즐긴다.
- 자기 표현(eg. 언어로 표현할 수 없는 것을 노래로 표현할 때가 있어요. 몇 페이지의 의미 대신 노래 한 곡으로 전할 수도 있죠)
- 심미적 경험(eg. 소리가 너무 아름다워서 거기에 매료되기도 하지요)
- 의사 전달(eg. 난 나의 생각들을 노래를 통해서 전달해요. 가사가 많은 것을 말해주죠)
- 스트레스 감소(eg. 긴장이 느껴지거나 스트레스가 쌓이면 노래를 불러요. 너무 좋아죠. 이외엔 다른 방법은 없을 것 같아요)
- 영적 의미(eg. 나의 목소리는 신께서 주신 선물이에요. 노래도 신께서 주신 능력이지요)
- 나의 악기(eg. 내 안에 있는 나의 고유의 악기죠. 특별히 다른 악기가 없어도 내 안에 있기 때문에 언제든지 활용할 수가 있잖아요)
- 개인의 정체성(eg. 내 목소리는 내가 누구인지에 대한 나의 정체성이라고도 할 수 있죠)
- 반영과 자기 실현(eg. 사람들 앞에서 노래하고 싶어요. 소리를 통해 그들에게 인정받고 다가가고 싶어요)
- 기분 전환(eg. 노래를 하면 훨씬 기분이 나아져요)
2) 혼자서 노래할 때만 즐긴다(eg. 라디오에서 음악이 나오면 노래를 불러요. 절대 다른 사람들 앞에서는 노래를 안 불러요).
3) 전혀 즐기지 않는다(eg. 난 노래 부르는 것을 너무 싫어해요. 내 목소리는 정말 끔찍하거든요).

C. 근거 이론

질적 연구에서는 어느 정도의 무게를 가진 자료를 수집해서 어떠한 깊이로 분석하느냐는 것은 연구자의 의도와 연구 문제에 따라 달라질 수 있다. 이러한 '질적 자료' 분석 방법은 크게 네 가지로 분류될 수 있는데 내용 분석 다음으로는 근거 이론 연구에서 시작하여 가장 좁고 깊게 보는 해석학적 연구로 심화될수 있다(Wheeler, 2005)(〈표 10-6〉). 여기서 근거 이론(grounded theory)이 객관성과 사실적 시각을 중요시하는 방법이라면 다른 방법들은 해석학적 연구들로 갈수록 주관적 분석과 질적 연구의 특성이 강해진다.

〈표 10-6〉 질적 연구의 종류

근거 이론 연구에서 가장 중요한 분석 작업은 속성과 이들의 범주를 규명하는 일이다. 한 예로 O'Callaghan(1997)은 치료사가 암병동에 입원한 환자들에게 다가갈 때, 각 치료사의 접근 기술에 따라 음악치료에 대한 반응과 상호작용이 어떻게 달라지는지를 알아보고자 했다. 연구자들은 세 단계로 자료를 분석했다. 먼저 모든 참여자들의 자료 내용을 개별적으로 분석해 개념화하고, 둘째, 분석된 자료를 유사하거나 공통적인 개념들끼리 범주화했다. 마지막으로 큰 범주를 지정하고, 그 다음 구분되는 개념들을 다시 하위 범주로 나누었다.

결과를 보면 연구자들은 46명의 환자들과 치료사들의 대화를 녹음한 자료에서 나타난 공통점이나 반복되는 표현의 규칙성을 도출하고 크게 세 가지 범주로 나누어 설명했다. 첫 번째 범주는 처음부터 음악에 반응하는 현상, 두 번째는 반응하지 않는 현상, 그리고 세 번째는 처음엔 반응하지 않았지만 나중엔 반응하게 되는 현상이다. 각 현상에 부합하는 개념들은 다음과 같이 세부 항목으로 나누어 기술했다(〈표 10-7〉).

〈표 10-7〉 암환자들의 음악 반응에 대한 근거 이론 범주(O'Callaghan, 1997)

1. 음악에 즉각적인 반응을 보이는 경우
2. 음악에 지연된 반응을 보이는 경우
   - 치료사가 먼저 음악을 연주하면서 집중을 유도할 때
   - 선호하는 음악에 대한 대화를 유도할 때
   - 치료사가 선곡한 노래를 먼저 불러 줄 때
   - 환자가 경험하는 컨디션이 비교적 나쁘지 않을 때
3. 음악을 거부하는 경우
   - 환자들이 선호하는 음악이 아닐 때
   - 음악치료의 필요성이나 혜택을 설명할 때
   - 통증을 경험할 때

연구자들은 이 분석을 통해 치료사들이 환자들에게 어떻게 다가가야 하는지 의미 있는 제안을 던진다. 이러한 연구는 질적 자료를 수집할 때에 가능한 연구라고 할 수 있다. 질적 연구에서는 연구자 자신이 연구 도구이므로 높은 수준의 통찰과 직관이 필요하다. 음악치료 영역에서 자료를 부분과 전체(part-whole)로 분석하면서 종합하는 논리적 사고력이 매우 중요하다. 특히 근거 이론에서는 더욱 그러하다고 볼 수 있다. 이렇게 질적 연구는 내용과 자료의 유형, 그리고 관점에 따라 다양한 차원에서 '질적' 깊이가 달라질 수 있다.

3. 음악치료 연구 설계 및 방법

A. 단일 대상 연구

단일 대상 연구(single subject research)는 한 개인의 목표 행동을 시간과 환경을 달리하여 반복적으로 관찰하면서 비교하는 방법이다. 이 연구 방법은 인간의 음악적 행동을 어느 정도 객관화시키는 데 공헌했으며 빈번하게 사용되었다.

단일 대상 연구 방법에서는 관찰과 측정이 가능한 행동을 주로 다룬다. 그렇지 않은 행동의 경우는 가능한 행동 문제로 전환해 연구한다. 예를 들어, 심리적 문제, 기질, 성향, 사고 등의 관찰이 직접적으로 불가능하더라도 이와 관련해 나타나는 행동을 규명하고 조작적으로 정의하여 관찰할 수 있다. 단일 대상 연구에서는 보고자 하는 행동과 치료적 개입에 따라 다양한 방법들이 가능하다. 그 예로는 반전 설계법, ABA 설계법, 중다 기초선 설계법, 행동별 및 상황별 중다 기초선 설계법 등이 있다.

1) 반전 설계법

• AB 설계법

반전 설계(baseline-treatment design: AB design)는 기초선을 측정하고 이후 중재를 제공하는 설계법이다. 이 설계법을 사용하는 이유는 두 가지가 있다. 첫째는, 치료 과정 중 내담자의 행동이나 활동 변화를 검토하기 위해서이다. 둘째는, 내담자의 행동에 대한 특정 치료법의 효과를 연구할 때 인과 관계를 판단하는데 유용하기 때문이다. 예를 들어, 심벌 연주가 아동의 자해 행동 감소와 연관이 있는지 확인해보자. 심벌 연주를 하는 상황과 심벌 연주가 없는 각각의 상황에서 아동의 자해 행동의 횟수에 어떤 변화가 있는지 볼 수 있다. 치료적 중재를

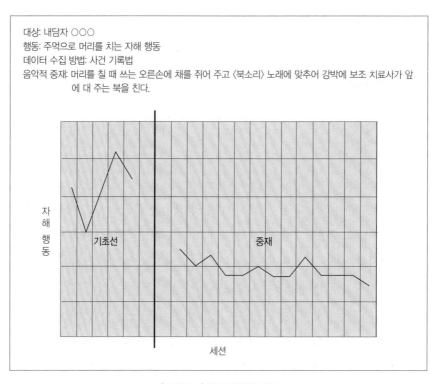

대상: 내담자 ○○○
행동: 주먹으로 머리를 치는 자해 행동
데이터 수집 방법: 사건 기록법
음악적 중재: 머리를 칠 때 쓰는 오른손에 채를 쥐어 주고 〈북소리〉 노래에 맞추어 강박에 보조 치료사가 앞
　　　　　에 대 주는 북을 친다.

기초선　　　　　　　　　중재

자
해
행
동

세션

〈그림 10-1〉 반전 설계법 예시

제시하지 않는 시간을 기초선(A)이라고 하며, 이때는 평상시의 환경에서 보이는
행동 그대로를 관찰하고 기록한다. 치료 개입(B)은 음악적 중재가 제공되는 기
간을 말하며, 중재가 제공된 환경에서의 행동 변화를 관찰할 수 있다. 그러므로
AB(기초선-치료 개입) 설계는 연구자가 기초선 자료를 수집한 후 중재를 실시
하여 목표 행동에 어떤 변화가 있는지를 알아볼 수 있게 한다.

　이 연구 설계에서는 관찰되고 수집되어야 할 목표 행동을 정확하게 정의해야
하며, 최소 3회 이상 연속적인 기초선 자료를 수집해야 한다. 만약 수집한 3회
의 기초선 자료가 일관성이 없이 제시된다면 문제 행동이 다른 환경적인 요인
에 영향을 받는다는 의미가 되므로 어느 정도 일관성이 보일 때 음악적 중재를

제공하여 치료 개입 단계를 시작한다.

앞에서 언급된 사례를 들어 연구할 때는 〈그림 10-1〉과 같은 데이터를 수집할 수 있다.

• ABA 설계법

앞에서 본 AB 설계법에서 조금 더 연장하여 ABA 설계법(ABA design)을 선택할 수 있는데 이는 인과 관계를 입증할 수 있는 연구 방법이다(〈그림 10-2〉). 기초선과 치료 중재 단계에 이어 세 번째 단계가 추가되는데 이는 반복 단계로 기초선(A)으로 다시 돌아가는 것을 의미한다. 이 설계법은 변화가 다른 요인이 아닌 치료적 중재로 인한 것이라는 사실을 확인하는 데 의미가 있다. 다시 말해

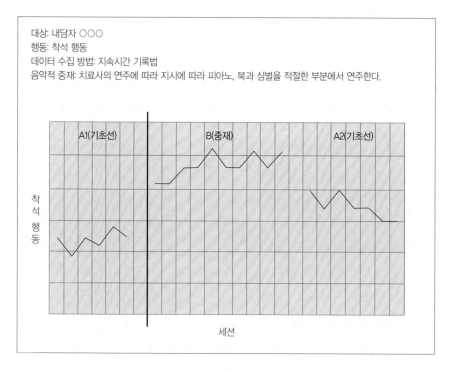

대상: 내담자 ○○○
행동: 착석 행동
데이터 수집 방법: 지속시간 기록법
음악적 중재: 치료사의 연주에 따라 지시에 따라 피아노, 북과 심벌을 적절한 부분에서 연주한다.

〈그림 10-2〉 ABA 설계법 예시

AB 설계는 상관 관계적인 부분을 보여주는 반면, ABA는 중재의 효과성과 기능적인 부분을 보다 더 분명하게 확인할 수 있다.

이 ABA 설계법의 연장선에서 중재의 도입과 제거 단계를 추가하여 ABAB나 ABABAB 설계도 가능하다. 이는 반복을 통해 목표 행동과 중재 간의 기능적 관계의 입증을 더욱 확실하게 할 수 있는 반면, 윤리적인 문제가 대두될 수 있다. 내담자를 위해서는 음악적 중재를 지속적으로 제공하는 것이 윤리적으로 적합하며, 실험으로 인해 치료적인 중재를 제거하는 것은 전문가로서 비윤리적이라고 할 수 있기 때문이다.

한편 많은 음악치료 연구자들은 학습과 같이 반전될 수 없는 행동의 경우 이 설계법이 적절하지 않다고 지적한다. 예를 들어, 한번 학습이 되고 나면 다시 이전의 상태로 반전될 수 없다. 〈무지개〉 노래를 통해 색의 개념을 배운다고 했을 때 첫 번째 중재에서 노래를 이용해서 두 세 가지 색을 이미 배웠다면, 다시 두 번째 기초선(A2)에서 학습된 색 개념이 제거되지 않는다는 것이다. 하지만 행동에 대한 동기 유발은 가능할 수 있다. 예를 들어, 실로폰 연주를 했을 때와 그렇지 않을 때의 착석 행동을 비교하면 실로폰 연주가 착석 행동을 유도했음을 확인할 수 있다.

2) 중다 기초선 설계법

앞에서 설명한 반전 설계보다 조금 더 음악적 중재의 효과를 입증할 수 있는 것이 중다 기초선 설계법(multiple baseline design)이나. 이 설계법은 실험 통제를 입증할 수 있는 설계로 적어도 세 가지 이상의 행동, 상황, 대상자 간의 기초선 자료를 동시에 수집한다. 세 가지 모든 기초선 자료가 어느 정도 일관성을 보이면 첫 번째 기초선에 중재를 제공한다. 중재의 효과가 어느 정도 보일 때 두 번째 기초선에 중재를 제공하며, 마찬가지로 중재의 효과에 따라 세 번째 기초선에 중재를 제공한다. 이렇게 다른 시점에서 중재를 제공하는 이유는 보이는 행동의 변화가 제공된 중재 때문이라는 것을 입증하기 위해서다. 즉 중재에 주어진 실험 조건에서는 행동 변화가 일어나고, 중재가 주어지지 않는 조건에서는 행동 변화가 일어나지 않는다는 것을 입증할 수 있기 때문이다.

이렇게 함으로써 중다 기초선 설계는 내적 타당도와 외적 타당도를 강화시킬 수 있다. 즉 서로 다른 기초선에서 중재를 했을 시 보여지는 행동 변화는 내적 타당도와 관련이 있다. 외적 타당도는 반전 설계에서 본 것처럼 다른 대상자나 환경에서 중재 효과의 반복을 제공함으로써 강화시킬 수 있다.

• 행동간 중다 기초선 설계

행동간 중다 기초선 설계(multiple baseline across behaviors)는 한 대상의 독립적인 목표 행동들을 선택해서 보는 것이다(〈그림 10-3〉). 각각의 목표 행동은 같은 환경 조건에서 측정되며 각 행동에 대한 중재를 동시에 실시한다. 첫 번째 목표 행동이 유의미한 변화를 보였다면 그 다음 두 번째 행동에 대한 중재를 실시하고, 또 두 번째 목표 행동이 유의미한 변화를 보였다면 세 번째 목표 행동에 대한 중재를 실시한다.

음악치료에서는 하나의 사례에 대한 다양한 행동 변화를 연구하는 경우가 많다. 이 설계법은 목표 행동들이 서로 독립적이면서도 유사한 성격을 지닐 때 실험 통제를 더 확실히 보여줄 수 있기 때문에 음악치료에서 많이 쓰인다. 예를 들어, 아동의 전반적인 발달 영역을 강화하기 위한 음악치료를 연구한다고 하자. 노래 활동은 가사를 기억하는 단기 기억력 강화와 음절을 소리내기 위한 발성, 그리고 반주를 듣고 멜로디절을 맞추기 위한 인지 등 다양한 기술들을 다룬다. 문제 행동을 가진 아동을 위한 세션도 그 예가 될 수 있다. 음악 활동이 문제 행동 발생 감소에 영향을 미치는지 볼 때 각 문제 행동의 조작적 정의를 규명한 후 개별적으로 데이터를 수집할 수 있다. 분노 표출, 자리 이탈, 그리고 소

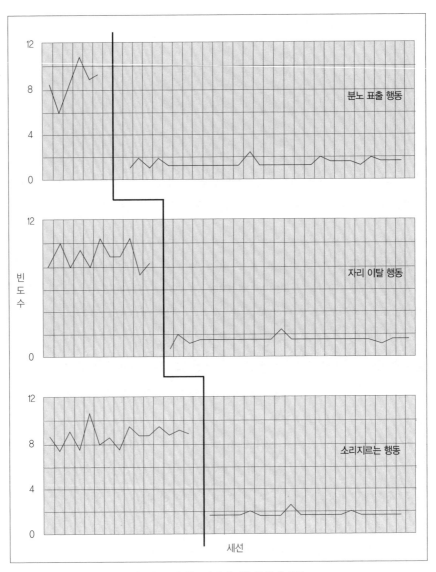

〈그림 10-3〉 행동간 중다 기초선 설계 예시

리지르는 행동 같은 문제 행동이 음악 세션 내에서 얼마만큼 중재되는지를 볼 때는 행동간 중다 기초선 설계를 사용할 수 있다.

• 상황간 중다 기초선 설계

상황간 중다 기초선 설계(multiple baseline across conditions)는 두 가지 이상
의 상황에서 목표 행동에 대한 기초선 데이터를 수집하고 이에 대한 중재가 상
황에 따라 달라지는지 연구하는 것이다(〈그림 10-4〉). 잊지 말아야 할 것은 여
기서 말하는 상황에는 단지 물리적인 조건 뿐 아니라 활동이나 상호 작용을 하
는 사람 등의 다른 변인들도 포함된다는 점이다. 그래서 이 설계법에서는 여러

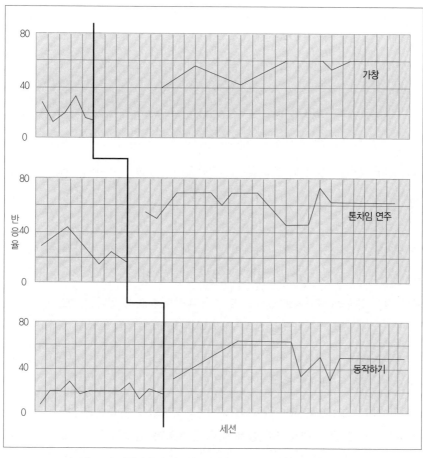

〈그림 10-4〉 상황간 중다 기초선 설계 예시: 각 음악 활동별 반응률의 변화

상황에서 동일한 목표 행동을 보이는 내담자가 그 대상이 되어야 한다.

이 설계법의 장점은 행동에 대한 음악치료 효과를 여러 상황에서 보여줄 수 있다는 것이다. 단점은 상황에 따라 예측하지 못하는 기타 변인들이 있을 수 있다는 점인데, 이 부분은 통제하기 어렵다. 예를 들어 시간(오전, 오후, 저녁)에 따른 피로와 같은 신체적·생리적인 변인도 고려해야 하며, 규명되지 않은 환경적인 요인도 있을 수 있다.

B. 실험 연구

단일 대상 외에도 많은 표본을 통해 음악의 다양한 효과성을 검증할 수 있다. 표본은 연구자가 연구하고자 하는 모집단의 구성원을 대표할 수 있는 대상으로 선정해야 한다. 연구 표본의 크기가 정해지면 이에 따라 연구 참여자가 결정된다. 연구 목적에 따라 선정된 표본을 집단으로 나누어 실험을 실행한다. 연구자의 연구 목적과 취지에 따라 표본을 집단으로 나누고 실험에 참여할 수 있다. 이때 보통 두 개 이상의 집단이 만들어진다. 처치나 치료 개입이 없는 집단과 있는 집단으로 나누기도 하고, 다른 처치를 다룬 두 개 이상의 집단들을 비교하는 경우도 있다. 또는 전체를 하나의 큰 집단으로 구성한 후, 음악적 중재 효과를 보기 위해 중재의 사전사후를 살펴보는 경우도 있다. 연구를 집단적으로 수행할 때는 결과의 신뢰성을 높이고 또한 통계적으로 의미 있다는 것을 증명하는 데 그 의의가 있다. 그러므로 단일 대상 외의 집단 연구는 충분한 표본의 크기(sample size)와 통계적인 결과 분석을 통해 결과를 얻어야 한다. 그리고 결과는 유의미한 수준을 넘어야 한다.

실험 연구(experimental research)는 처치, 자극, 환경 조건을 의도적으로 조작하거나 통제해 연구 대상이나 물체에 어떤 변화가 있는지 분석함으로써 인과관계를 밝힌다. 즉 인간의 특정 행동이나 반응에 대한 음악적 영향을 보고자 할 때 적절한 연구 방법이 될 수 있다. 이 연구 설계법에서 가장 정확히 규명되어야 할 부분은 독립 변수와 종속 변수이다. 독립 변수는 종속 변수에 영향을 주는 처치 변수(treatment variable)이며, 이외의 모든 변수는 통제되어야 한다. 예를 들어, 음악 감상이 생리적 반응에 미치는 영향을 연구한다고 하자. 음악 청취 이외에 감상자의 생리적 반응에 영향을 미칠 수 있는 다른 모든 상황이나 자극(약물, 방의 온도, 건강 상태) 등은 통제해야 한다. 더 나아가 참여자 개인적인 조건들, 즉, 성별이나 나이 등도 연구 조건에 맞게 선정되어야 한다.

1) 단일 집단 사전-사후 집단 설계

단일 집단 사전-사후 집단 설계는 치료 조건이 시작되기 전과 치료 조건이 끝난 후에 처치 변수의 효과를 보는 설계이다. 사전 검사를 실시하고 처치를 가한 뒤 사후 검사를 실시하는 것으로, 사후 검사에서 변화된 양은 처치에 의한 것이라고 보는 것이다. 사전 사후 실험을 통해 종속 변수에 대한 자료가 수집되면 두 조건의 유의미한 차이와 처치 변수의 효과성을 분석할 수 있다. 예를 들어, 주의력 집중에 문제가 있는 청소년들에게 집중력을 키워 주기 위해 4개월 동안 음악치료 프로그램에 참석하게 한다고 하자. 청소년들에게 프로그램에 참여하기 전 사전 검사를 시행하고 4개월의 프로그램 이후 사후 검사를 시행함으로써 프로그램의 효과성을 확인할 수 있다.

정현주(2004a)는 음악 활동에 필요한 인지 기술들이 학습에 필요한 기술들과 상관 관계가 있음을 전제로 4개월간 20명의 학습 부진 아동들을 대상으로 학습 기술 증진 음악치료 프로그램을 실행했다. 사전 검사로는 학습 기술 검사와 음악 인지 기능 검사를 실시했으며 4개월간의 음악치료 중재 이후 사후 검사를 실시해 음악 활동을 통해 학습 기술이 얼마나 증가했는지를 살펴보았다.

이러한 설계법의 어려움은 처치 과정에서 연구환경을 치밀하게 통제해야 한다는 것이다. 그렇지 않고는 연구 결과가 처치로 인한 것임을 입증하기에는 한계가 있다. 이 학생들은 발달하는 연령에 있고 학교 수업도 받기 때문에 이러한 요인들을 고려하여 연구 결과를 해석해야 한다. 또한 사전 검사의 경험이 사후 검사에 영향을 줄 수 있다는 단점이 있다. 사전 검사에 참여했던 경험과 문제들이 개입 이후 다시 실행되는 검사에 참여할 때 영향을 미칠 수 있으므로 이러한 부분도 고려해야 한다.

2) 실험-통제 집단 설계

실험 연구를 수행할 때 하나 이상의 실험 집단을 활용할 수 있다. 이 경우는 하나 이상의 처치 변수의 효과성을 실험하여 비교하고자 할 때 쓰인다. 예를 들어 음악이 있는 환경과 음악이 없는 환경 혹은 음악치료 중재가 있는 상황과 치료 중재가 없는 상황을 비교할 수 있다. 여기서 음악이나 음악치료는 실험 처치에 해당하고, 그렇지 않은 조건은 통제 조건에 해당한다. 실험-통제 집단 설계는 독립 변수(처치 변수)를 제공한 집단과 그렇지 않은 통제 집단에 유의미한 차이가 있는지를 비교 분석해 실제 처치 변수가 영향을 미쳤는지를 알아보는 데 적합한 설계법이다.

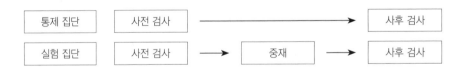

이 설계법을 이용한 두 개의 연구를 소개하자면 먼저 Robb(2000)의 음악이 긴장 이완 촉진에 미치는 영향에 대한 연구이다. 음악이 없는 통제 집단과 점진적 이완을 제공한 실험 집단, 그리고 음악과 긴장 이완을 제공한 또다른 실험 집단을 비교하고 분석했다. 그 결과, 음악을 통해 긴장을 이완한 집단은 언어적으로 점진적 이완을 제공한 집단이나 통제 집단보다 더욱 만족스러운 효과를 얻었다.

두 번째 연구로 Kim, Kwak, Park, & Cho(2012)는 신경학적 음악치료기법인 RAS기법과 전통적인 물리치료 접근법인 보바스기법을 뇌성마비 성인에게 시행한 후 그룹간의 보행 시공간적, 운동역학적 지표 결과를 비교했다. 총 28명의 뇌성마비 성인들을 대상으로 무작위 배정을 통해 RAS 그룹(n=15)과 보바스그룹 (n=13)으로 나누어 총 3주 동안 주3회기씩 보행 훈련이 실시되었다. 연구 결과 RAS 그룹은 기능적인 회복, 즉 보행속도 관련된 지표의 통계학적 유의미한 향상이 나타난 반면, 보바스 그룹에서는 보행 패턴이 안정화되는 결과가 나타났다. 보행 속도에 따라 보상적인 움직임을 보이는 뇌성마비의 보행 특징을 고려해 볼 때 보바스 그룹의 경우 안정된 보행 패턴이 나타났으나 보행 속도는 감소했다. 즉, RAS 그룹의 경우 보행 속도는 증가했지만 보행 패턴 유지의 어려움을 보여준 연구이다.

이러한 연구 설계에서는 연구 참여자들을 무작위로 추출해 두 집단에 배정한 후 실험 조건과 통제 조건을 비교한다. 연구 주제에 따라 어떤 대상이 참여해야 하는지가 규명되면 이를 고려해 연구 참여자를 선택한다. 만약 특정 장애를 가진 아동들을 대상으로 연구하고자 한다면, 장애의 수준, 문제, 심각도 등의 동질성이 고려되어야 하는 어려움도 있다.

4. 음악치료 연구 도구의 타당도

타당도는 진단 평가가 내담자에 대해 필요한 여러 정보를 실제로 전달해주는지 다룬다. 진단 평가의 타당도가 높다는 것은 필요한 정보를 제공하는 평가 도구로서 충분하다는 것을 의미한다. 검사 도구를 사용하는 경우라면 측정하려던 내용을 충분히 측정할 수 있는 도구를 사용해야 한다. 음악 관련 활동을 사용하면 계획했던 평가에 대한 정보를 얻을 수 있는 활동을 해야 한다. 언어를 통한 조사를 사용한다면 이를 통해 질문의 목적에 부합하는 답을 이끌어 낼 수 있어야 한다. 결국 타당도는 평가가 제공해주는 정보에 대한 정확성과 유용성이라고 할 수 있다.

음악치료에서 가장 흔히 쓰이는 타당도에는 내용 타당도, 구인 타당도, 공인 타당도가 있다. 내용 타당도는 논리적 사고에 입각한 논리적인 분석 과정으로 판단하는 주관적인 타당도이며, 진단 평가를 통해 얻고자 하는 정보와 연관된 문항들을 개발해야 한다. 예를 들어, 치료사가 내담자의 상호 교류 기술을 알아보기 위해 대인 교류에 대한 진단 평가를 한다고 가정해보자. 이 경우에, 평가가 '타당'하게 이루어지기 위해서는 실제 보고자 하는 행동이 그 관찰 영역에 포함되어 있어야 한다. 즉 상호 작용이 이루어지는 환경이어야 한다는 것이다. 만일 '소리 지각력'과 같이 대인 교류와 관계가 없고 지각 인지 기능과 관계된 항목이 들어 있다면 내용 타당도는 낮아진다. 내용 타당도는 그 분야의 전문가가 판단해야 하기에 전문성이 필수적이다. 특히 음악치료 영역에서는 계량화된 정보를 다루는 검사 도구를 내용 타당도에 많이 의존한다. 그러므로 검사 내용이 검사가 측정하고자 하는 속성을 제대로 측정하고 있는지를 꼭 확인해야 한다.

구인 타당도란 조작적으로 정의되지 않은 심리적 특성이나 성질을 심리적 구인으로 분석해 조작적 정의를 내린 후, 조작된 심리적 구인들이 제대로 측정되었는지 검증하는 방법이다. 예를 들어, 지능 검사에서는 '지능' 자체를 조작적으로 정의할 수 없기 때문에 이에 관련된 일곱 가지 기술을 다룬다. 어휘력, 수리력, 추리력, 공간력, 지각력, 기억력, 그리고 인어 유창성이다. 또 그 안에서 어휘력, 수리력 등 각 항목을 보는 평가 지표들을 개발해서 실제 보고자 하는 것을 보는지에 대한 논리 작업이 이루어져야 한다.

다른 예로 음악치료 연구에서 가창을 통한 내담자의 자긍심 향상을 보고자 할 때 이를 볼 수 있는 행동을 조작적으로 정의한 후 정의된 행동의 강도와 빈도수를 구할 수 있다. 예를 들면, 참여자의 가창시 눈맞춤, 태도, 목소리의 물리적 강도, 음의 범위(음역), 자발적 가창 행동의 빈도수 등 기록해야 할 개별적인 항목들에 대해서 평가 척도를 개발한다. 개발된 평가 항목 척도를 이용하면 가창에서 보여지는 자긍심 관련 행동들이 가창 프로그램 시행 전과 후에 변화가 있었는지를 판단할 수 있는 정량화된 자료를 도출할 수 있다.

공인 타당도는 준거 타당도의 하나로 음악치료에서 자주 사용되는데 이는 검사 점수와 기존의 타당성 입증된 검사 점수와의 관계를 토대로 검증되는 타당도이다. 즉 새로운 검사를 제작했을 때 기존에 타당성을 보장받고 있는 검사와의 유사성 혹은 연관성에 의해 타당성을 검증하는 방법이 공인 타당도이다. 예를 들어, 음악 리듬 활동을 통해서 집중력이 강화될 수 있는지를 평가하는 리듬 인지 검사 척도를 개발하려고 하면 이 척도 점수와 기존에 존재하는 표준화된 집중력 검사 도구와의 상관성이 보장되어야 한다. 다른 예로 소근육 재활에 키보드를 활용해서 근력과 기민성을 향상시키고자 한다면 키보드를 MIDI에 연결한 후 수집된 정량화된 MIDI 점수가 기존 소근육 재활에 사용되고 있는 Box & Block Test(BBT) 점수와 상관 관계를 보여주어야 한다.

신뢰도와 타당도는 음악치료 진단 평가에 양적 방법을 사용할 때마다 필수적으로 고려해야 할 사항이다. 필요에 따라 검사 도구를 실행할 때 내담자의 개인차를 고려하여 검사 도구를 수정하거나 번안하기도 한다.

5. 연구 윤리

앞서 우리는 정보 수집 방법과 수집한 정보의 신뢰도에 관해 이미 다루었다. 연구 과정에서 무엇보다도 중요한 것은 연구자이자 치료사로서 가져야 할 윤리 의식이다. 사실 내담자의 기본 인권을 존중하며 보호하려는 치료사의 태도와 연구를 하려는 연구자로서의 자세를 동시에 갖기란 쉽지 않다. 이러한 이중 역할에 있어 절대적이며, 기본적으로 필요한 것은 신뢰성이다. 신뢰성이 결여되면 내담자의 기본권은 침해되고, 이러한 상황에서 수집된 자료 역시 신뢰할 수 없는 것이 된다. 이에 관해 미국음악치료학회(AMTA)에서는 이미 공식적인 윤리 규약을 편찬해 놓았다. 음악치료사는 이를 준행해야 하는데, 특히 음악치료 영역에서는 치료사가 연구자의 역할을 하는 경우가 흔하기 때문에 다음에 열거한 기본 원칙을 숙지해야 한다(Bruscia, 1985).

첫째, 내담자에게 해가 되거나 상처를 주는 음악 중재는 피해야 한다. 내담자와 세션을 할 때 유념해야 할 기본적 주의 사항 및 보호 조치 외에 음악치료사가 각별히 주의해야 할 것이 있다. 음악을 사용해 내담자에게 신체적 또는 정신적 상처를 입히는 일이 결코 있어서는 안 된다는 점이다. 특히 환청이나 간질 혹은 청각 정보 처리와 관련된 장애가 있는 경우에는 음악 감상에 신중을 기해야 한다. 또한 음악 관련 활동이 너무 까다롭거나 난해하여 해당 임상 환경이 개인적으로 혹은 타인과의 교류에서 부담을 주는 일이 없어야 한다. 어떤 연구에서든지 내담자 개개인의 어려움을 인식하고 이에 대한 세심한 배려를 제공해야 한다.

둘째, 특별한 경우를 제외하면 내담자에게 사용하려고 하는 검사와 연구, 그리고 이로 인한 이점 및 위험 요인을 사전에 알려주어야 한다. 또한 진단 평가를 실시하기 전에 반드시 내담자의 동의서를 받는다.

셋째, 내담자의 요구가 있다면 연구 결과를 알려 주고 어떤 결론이 나왔는지 공유한다. 단일 대상 연구처럼 시례를 중심으로 하는 연구에서 결과 분석 및 해석 이전에 먼저 세션 수와 적절한 정보가 수집되었는지 반드시 확인한다. 또한 내담자의 요청이 있을 때에는 개인 정보를 삭제 또는 수정해주어야 한다.

넷째, 음악치료 연구자는 음악 중재를 제공하고 이에 대한 결과를 분석하는 과정에서 반드시 임상 훈련 및 경험을 통해 전문인의 자격을 충분히 갖추고 있어야 한다. 나아가, 음악치료 외의 다른 전문 분야에서 그 분야의 필수 요건인 전문 지식과 기술을 갖추지 않고 진단 평가를 시행하는 음악치료사가 있다면 이는 전문인의 윤리 의식을 벗어난 일이 된다.

다섯째, 치료사는 항상 내담자의 사생활 보장권을 지켜 주어야 한다.

여섯째, 연구와 연구를 통한 결과는 어디까지나 내담자와 음악치료 대상에게 도움이 되는 자료로 쓰기 위한 것이므로 항상 연구 목적을 위해 연구 결과를 활용하여야 한다.

음악치료는 다른 학문에 비해 역사가 길지 않은 편이다. 따라서 음악치료 연구는 앞으로 음악치료가 학문적 정체성을 다져 나가고 발전해 나가는 데 있어 중요한 역할을 하게 될 것이다. Gfeller(1999)는 음악치료 연구의 중요성과 역할, 치료사의 임무를 다음과 같은 세 가지 측면에서 강조했다. 첫째, 음악치료사는 인간에 대한 음악의 효과성을 계속해서 평가해야 하며, 음악과 인간과의 관계에 영향을 미칠 수 있는 다양한 문화적, 생리적, 심리적 요소들을 연구해야 한다. 둘째, 음악치료의 효과성과 더불어 장애의 다양한 유형과 필요에 따른 치료와 접근법이 개발되어야 한다. 셋째, 실제 치료적 접근을 떠나 음악치료는 하나의 학문 분야로서 수많은 이론들을 계속해서 검증해야 하며 이와 함께 새로운 이론들을 정립해야 한다.

음악치료의 실제가 있기 위해서는 이론적인 연구를 통해 기존의 연구 결과들이 보완되고 또한 새로운 결과들과 시각들이 제시되는 연구가 활발히 이루어져야 한다. 어떤 학문에서든 이론은 기본적인 원리들을 체계화시켜 실제에 적용하는 것이다. 즉 이론 없이는 실제가 존재할 수 없다. 그러므로 연구자 및 임상가들은 어떠한 형태로든 연구가 계속되어야 함을 기억하기를 바란다. 음악치료의 기초 및 응용 연구에서 설정된 연구 문제를 명확히 풀어 줄 수 있는 연구 방법이 지속적으로 개발되어야 할 것이다.

부록

A. 음악치료 관련 서식

1) 이화여자대학교 음악치료클리닉 사정 체크리스트: 성인 대상

진단 영역	세부 기술		매우 낮음	낮음	보통	높음	매우 높음	비고
인지	지각(eg. 환청, 환각)							
	인지(eg. 현실 소재)							
	사고(eg. 지리멸렬)							
	외부 세계 인식							
	결정 능력							
	문제 해결력							
	과제 수행력							
	집중력							
	전경/배경 구별력							
	모방력							
	연상력							
	기억력	단기						
		장기						
정서	감정 규명							
	감정 표현							
	감정 이입							
	감정의 적절성/일치성							
	긴장도							
	이완 능력							
	충동 조절							
사회	상호 작용 시도							
	상호 작용 반응							
	동기							
	대응 전략							
	협동심							
	순응도							
	적응력							
	인내력							
	관계 형성 기술							

진단 영역	세부 기술		매우 낮음	낮음	보통	높음	매우 높음	비고
운동	감각운동 기술							
	감각 통합 능력							
	지각적 운동 능력							
	협응감							
	동작	속도						
		민첩성						
		유연성						
언어/ 의사 소통	수용 언어	1단계						
		다단계						
	표현 언어	단어 사용						
		문장 사용						
		조음/발음						
		억양						
		언어 리듬/속도						
		목소리 음색						
	비언어적 의사소통							
음악	음악 교육 배경/악기							
	인 식 능 력	리듬	모방					
			창작					
		선율	모방					
			창작					
		화성	모방					
			창작					
		음역						
		음색						
	음량/강도 조절							
	가사 만들기							
	음악적 표현(악기)							
	목소리 표현							
	감상 능력(심미적 경험)							
	음악 선호도							

2) 이화여자대학교 음악치료클리닉 사정 체크리스트: 노인 대상

진단 영역	세부 기술		매우 낮음	낮음	보통	높음	매우 높음	비고
인지	전반적 기능 및 의식 수준							
	지남력	시간						
		장소						
		사람						
	기억력	단기						
		장기 기억 (일화 및 작업)						
	소리 지각 및 인식	소리 강도						
		소리 음색						
		소리 높낮이						
	결정 능력							
	문제 해결력							
	과제 수행력							
	집중력							
	전경/배경 구별력							
	모방력							
	연상력							
정서	감정 규명							
	감정 표현							
	감정 이입							
	감정의 적절성/일치성							
	긴장도							
	이완 능력							
	충동 조절력							
사회	상호 작용 시도							
	상호 작용 반응							
	동기							
	대응 전략							
	협동심							
	순응도							
	적응력							
	관계 형성 기술							

진단 영역	세부 기술			매우 낮음	낮음	보통	높음	매우 높음	비고
운동	호흡 기능								
	일상생활 기능 수준(ADL)								
	감각운동 기술								
	감각 통합 능력								
	지각적 운동 능력								
	협응감	눈-손							
		좌-우							
		상체-하체							
	동작	운동의 범위 (ROM)							
		속도							
		유연성							
		민첩성							
	소근육	쥐는 힘(Palmer)							
		잡는 힘(Pincer)							
		손목 ROM							
언어/ 의사 소통	수용 언어	발성							
		1단계							
		다단계							
	표현 언어	단어(음절수)							
		문장							
		조음/발음							
		억양							
		언어 리듬/속도							
		목소리 음색							
		비언어적 소통							
음악	음악 교육 배경/악기								
	인 식 능 력	리듬	모방						
			창작						
		선율	모방						
			창작						
		화성	모방						
			창작						

진단 영역	세부 기술		매우 낮음	낮음	보통	높음	매우 높음	비고
음악	인식 능력	음역(음의 고저)						
		음색(악기, 인성)						
	음량/강도 조절							
	가사 만들기							
	음악적 표현력(악기)							
	목소리 표현							
	감상 능력(심미적 경험)							
	음악 선호도							

B. 음악치료에 사용되는 악기

음악 활동에서 악기는 가장 중요한 표현 수단이다. 다양한 종류의 악기를 활용하는 것은 주제에 대한 음악적 표현을 가능케 해주는 것은 물론 음악을 만드는 경험의 깊이와 질을 한층 더해준다. 이러한 악기는 소리내는 방법과 재질 등에 따라 이디오폰(Idiophone), 멤브라노폰(Membranophone), 코더폰(Chordophone), 그리고 에어로폰(Aerophone)으로 구분될 수 있으며, 악기가 가지고 있는 음악적 특성에 따라 다시 고정된 음정이 있는 악기(pitched instrument), 고정된 음높이를 갖고 있지 않은 악기(non-pitched instrument), 고정된 음높이는 갖고 있지 않으나 음높이를 조절할 수 있는 악기로 세분화될 수 있다.

1. 이디오폰(Idiophone)—이디오폰이란 트라이앵글이나 심벌과 같이 악기 몸통 전체가 떨림으로써 소리가 나는 악기를 말한다. 또한 글로켄쉬필(glockenspiel)과 같이 여러 개의 독립된 진동체를 갖고 있는 악기도 있으며, 마림바나 비브라폰과 같이 음정에 맞춰 고정시켜 놓은 공명관에 의해 소리가 나는 악기들도 있다. 대부분의 이디오폰은 몸통의 특정 부분을 쳐서 소리를 내지만 음높이 조절이 불가능한 악기들은 흔들거나 긁어서, 혹은 문질러서 소리를 내기도 한다. 고정된 음고를 가지고 있는 이디오폰들은 여러 가지 배음을 조화롭게 생성시키기도 한다. 이에 반해 트라이앵글, 우드블럭, 템플블럭 등은 고정된 음높이를 갖고 있지 않은 이디오폰들이며, 소리 생성 시 상충되는 배음이 많고 음이 강하여 고정된 음을 지각하기 어렵다. 그러나 이러한 악기들은 다른 악기들과 음색이나 화음 면에서 잘 어울리는 장점을 갖고 있어 고정된 음을 가진 악기들과 함께 쓰이는 경우가 많다.

2. 멤브라노폰(Membranophone)—멤브라노폰이란 악기의 몸통이 공명되면

서 팽팽히 조인 막이나 가죽의 떨림을 통해 소리가 나는 악기를 말한다. 공명통 끝 부분이 열려 있거나 팀파니의 경우와 같이 막혀 있는 경우도 있다. 팀파니와 같이 조율이 가능한 멤브라노폰은 정확한 음을 낼 수 있으며 다른 북들도 어느 정도 고정된 음을 낼 수 있다. 특히 톰톰과 봉고 연주 시 특정 음을 내도록 지시하는 경우도 있다. 그러나 일반적으로 북소리는 다른 악기와 대체적으로 잘 어울리기 때문에 고정된 음높이가 없는 악기로 간주되는 경우가 흔하다.

3. 코더폰(Chordophone)─코더폰이란 현의 떨림에서 소리가 생성되어 공명판이나 공명 상자, 혹은 울림통을 통해 소리가 나는 악기를 말한다. 피아노와 하프시코드와 같이 이들은 모두 고정된 음높이들을 가지며, 주로 건반을 이용하여 연주한다.

4. 에어로폰(Aerophone)─에어로폰이란 차단된 공기 기둥(air column)이나 공기 방(air chamber)을 만들어 공기가 지나가는 통로와 방향을 조절함으로써 소리를 내는 악기를 말한다. 마우스피스(mouthpiece)에 리드(reed)를 이용하여 얇은 막의 떨림을 통해 진동을 발생시켜 음을 내는 악기도 있으며, 악기 몸통의 길이에 따라 각기 다른 음을 연주하는 악기도 있다. 에어로폰은 고정된 음높이를 갖는다. 사이렌이나 윈드차임은 특정 파형을 가진 진동으로 여러 가지 음을 만드는 반면, 슬라이드 휘슬은 여러 음을 생산할 수 있어 음의 고저를 고려한 선율을 만들어 낼 수 있다.

1. 고정된 음높이의 타악기

1) 건반이 있는 고정된 음높이의 타악기

① 자일로폰(Xylophone)

자일로폰은 아시아에서 유래된 악기로 '나무 울림통', '나무 소리'라는 뜻을 가지고 있다. 자일로폰은 공명 상자 위에 나무 건반이 달려 있는 멜로디 타악기로 온음계와 반음계 두 가지 종류가 있으며, 음역에 따라 소프라노, 알토, 그리고 베이스 자일로폰으로 나뉜다. 소프라노나 알토 자일로폰은 음향을 길게 끌 수 없기 때문에 느리고 서정적인 음악에는 잘 어울리지 않으나, 빠른 음계나 분산 화음 또는 글리산도와 같은 효과를 내는 장점을 갖고 있어 화려하고 강렬한 표현을 돕는다. 건반을 두드리는 말렛은 플라스틱이나 우드, 실로 만든 펠트 말렛이 주로 사용되는데, 채의 종류에 따라 음색과 강세의 변화가 가능하다. 이 악기는 내담자의 장애 상태와 관계없이 사용될 수 있으며 음악적으로 아름다운 멜로디를 만들어 연주할 수도 있다. 필요에 따라 몇 개의 건반만 남기고 다른 건반을 떼어낸 후 연주할 수도 있다.

② 메탈로폰(Metallophone)

메탈로폰은 공명 상자 위에 알루미늄 건반이 달려 있는 멜로디 타악기로 자일로폰과 마찬가지로 음역에 따라 세 가지 종류로 나뉜다. 음색이 화려하면서도 부드럽고 음량이 풍부하고 울림이 길다. 셈여림의 표현은 자유로우나 긴 울림으로 인해 스타카토와 같은 표현은 어렵다. 음악치료에서는 건반의 수를 이용하여 아동들의 수 개념을 형성시키거나 강화시키는 데 활용하기도 한다.

③ 톤바(Tone bars, Resonate bars)

톤바는 레조네이트 바라고도 불리며, 자일로폰을 조각으로 떼어낸 모양과 비슷하다. 음색은 자일로폰과 유사하나 공명이 깊고 오래 지속된다. 한 사람이 한 개의 톤바를 연주하거나 여러 개를 동시에 연주할 수 있어 독주와 합주 등에서 활용의 범위가 넓다.

④ 글로켄쉬필(Glockenspiel, Orchestra bell)

글로켄쉬필은 철재 음판을 피아노 건반과 같이 배열한 타악기의 한 종류이다. 쇠로 만든 음판을 펠트 위에 놓아 그 음향이 바로 사라지지 않고 긴 여운을 만든다. 음의 여러 가지 효과를 내기 위해 다양한 재질로 된 채를 사용하며, 필요시 음판을 재배치할 수 있다. 연주법은 한 건반을 양손으로 교차하여 빠르게 이어 연주하는 트레몰로 주법과 트릴, 글리산도 등이 있으며, 3~4개의 채를 동시에 잡고 여러 음을 연주하는 중음주법도 있다.

2) 건반이 없는 고정된 음높이의 타악기

① 차임(윈드차임, Wind chime)

차임은 약 4000년 전부터 사용되어온 악기로, 그 모양과 크기가 다양하다. 주로 5음계로 구성되어 있으며 배음의 효과가 매우 크고 울림이 길어 신비스러운 분위기를 자아낸다. 음악치료에서는 28바에서 36바까지 사용되고 있으며, 단음치기, 이중음치기, 셋 또는 네 음의 화음치기, 트레몰로, 글리산도, 클러스터(cluster) 등 다양한 표현이 가능하다. 여운이 길고 소리가 두드러지므로 사용에 각별한 주의가 필요하다. 다양한 채가 사용될 수 있으며 손가락으로 직접 연주할 수도 있다.

② 톤차임(Tone chime)

톤차임은 핸드차임 혹은 멜로디차임이라고 불리며, 울림이 길고 음색이 명료하고 신비스러워 합창과 합주 등에 널리 사용된다. 연주법은 낚싯대를 던지듯 손을 앞으로 뻗으면서 손목에 힘을 주어 소리를 내는데, 공명을 멈추고 싶을 때는 손으로 잡아 주거나 어깨 등 신체 부위에 갖다 댄다. 치료에서 사용되는 톤차임의 음역은 G_4부터 G_6까지 반음계를 포함하여 모두 25음이 사용된다.

③ 핸드벨(Hand bell)

핸드벨은 보통 다섯 개의 크기로 제작되는데, 음역은 2옥타브에서 6옥타브에 걸쳐 있다. 핸드벨은 음의 어운이 비교적 길고 평온하며 밝은 음색을 낸다. 연주법에는 1)플럭(pluck) – 벨을 테이블 위에 놓고 손가락으로 추(clapper)의 머리 부분을 잡고 위로 올렸다 아래로 내리면서 단음 소리를 내는 것, 2)탭 플럭(tap pluck), 3)섬 댐프(thumb damp) – 한 손으로 벨을 잡고 손목을 꺾어 연주한 후 곧 엄지손가락으로 벨을 받쳐서 스타카토 효과를 내는 것, 4)마르텔라토(martellato) – 테이블 위에서 혹은 손잡이를 테이블 위에 고정시킨 채 벨을 울리는 기법으로 진동이 많이 생기게 되는 기법, 5)핸드 마르텔라토(hand martellato) – 마르텔라토와 같지만 손잡이 대신 벨을 잡고 진동을 시키며 좀 더 깨끗한 단음을 낼 수 있는 것, 6)마르텔라토 리프트(martellato lift), 7)플럭 리프트(pluck lift), 8)링 터치(ring touch) 등이 있다. 그밖에 트릴이나 두 개의 핸드벨을 한손으로 교차하여 잡고 연주하는 방법 또는 말렛으로 연주하는 법 등 다양한 연주기법이 있다. 기능 수준이 낮은 집단에서는 치료사에 의해 구조화된 음악 자극의 지지를 받아 핸드벨을 이용한 다양한 소리와 효과를 낼 수 있고, 기능 수준이 높은 집단에서는 모든 벨을 사용하여 특수한 음악적 효과를 얻을 수 있다.

④ 터치벨(Touch bell)

터치벨은 테이블 위에 놓고 윗부분을 가볍게 두드려서 연주하는 타악기로, 연주 방법이 쉽고 간단하다. 색깔에 따라 각기 다른 음을 내므로 색감과 음감을 결합하는 데 사용할 수 있으며, 청아한 음색으로 집중력 향상을 돕고, 합주에서도 하나의 파트를 담당할 수 있다.

⑤ 레조네이트벨(Resonate bell)

레조네이트벨은 자일로폰보다 여운이 길며, 글로켄쉬 필보다 공명이 깊다. 한 손으로 레조네이트벨을 잡고 다른 한 손으로 말렛을 이용하여 단음을 연주함으로써 합주를 이룰 수도 있으며, 여러 개의 음을 나열하고 한 사람이 두 개의 말렛을 이용하여 독주할 수도 있다. 부드럽게 떨면서 맑고 청아하게 울리는 음색을 지니므로 사람의 마음을 안정시키는 효과가 있다. 말렛은 고무로 만든 것을 가장 많이 사용한다. 연주할 벨의 개수를 자유롭게 선택할 수 있으며, 눈-손 협응감 강화 등 치료적 효과가 크다. 또한 음악적 표현 능력(멜로디와 리듬을 연주하고 음정을 맞출 수 있는 능력)을 기를 수 있다. 다른 건반 악기와 마찬가지로 수 개념의 습득을 도와 주고 청각 변별 능력과 방향 감각을 길러 준다. 연령이나 기능 수준에 관계없이 연주가 용이하므로 음악치료에서 자주 쓰인다.

⑥ 플레이트벨(Plate bell)

플레이트벨의 음역은 G_4에서 G_6까지 반음을 포함한 25음이 주로 사용된다. 울림이 길고 부드러운 톤차임과 유사한 음색과 연주법을 갖지만 톤차임에 비해 음량과 울림이 다소 적다. 약간 음울하거나 차분한 분위기를 표현하는 데 좋다.

⑦ 공(Gong)

'공'은 인도네시아의 의성어에서 유래된 말이다. 동양에서 유래된 금속제 타악기로, 깊고 여운이 긴 소리를 낸다. 공은 악기를 치는 순간보다 그 이후에 비로소 최대의 음량과 울림을 지각할 수 있으므로 다른 악기와의 합주 시 이 점에 유의하여야 한다. 주로 긴 음을 한 번씩 쳐서 소리를 내며 여운을 손으로 조절하기도 한다. 트레몰로에 의한 크레센도가 효과적이며 어느 부위를 어느 채를 이용하여 어떻게 연주하느냐에 따라 여러 가지 음색을 낼 수 있다. 채는 크고 무거우며 머리 부분이 부드러운 헝겊으로 싸여 있는 종류를 주로 사용하지만 북채나 쇠막대 등을 이용하여 다양한 효과를 낼 수도 있다.

2. 고정된 음높이가 없는 타악기

1) 가죽으로 된 고정된 음높이가 없는 타악기

① 베이스드럼(Bass drum)

'큰북'이라고 할 수 있는 베이스드럼은 중아시아에서 유래된 것으로 추정된다. 큰북은 다른 악기 소리를 잘 감싸 주며, 강세의 변화와 리듬의 표현, 음색의 변화를 주도하며 큰북으로 섬세한 리듬을 표현하고자 할 때에는 작은 채를 이용하거나 손가락으로 여운을 마무리하여 사라지게 한다. 북면의 각도를 이용하여 음색을 조절할 수도 있다. 공명이 크고 오래가기 때문에 빠른 템포에는 적절하지 않으며, 강박에 주어지는 다이내믹한 리듬 효과로 분위기를 주도하기에 좋다.

② 스네어드럼(Snare drum, Side drum)

'작은북'이라고 할 수 있는 스네어드럼은 한쪽 면에는 철사로 된 줄(snare)을 가로지르게 하여 다른 한 면을 칠 때 이 줄이 함께 울려 특유의 소리가 나게 한다. 흔히 소리가 크고 힘이 있는 악기로 여겨지나 섬세한 표현도 가능하다. 소리의 여운은 길지 않으나 롤(roll)에 의해 소리를 지속시킬 수 있으며, 강약의 변화도 자유롭다. 악기의 몸통이나 테두리를 치는 주법이 있으며, 가죽의 울림을 줄이기 위하여 스틱이나 손을 북면에 대고 연주하기도 하고, 가죽의 반대 면에 헝겊이나 솜 등을 집어넣어 약음(弱音, mute) 효과를 내기도 한다. 이외에도 스틱 하나를 테두리에 대고 다른 하나로 그 스틱을 치거나 스틱 하나로 테두리와 북면을 동시에 치기도 하는 주법(rim shots)이 있다. 사용되는 채에는 드럼스틱, 와이어브러쉬 등이 있다.

③ 테너드럼(Tenor drum)

테너드럼은 스네어가 없는 크기가 큰 군대 북이라 할 수 있으며, 작은북보다 원통의 깊이가 깊어 음색과 기능이 큰북과 작은북의 중간 정도이다. 전형적인 테너드럼의 채로는 단단한 채가 사용된다.

④ 톰톰(Tomtom)

톰톰은 스네어가 없는 모든 북 종류를 칭한다. 큰 것을 제외하고 두 개씩 짝을 이루어 받침대에 고정시켜 놓고 사용한다. 북면의 반대편이 막힌 양면 북과 뚫려 있는 두 가지 종류가 있다. 일반적으로 불특정 음을 갖는 악기로 분류되지만 여러 개의 톰톰을 동시에 사용할 때는 저음, 중음, 고음 등으로 구별하며 각 악기 간의 음정 차를 장3도 이상으로 배치한다. 양면 북보다는 한 면 북이 정확한 음정을 내고 울림이 깊어 이를 이용하여 원하는 특정 음으로 조율이 가능하다. 북의 크기와 이에 따른 음정의 차이를 이용하여 교대로 연주하고 음정 변화에 따른 효과(tonal contrast)를 줄 수 있다.

⑤ 봉고(Bongos, Bongo drums)

봉고는 중앙 아메리카(쿠바)에서 오래 전부터 사용되어 온 악기이다. 중앙에 버팀대에 의해 같은 높이로 고정된 두 개의 가죽 울림통이 연결되어 있으므로, 양손을 바꿔가며 2박자의 리듬(자연스런 신체 리듬)을 연주한다. 봉고 연주를 통해 통합 능력과 수개념의 발달을 도울 수 있다. 봉고의 크기는 두 개의 북면의 지름이 각각 15cm, 20cm이며 울림통의 깊이는 13cm이다. 북면을 팽팽히 조이고 있는 나사를 조절하여 4도나 5도 간격으로 두 북의 음정을 조율하여 사용한다. 북면 위의 어느 부위를 치느냐와 연주 방법에 따라 여러 음색과 음고의 변화를 다양하게 줄 수 있으며, 때로 톰톰의 고음역대를 보충해주거나 음색과 음고의 변화를 위해 콩가와 대비되어 연주되기도 한다. 주법은 손으로 연주하는 것이 원칙이나 음색의 변화나 연주상의 편의를 위해 채를 사용할 수도 있다.

⑥ 콩가(Conga, Tumas)

남아메리카와 아프리카에서 유래된 콩가는 브라질과 쿠바의 룸바 음악에 많이 사용된다. 봉고와 마찬가지로 북면 가장자리의 테두리가 없으며, 북면의 지름이 26~30cm, 긴 술통 모양의 울림통의 깊이가 64~74cm로, 아래 면이 뚫려 있다. 같은 크기의 악기를 다른 음정으로 조율하여 한 쌍으로 사용하기도 한다. 봉고에 비해 낮고 깊은 소리를 내며, 연주되는 부위와 방법에 따라 음색의 변화를 줄 수 있다.

⑦ 탬버린(Tambourine)

탬버린은 고대 그리스, 이집트 시대부터 사용되어 왔으며 가장 오랜 역사를 지닌 타악기 중 하나이다. 음색이 맑고 타악기의 리듬을 지원하는 데 사용된다. 징글(jingle)의 수가 많을수록 음색은 더욱 화려해지며, 오르프(Orff)에서는 징글이 달리지 않은 탬버린(tamburello)이 사용되는데, 탬버린 특유의 음색을 내지는 않으나 그 울림이 매우 좋다. 연주법은 한 손으로 잡고 빠르게 흔들어 주는 트레몰로, 한 손으로 잡고 두드리기, 바닥에 놓고 양손으로 치거나 채를 이용하기, 손가락으로 가죽의 가장자리를 눌러 그 반동으로 소리내기, 손가락 트레몰로(thumb roll) 주법 등이 있다. 강세의 변화를 분명하게 줄 수 있고 그 폭이 넓으므로 섬세한 표현을 할 수 있다. 탬버린과 유사한 종류로 탬버림과 판데이로가 있다.

– 탬버림(Tamborim)

탬버림은 브라질에서 개발된 악기로 모양은 작은 탬버린과 같으며 징글이 없는 것이 특징이다.

– 판데이로(Pandeiro)

판데이로는 브라질 악기 중 연주법을 습득하기 가장 어려운 악기 중 하나로, 여러 개의 징글이 있는 탬버린을 말한다. 소리는 짧고 건조하며, 보통 한 손으로 연주하는데, 엄지손가락으로 맨 위를 잡고 가운데 손가락으로 헤드에서 밑을 가볍게 고정시켜 연주한다. 약한 비트나 악센트는 엄지손가락과 다른 손가락에 의해 만들어지며, 북면은 중간 손가락으로 바닥을 막거나 열면서 소리를 낸다.

⑧ 버팔로드럼(Buffalo drum)

버팔로드럼은 아메리카 원주민 고유의 토착 문화에서 기원되었다. 최근에는 가공된 섬유로 짜여진 버팔로드럼을 사용하는데 주로 한 면 북(single headed)이며, 크기에 따라 4~6개의 종류가 있다. 북면은 단단하고 질긴 천연 직물로 만들어졌으며, 뒷면은 끈이 교차되어 엮어져 있다. 울림이 크고 깊으며, 굵직하고 덤덤한 느낌이 나며 여운은 그다지 길지 않다. 한 손으로 들고 다른 한 손으로 채를 사용하여 연주하는 것이 일반적이며, 채는 얀 말렛(yarn mallet)이 가장 많이 사용된다.

⑨ 패들드럼(Paddle drum)

패들드럼은 8, 10, 12, 14, 16, 22 인치의 여섯 가지 사이즈가 많이 사용되며, 울림이나 연주 면에서 버팔로드럼과 유사하나 버팔로드럼보다 다소 울림이 길고 크며 가벼운 느낌을 줄 수 있다. 눈-손 협응감 강화를 위해 다양한 크기의 패들드럼을 단계적으로 사용할 수 있다.

⑩ 키즈드럼 세트

색색의 열대 우림 동식물 그림으로 시각적 즐거움을 줄 수 있는 키즈드럼 세트는 아동을 위해 만든 드럼 종류이며 다음과 같다.

- 게더링드럼(Gathering drum)

 게더링드럼은 크고, 울림이 강하다. 북면이 넓기 때문에 혼자 연주할 수도 있지만 여럿이 둘러 앉아 연주하기에 좋다.

- 키즈드럼(Kids drum)

 아동들을 위한 크기로 만들어진 북이며 무늬도 여러 색상으로 구성되어 있다. 북면의 부위에 따라 소리의 크기와 다이내믹을 다양하게 할 수 있으며, 손을 이용하거나 다양한 채를 사용하여 연주할 수 있다.

- 키즈 핸드드럼(Kids hand drums)

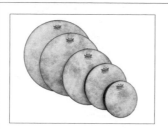 키즈 핸드드럼은 크기별로 6인치에서 22인치 크기의 다양한 크기의 드럼이 있으며 연주의 목적에 따라 채를 이용하거나 손을 사용할 수 있다. 패들드럼과 마찬가지로 눈-손 협응감 강화를 위해 다양한 크기의 드럼을 단계적으로 활용할 수 있다.

2) 금속으로 된 고정된 음높이가 없는 타악기

① 심벌즈(Cymbals)

심벌즈는 그리스어로 '오목 패인 것'이란 말을 뜻한다. 심벌즈는 놋쇠의 합금으로 만든 원판으로 그 크기와 무게가 다양하게 제작되며, 작은 강도에서 큰 강도까지의 소리 크기를 자유롭게 낼 수 있다. 연주법에는 클래쉬(clash), 투플레이트롤(two-plate roll), 슬라이드(slide), 잡스(jabs) 등이 있는데, 클래쉬 주법은 약간 경사지게 심벌을 위로 향하여 마주치는 주법이며 강도에 따라 소리 크기가 달라진다. 투플레이트롤 주법은 양쪽 심벌을 빠르게 비비며 연주하는 것인데, 보통 스탠드 심벌에서 두 개의 스틱으로 연타(roll)하는 방법이 많이 사용된다. 슬라이드 주법은 악기의 한 쪽에 다른

한 개의 채를 미끄러지듯이 비껴 쳐서 소리내는 방법으로 속삭이는 듯한 음색을 표현할 수 있다. 잡스 주법은 왼손의 심벌은 움직이지 않고, 오른손으로 심벌을 가까이에서 비껴 마주치게 하는 방법을 말한다.

내담자의 기능 수준과 관계없이 사용하며, 시지각·청지각 능력을 향상시키는 데 유용하다. 독특한 음색을 가지고 있어 다양한 음악적·치료적 목적으로 사용될 수 있는데, 예를 들어 집중력 및 눈-손 협응 능력을 향상시키거나 자아 존중감을 높이기 위해 사용된다.

② 트라이앵글(Triangle)

트라이앵글은 맑고 선명한 공명을 가지고 있으며 음색이 투명하고 모든 조성에서 효과적으로 사용될 수 있다. 다양한 강세 표현이 가능하고 부드러운 효과를 위해서는 나무 채를 사용할 수도 있으며, 소리의 여운이 긴 편이다.

연주법으로는 트라이앵글의 밑변을 쳐서 소리내는 주법이 많이 사용되는데, 다른 변을 쳐서 강약의 변화를 줄 수도 있으며, 위·아래 또는 좌·우 양변을 연타할 수도 있다.

③ 카우벨(Cow bell)

카우벨은 알프스 지방에서 가축의 목에 달아 주던 방울에서 유래된 악기로, 칠이 된 구리 악기이다. 드럼 세트에 장치되어 사용되는 경우가 많으며, 근래에는 추를 없앤 대신 스틱으로 소리를 내기도 한다. 음높이가 매우 다양하여 작곡자의 의도에 따라 여러 채를 사용하여 다양한 음색 효과를 표현할 수 있다. 크기와 재질면에서 눈-손 협응 능력을 키워 줄 수 있는 악기이다.

④ 아고고벨(Agogo bell)

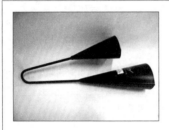

아고고벨은 아프리카 서부에서 기원된 악기로, 두 개의 둥글고 긴 카우벨을 중앙에 V자형의 스프링 철사 막대에 연결한 것으로 특이한 음색을 갖는다. 연주법은 스틱을 가지고 번갈아 치는 주법과 두 개의 벨을 서로 부딪치게 하는 주법이 있다. 벨 사이의 평균 음정 차이는 완전4도이며, 주로 나무나 플라스틱 말렛이 사용된다.

3) 나무로 된 고정된 음높이가 없는 타악기

① 우드블럭(Wood block)

우드블럭은 크기나 모양이 일정하지 않고 톡톡 튀는 특유의 독특한 음색을 갖고 있다. 거의 모든 형태의 리듬 연주가 가능하며 공명이 없어 말발굽 소리와 유사하다. 현대에는 다양한 모양과 재질로 우드블럭이 만들어져 사용된다.

② 템플블럭(Temple block)

서로 다른 크기의 우드블럭 다섯 개가 긴 상자 모양이나 조개 모양으로 나란히 세워져 있는 악기로, 다섯 개의 블럭은 피아노의 검은 건반과 비슷한 5음계이다. 사용될 수 있는 채는 나무, 플라스틱, 메탈 말렛이며 음색은 우드블럭과 유사하나 음량이 크고 울림이 넓다. 청각 변별 능력과 협응 능력 그리고 수 개념과 계산 능력을 향상시키는 데 매우 효과적이다.

③ 샌드블럭(Sand block)

샌드블럭은 나무 토막에 모래종이(sand paper)를 붙인 것으로, 모래종이가 붙여진 면이 안쪽으로 향하게 하여 서로 비비거나 부딪혀 탁탁 소리를 만들어 낸다. 복잡하지 않은 리듬 패턴에 쓰이며, 연타도 가능하다.

④ 캐스터네츠(Castanets)

캐스터네츠는 스페인의 '볼레로'춤을 출 때 두 손가락 사이에 끼우고 리듬을 북돋는 데 많이 사용되었다. 박수를 대신하는 악기라고도 하며, 현대 음악에서는 리듬 악기로 사용되며 독특한 음색으로 인해 악센트를 주는 역할도 한다.

⑤ 마라카스(Maracas)

마라카스는 아메리카 인디언과 아프리카 문화권에서 많이 사용되던 악기로, 요즘에는 나무나 알루미늄으로 만들기도 하며, 박 안에 작은 자갈이나 구슬을 넣고 흔들어서 소리를 낸다. 음량이 비교적 큰 편에 속하며 소리의 울림은 짧다. 연주법은 양손에 각각 마라카스를 들고 짧게 흔들어 소리를 내거나 양손을 교차하여 연속적으로 흔들어 트레몰로 효과를 내기도 한다. 드물게는 손가락으로 마라카스를 두드리는 주법도 사용된다. 이 악기는 기능 수준이 낮은 내담자도 쉽게 연주할 수 있는 장점이 있고, 2박자 음악에 맞춰 양손을 교대로 흔들게 함으로써 리듬을 일정하게 유지하는 능력을 키우는 데 사용될 수 있다.

⑥ 클라베(Clave)

클라베는 정교하게 다듬어진 단단한 나무로 만들어진 한 쌍의 짧고 둥근 나무 막대기로, '클라베 리듬(Clave Rhythm)'을 연주하는 데 주로 사용된다. 연주법은 한번치기가 기본이며 두 개의 막대를 부딪치면 날카로운 소리가 난다. 매우 단단하고 사용이 용이한 악기로 나이와 능력에 상관없이 연주할 수 있다.

⑦ 리듬스틱(Rhythm stick)

리듬스틱은 클라베와 유사한 용도로 사용되는 미국에서 만들어진 악기로, 서로 부딪쳐 소리를 내는 12인치 길이의 막대이다. 두 사람씩 짝지어 방향 감각을 익히는 모방 동작을 하는 경우에 유용하며, 무게가 가벼워 다루기 쉽고 원색(빨간색 또는 파란색)으로 되어 있어 시각 자극을 제공하기도 한다.

⑧ 귀로(Guiro)

귀로는 스페인어로 '오이'라는 뜻이다. 귀로는 긁는 속도와 강도, 그리고 채의 종류에 따라 여러 가지 음향적 효과를 낼 수 있다. 손가락으로 구멍을 잡고 악기의 입구를 위로 향하게 하여 연주하며, 악기의 겉면을 채를 가지고 문지르듯이 위 아래로 연주한다.

3. 그 밖의 타악기

– 오션드럼(Ocean drum)

오션드럼은 12, 16, 20 인치의 사이즈가 있으며, 드럼 속에 구슬이 들어 있어 파도 소리나 바다 소리를 묘사할 수 있는 악기이다. 천천히 구슬의 흐름을 따라 오션드럼을 손으로 기울이며 소리를 들을 수도 있고, 말렛이나 손바닥을 이용하여 드럼을 치듯이 소리를 낼 수도 있다. 드럼 속에 물고기 모양이 그려져 있는 오션드럼의 경우 시선 집중을 유도할 수 있다.

- 셰이커(Shaker)

셰이커는 안에 모래나 콩, 좁쌀, 돌 등을 넣고 흔들어 소리내는 악기를 지칭한다. 모양과 크기, 내부 내용물에 따라 소리의 크기와 음색이 달라진다.

- 레인스틱(Rain stick)

레인스틱은 콜롬비아 등 중남미에서 애용된 악기로서 악기 내부에 작은 구슬이나 모래 등을 채워 좌우로 기울이면 비 오는 소리나 파도 밀려오는 소리를 낸다. 온화하면서도 일정한 음을 내기 때문에 긍정적인 음향 효과를 낼 수 있다.

- 카바사(Cabasa)

카바사는 브라질의 민속 타악기로, 포르투갈어로 '표주박'이란 뜻을 지닌다. '마라카'의 나무 열매를 말려 속을 파내고 그 속에 조약돌을 넣은 후 겉에 염주를 그물처럼 얽어맨 것을 카바사라고 하는데, 현재는 금속의 구슬 줄이 싸여 있는 개량형이 보급되어 있다. 연주는 왼손 위에 악기를 놓고 오른손으로 자루 부분을 잡고 돌리면서 리듬을 만들어 낸다. 청각뿐 아니라 촉각을 변별하기 위한 훌륭한 자극제가 될 수 있다.

– 비브라슬랩(Vibra-slap)

비브라슬랩은 두드리면 떨리는 노새나 당나귀의 이빨이 그대로 달린 턱뼈로 만든 키자다(Quijada)의 한 종류이다. 한쪽 끝에 나무로 만든 공이 달려 있고 다른 한쪽에는 상자가 달려 있으며, 두 개가 특정 각도로 기울어져 있다. 이 공은 진동을 다른 쪽에 있는 상자로 전달하여 울림을 생성시키는데, 일정한 진동을 통한 특수 효과음을 내는 데 중요한 역할을 한다.

–징글스틱(Jingle stick)과 징글밴드(Jingle band)

징글스틱은 탬버린을 직사각형 모양으로 변형시킨 형태이며, 탬버린보다 음량이 작고 주법이 단순하지만 휴대하기 쉬운 장점이 있다. 징글밴드는 리듬에 맞추어 다리나 팔에 차고 방울 소리를 내어 흥을 돋울 수 있는 악기로, 사용자의 상태와 목적에 따라 끈의 길이를 조절하여 손목뿐 아니라 다른 신체 부위에 착용하여 사용할 수도 있다.

– 슬레이벨(Sleigh bell)

슬레이벨은 썰매에 달린 썰매용 방울에서 착안하여 만든 악기로, 연주법은 전체적으로 흔들어 주며 연주하거나 한 손으로 손잡이를 잡고 다른 한 손으로 잡은 손을 치면서 규칙적인 리듬을 표현하기도 한다. 크기가 다른 여러 개의 슬레이벨을 사용하여 음색을 변화시키기도 한다.

- 클레터필러(Clatterpillar)

클레터필러는 플라스틱으로 만들어졌으며 마디마디를 구부릴 때마다 특유의 플라스틱 소리를 낸다. 색깔이 화려하고 딱딱한 재질로 인해 시각적으로나 촉각적인 자극을 유도하는 데 효과적이다.

- 선더튜브(Thunder tube)

선더튜브는 스프링드럼(spring drum)이라고도 불리며, 스프링의 진동이 치는 면에 전달되면서 번개와 천둥 소리와 유사한 소리를 낸다. 음의 울림이 길고 진동이 많으므로 빠른 리듬 연주에는 부적합하다.

- 붐웨커(Boom whacker)

길이와 굵기, 색깔에 따라 음높이를 달리 하는 원통형 타악기로, 플라스틱 재질로 되어 있어 아동들이 안전하게 사용할 수 있다. 두드려서 소리를 내기 때문에 신체 움직임을 자연스럽게 유도할 수 있고, 스트레스 해소에도 도움을 줄 수 있으며, 독주뿐만 아니라 합주 시에도 사용 가능하다.

– 타악기에 사용되는 채

타악기의 연주에는 타악기마다 각각 다른 채가 사용되는데, 같은 악기를 위한 채에도 그 재질과 모양에 따라 여러 가지 종류가 있다. 일반적으로 트라이앵글을 위한 채를 '비터(beater)'라고 하며, 스네어드럼과 같은 드럼을 위한 채를 '말렛(mallet)', 끝 부분이 여러 갈래로 갈라진 것을 '스위치(switch)' 또는 '브러쉬(brush)'라고 한다. 말렛의 머리 부분을 어떤 재질로 만들었는지, 혹은 어느 정도의 두께로 포장되었는지에 따라 음색이 결정지어진다. 따라서 채를 선택할 때에는 해당 악기에 어울릴 것인지 판단 여부와 원하는 음량과 음색, 목적에 따라 신중히 선택할 수 있어야 한다. 말렛의 머리 부분을 감싸는 재질에는 헝겊, 가죽, 솜, 실, 나무, 고무, 코르크, 플라스틱 등이 있다.

4. 에어로폰 종류의 악기

– 콰이어 혼(Choir horn)

콰이어 혼은 두 옥타브의 25개음을 낼 수 있으며, 트럼펫과 같은 음색을 가지고 있어서 명확한 소리를 만들어 낼 수 있다. 호흡 조절과 강화를 위한 활동에도 매우 유용하게 사용될 수 있다.

– 오카리나(Ocarina)

오카리나는 '작은 거위'라는 이탈리아어이다. 흙으로 빚어서 가마에서 초벌구이로 구워 만들어 낸 도자기형 폐관 악기를 통칭하며, 일반적으로 T자와 같이 생긴 10~12개의 구멍을 가진 오리형 오카리나와 알처럼 생긴 4~8개의 구멍을 가진 동그란 형태의 오카리나가 많이 알려져 있는데, 그러한 형태 또한 일정하게 정해진 것은 없고, 오카리나의 음역은 오리형 오카리나의 경우

2 옥타브 조금 못 미치는 음역을 가지고 있으며, 이러한 단점을 극복하기 위해서 베이스, 알토, 소프라노의 음역을 가진 오카리나가 존재한다. 위쪽이 뾰족하게 튀어나와 입에 물고 불며 그 뒤에 울림 구멍이 있다. 손가락 구멍은 8~10개이고 온음계이지만 손가락으로 조절하면 반음계도 낼 수 있다. 음량이 조용하고 음색이 차분하여 독주 혹은 합주에도 적합하다.

– 휘슬(Whistle)

휘슬은 보통 새소리를 모방하기 위해 만든 악기가 많으며, 왼쪽부터 슬라이드 휘슬, 나이팅게일 휘슬, 사이렌 휘슬, 휘스터, 그리고 쿡쿠이다. 슬라이드 휘슬은 손잡이를 조절하여 다양한 선율의 소리를 낼 수 있으며, 그 외의 휘슬들은 이름에서와 같이 사이렌 소리, 뻐꾸기 소리 등을 낼 수 있다.

5. 전자 악기

– 큐코드(Q–Chord)

큐코드는 109가지의 리듬 패턴과 화음, 악기 음색, 반주 형식 등을 조절하여 연주할 수 있다. 각 장르별 리듬 반주와 악기별 반주가 가능하며, 84개의 코드를 조합하여 연주할 수 있도록 프로그램이 되어 있다. 4옥타브에 이르는 스트럼판은 피아노를 치듯 손가락으로 가볍게 두드리거나 기타를 치듯 위, 아래 또는 원하는 방향으로 훑어 화음을 연주할 수 있다. 음악치료 세션에서는 치료사가 화음 버튼을 눌러 주고 내담자가 스트러밍(strumming)하게 하면서 참여를 유도할 수 있다. 피아노 사용 시와는 달리 치료사와의 거리감을 없애 주고 음악의 질을 풍부하게 해주는 유용한 악기이다.

C. 악기 보조 기구

- 기타바(Guitar barre) 이지코드(Easy chord)

내담자와 함께 연주할 때는 코드를 쉽게 해주어야 하므로 기타바 (Guitar Barre)나 이지코드를 사용한다. 기타바는 손가락 없이 major, minor, 7th chord를 연주할 수 있게 해주는 장치이며, 이지 코드는 모든 손가락을 이용하여 코드를 잡는 대신 하나의 버튼을 눌러서 필요한 코드를 연주할 수 있게 해주는 기능을 한다.

- 벨크로가 부착된 셰이커

신체적인 결함으로 인해 셰이커를 잡고 연주하기가 힘든 경우에 는 접착 테이프나 끈 등을 이용하여 손에 부착하여 연주할 수도 있다.

- 손가락 심벌(Finger cymbals)

가느다란 벨크로 줄을 손가락 심벌에 부착시켜 손가락 사이에 끼어 소리를 낼 수 있도록 한다. 필요에 따라서는 발가락 사이에 끼어 사용하기도 한다. 이러한 보조적 방법은 손가락의 힘 (pincer grasp)을 강화시켜 주며 단추 끼우기, 지퍼 올리기 등 일 상에서 필요한 기본 기능을 도와준다.

– 손가락 벨(Finger bells)

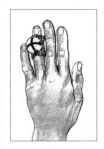

두꺼운 고무를 방울벨에 부착시킨 후 손가락에 묶어 사용한다. 작은 움직임에도 소리가 나서 청각적인 피드백을 주므로 약한 손가락 힘을 가진 사람에게 적합하다.

– 손가락 보조 피크(Finger holded picks)

 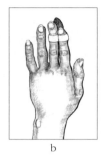 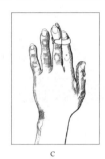

a   b   c

피크를 다양한 방법으로 사용할 수 있도록 보여주는 예시이다. a의 경우는 뇌성마비를 가진 대상들이 사용할 수 있는데, 약지와 중지 사이에 피크를 고정시킴으로써 엄지로부터 방해받지 않도록 한다. b와 c는 피크를 반지 모양으로 만들어 손가락에 부착시켜 사용한다. 이 경우 피크를 손가락 사이에 끼우는 것이 아니라 손가락 면에 붙여 상하로 움직이며 연주한다.

– 발 피크(Foot pick)

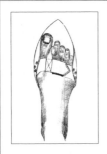

다섯 발가락에 붙인 피크는 플라스틱을 사용하여 발바닥 크기로 끝을 뾰족하게 만들었다. 피크 양면에 1인치 폭의 벨크로를 붙이고, 바닥에 붙어 있는 줄을 엄지발가락과 그 다음 발가락 사이로 연결하여 벨크로 끈에 붙여 고정시킨다. 손을 쓸 수 없는 대상들에게 사용될 수 있으며, 발의 운동 범위를 증가시켜 주는 데 도움이 된다.

– 발 스트랩(Foot strap)

두 개의 벨크로 끈을 이용하여 채를 발에 부착시킨 것이다. 발목에 가까운 스트랩은 튼튼하고 안정감 있게 발을 감싸 주어야 하며, 얇은 끈은 엄지발가락에 부착시킨다. 채가 직각으로 움직이므로 이를 고려하여 악기를 적합한 곳에 두어야 한다.

– 손바닥 글러브(Palm glove)

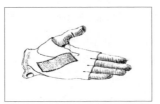 

a   b

이 두 가지 종류의 손바닥 글러브는 볼링 장갑에서 기원한 것이다. 손가락으로 잡을 수 없는 대상들이 효율적으로 사용할 수 있으며, 채의 사이즈와 길이는 벨크로 끈을 자유롭게 조정하여 융통성 있게 맞추어 사용할 수 있다. 마비가 있는 대상이나 심한 경직성을 가지고 있는 경우 팔목과 팔, 어깨 동작의 범위를 증가시키는 데 효율적이다.

– 팔목채 스트랩(Wrist beater strap)

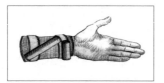

팔목채 스트랩. 채 스트랩은 가죽으로 만들어졌으며 실린더 모양의 포켓이 팔목 앞부분과 대각선 방향에 각각 달려 있다. 팔을 사용할 수 없는 대상이 채를 포켓에 넣어 손등을 뒤집는 방향으로 움직여 연주한다. 이 경우 가까운 곳에 악기를 두어 연주하게 한다.

– 가로축을 이용한 악기(Bilateral transverse instruments)

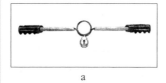

a

a는 평행 벨 셰이커로서 12인치 길이의 악기이다. 방울 벨을 셰이커의 중간 지점에 있는 링에 연결하여 울림이 자유롭도록 해주며 손으로 양쪽 손잡이를 잡도록 한다. 양손 힘의 크기가 균형을 이루지 못할 때, 평행 벨 셰이커의 양쪽을 잡아 균형을 이루려는 노력을 통해 양 손의 기능이 동등하게 강화될 수 있다.

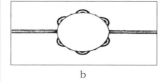

b

b는 위와 같은 원리를 탬버린에 이용한 것으로서 못이 탬버린의 양쪽에 부착되어 있다. 길이는 양쪽 각각 12인치로서 필요에 따라 자유로운 지점을 잡아 사용할 수 있다.

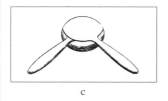

c

c는 마라카스에서 응용되었으며, 셰이커의 양축이 중심에서 각각 최대 90도까지 움직일 수 있다. 두 손으로 연주해야 하며 어깨의 이완과 수축을 도와주는 역할을 한다.

○ 참고문헌 ○

강수균, 이재욱, 이효신, 전헌선(1999). 자폐아 언어치료. 대구: 대구대학교 출판부.

곽은미(2010). 지적장애영유아의 수학개념 발달을 위한 음악치료 활동에 대한 이론적
　　고찰. 음악치료교육연구, 7(1), 1-15.

교육과학기술부(2008). 특수교육연차보고서. 교육과학기술부: 특수교육정책과.

교육과학기술부(2013). 특수교육연차보고서. 2013년 정기 국회 보고 자료.

김민경(2007). 자일로폰 악기연주 활동이 정신지체 청소년의 주의집중력 향상에 미치
　　는 효과. 한국음악치료학회지, 9(2), 32-50.

김세주, 성인영, 박승희, 정한영 역(2008). 뇌성마비 아동의 이해. 서울: 시그마프레스
　　(원저 1999 출판).

김영순(1989). 말기암 환자의 죽음에 대한 태도 조사연구. 이화여자대학교 석사학위
　　논문.

김영일(2010). 시각장애인복지론. 파주: 집문당.

김영태(2003). 아동 언어장애의 진단 및 치료. 서울: 학지사.

김태련 외(2003). 발달심리학. 서울: 학지사.

김향희(2012). 신경언어장애. 서울: 시그마프레스.

대한신경정신의학회 학술용어 및 진단명 제정위원회(1997). 신경정신과학용어집. 서
　　울: 대한신경정신의학회.

박유미(2004). 음악심리학의 이해. 서울: 음악춘추사.

박은주(2013). 지적장애 학생을 대상으로 한 음악교과의 음악치료교육중심 교수 · 학
　　습 지도안 개발: 초등학교 1~2학년군 중심으로. 이화여자대학교 석사학위논문.

보건복지부(2013). 2012년 치매유병률조사결과. 보건복지부 노인정책과.

보건복지부(2012). 장애인 복지법 시행규칙. 보건복지부.

손정인(2010). 집단미술치료가 ADHD 경향이 있는 아동의 문제행동과 학교생활적응에 미치는 영향. 방과후아동지도연구, 8(2), 27-53.

여광응(2003). 특수 아동의 심리학적 이해. 서울: 학지사.

이석원(2013). 음악인지과학. 서울: 심설당.

이소현, 박은혜(2011). 특수아동교육: 통합학급 교사들을 위한 지침서(3판). 서울: 학지사.

이주연, 정광조(2006). 오르프 음악치료활동이 정신지체 청소년의 인지능력 및 운동능력 향상에 미치는 효과. 예술심리치료연구, 2(1), 50-82.

이혜란, 박은숙, 김향희, 심현섭(2008). 3~5세 말더듬 아동의 비유창성에 동반되는 수반행동의 특성. 언어청각장애연구, 13(4), 654-676.

장유경(1997). 한국 아동의 초기 어휘 획득에서 제약성의 역할. 인간발달연구, 4, 76-87.

정보인, 정민예, 안덕현(2007). 뇌성마비 영유아 바로 키우기. 서울: 교육과학사.

정수경, 이숙정(2011). 심리운동과 감각통합치료가 ADHD성향 아동의 감각조절력 및 주의력에 미치는 영향. 특수아동교육연구, 13(4), 311-356.

정영주, 김영태(2008). 음악을 이용한 언어중재가 지적장애 아동의 상대어 개념 습득에 미치는 효과. 특수교육, 7(2), 13-159.

정현주(2002). 청소년 우울증 및 정서 장애를 위한 음악치료의 효과성 입증 및 프로그램 개발. 대한음악치료학회, 3(1). 38-53.

정현주(2004a). 학습 부진 아동의 청각적 정보 처리 기술과 단기 기억력 향상을 위한 음악의 교육적 치료적 접근. 음악치료교육연구, 1(1), 10-14.

정현주 외 공역(2004b). 음악치료 연구. 학지사.

한국치매학회(2012). 치매: 임상적 접근. 서울: 아카데미.

Accordino, R., Comer, R., & Heller, W. B. (2007). Searching for music's potential: A critical examination of research on music therapy with individuals with autism. *Research in Autism Spectrum Disorders, 1*(1), 101-115.

Adamek, M. A., & Darrow, A. (2005). *Music in Special Education*. Silver Spring, MD: The American Music Therapy Association, Inc.

Adler, R. (2001). *Music assessment of gerontologic needs and treatment: The MGNET Survey*. Saint Louis. MO: MMB Music. Inc.

Albert, M. L, Sparks, R. W., & Helm, N. A. (1973). Melodic intonation therapy for aphasia. *Archives of Neurology*, 29(2), 130-131.

Alma, M. A., Van der Mei, S. F., Groothoff, J. W., & Suurmeijer, T. P. (2012). Determinants of social participation of visually impaired older adults. *Quality of Life Research, 21*(1), 87-97.

Altshuler, I. M. (1968). Music potentiating drugs. In E. T. Gaston (Ed.), *Music therapy*. Lawrence KS: National Association for Music Therapy, 120-126.

American Association on Intellectual and Developmental Disabilities (AAIDD) (2010). *Intellectual Disability: Definition, Classification, and Systems of Supports*. AAIDD, Washington, DC.

American Psychiatric Association. (2000). *Diagnostic and Statistical Manual of Mental Disorders, Fourth Edition (DSM-IV-TR)*. Washington, DC: American Psychiatric Association.

American Psychiatric Association. (2013). *Diagnostic and Statistical Manual of Mental Disorders, Fifth Edition (DSM-5)*. Arlington, VA: American Psychiatric Association.

Austin, D. S., Loewy, J. V., & de Bruijn, M. (2011). *Voicework in music therapy: research and practice*. In F. Baker, & S. Uhlig (Eds.). Jessica Kingsley Publishers.

Ayers, J. (2005). *Sensory integration and the child*. Western Psychological Services.

Baird, A., & Samson, S. (2009). Memory for music in Alzheimer's disease: unforgettable? *Neuropsychology Review, 19*, 85-101.

Baker, F., & Tamplin, J. (2006). *Music Therapy in Neurorehabilitation: A Clinician's Manual*. Jessica Kingsley Publishers.

Baltaxe, C., & Simmons, J. Q. (1985). Prosodic development in normal and autistic children. In E. Schopler, & G. Mesibov (Eds.), *Communications problems in autism*. New York: Plenum Press.

Bamberger, J. (1991). *The mind behind the musical ear*. Cambridge: Harvard

University Press.

Bandura, A. (1989). Social cognitive theory. In R. Vasta (Ed.), *Annals of child development. Vol. 6. Six theories of child development* (pp. 1-60). Greenwich, CT: JAI Press.

Barkley, R. A., DuPaul, G. J., & McMurray, M. B. (1990). Comprehensive evaluation of attention deficit disorder with and without hyperactivity as defined by research criteria. *Journal of Consulting and Clinical Psychology, 58*(6), 775.

Batshaw, M. L. (1997). *Children with Disabilities* (4th ed.). Baltimore, MD: Paul H. Brookes Publishing.

Bauman-Waengler, J. (2004). *Articulatory and phonological impairments: A clinical focus* (2nd ed.). Boston: Allyn & Bacon.

Bax, M., Goldstein, M., Rosenbaum, P., Leviton, A., Paneth, N., Dan, B., & Damiano, D. (2005). Proposed definition and classficiation of cerebral palsy. *Developmental Medicine & Child Neurology, 47*, 571-576.

Benenzon, R. (1997). *Music therapy Theory and Manual* (2nd ed.): Charles C. Thomas. Publisher. Ltd.

Berlyne, D. E. (1971). *Asthetics and psychotherapy*. New York: Appleton-Century-Crofts.

Best, S. J., & Bigge, J. L. (2005). Cerebral palsy. In S. J. Best, K. W. Heller, & J. L. Bigge(Eds.), *Teaching individuals with physical or multiple disabilities* (5th ed., (pp.87-109). Upper Saddle River, NJ: Merrill/Prentice Hall.

Bitcon, C. (2000). *Alike and Different: The clinical and educational use of Orff-Schulwerk*. Santa Ana. CA: Rosha press.

Bonny, H., & Savary. L. (1990). *Music and your mind: Listening with a new consciousness*. New York: Station Hill Press.

Boone, D. R., McFarlane, S. C., Von Berg, S. L., & Zraick, R. I. (2010). *The voice and voice therapy*. Boston, MA: Allyn & Bacon.

Boone, P. (1980). *DAMREB: Diagnostic Assessment of Music Related Expression and Behavior*. Unpublished manuscript. Assessment and procedure manual available from NAMT Mid-Atlantic Region.

Bower, G. H., & Hilgard, E. R. (1981). *Theories of learning* (5th ed.). Englewood Gliffs, NJ: Prentice-Hall.

Boxill, E. H. (1985). *Music Therapy Developmentally Disabled*. Rockville. MD: Aspen Systems.

Braswell, C., Brooks, D. M., Decuir, A., Humphrey, T., Jacobs, K. W., & Sutton, K. (1983). Development and implementation of a music/activity therapy intake assessment for psychiatric patients. Part I: Initial standardization procedures on data from university students. *Journal of Music Therapy, 20*(2), 88-100.

Brotons, M., & Picket-Cooper, P. (1994). Preferences of Alzheimer's disease patients for music activities: Singing, instruments, dance/movement, games, and composition/improvisation. *Journal of Music Therapy, 31*(3), 220-233.

Brunk, B. K., & Coleman, K. A. (1999). *Special education music therapy assessment process handbook*. Grapevine, TX: Prelude Music Therapy.

Bruscia, K. E. (1985). *Music therapy assessment. Unpublished manuscripts*. Temple University.

Bruscia, K. E. (1987). *The Improvisation Assessment Profiles*. Unit 9 in *Improvisational Models of Music Therapy*, 401-496.

Bruscia, K. E. (1998a). *The dynamics of music psychotherapy*. NH: Barcelona Publishers.

Bruscia, K. E. (1998b). *Defining music therapy* (2nd ed.). Gilsum, NH : Barcelona.

Byrd, C. T., & Gillam, R. B. (2010). Fluency disorder. In R. B. Gillam, T. P. Marquardt, & F. N. Martin (Eds.), *Communication sciences and disorders: From science to clinical practice* (2nd ed., pp. 153-180). Sodbury, MA: Jones & Bartlett.

Carlson, E. T., Wollock, J. L., & Noel, P. S. (1981). Benjamin Rush's lectures on the mind. *Memoirs of the American Philosophical Society Philadelphia, Pa*, 144.

Carpente, J. A. (2014). Individual Music-Centered Assessment Profile for Neuro-developmental Disorders (IMCAP-ND: New Developments in Music-Centered Evaluation). *Music Therapy Perspectives, 32*(2), 201-202.

Cassity, M. D. & Cassity, J. E. (1998). *Multimodal psychiatric music therapy for adults, adolescents, and children: A clinical manual*. Saint Louis, MO; MMB Music. Inc.

Castell, K. C. (1982). Children's sensitivity to stylistic differences in 'classical' and 'popular' music. *Psychology of Music, Special Issue*, 22-25.

Chadwick, D. M., & Clark, C. A. (1980). Adapting music instruments for the physically handicapped. *Music Educators Journal*, 56-59.

Chan, M. F., Chan, E. A., Mok, E., Tse, K., & Yuk, F. (2009). Effect of music on depression levels and physiological responses in community-based older adults. *International Journal of Mental Health Nursing, 18*(4), 285-294.

Chen, R. (2004). Interactions between inhibitory and excitatory circuits in the human motor cortex. *Experimental Brain Research, 154*(1), 1-10.

Chen-Hafteck, L., & Schraer-Joiner, L. (2011). The engagement in musical activities of young children with varied hearing abilities. *Music Education Research, 13*(1), 93-106.

Chong, H. J. (1999). Vocal timbre preference in children In R. Brian, & R. Andrea (Ed.), *The phenomenon of singing, 2*, 53-63.

Chong, H. J. (2010). Do we all enjoy singing? A content analysis of non-vocalists' attitudes toward singing. *The Arts in Psychotherapy, 37*(2), 120-124.

Chong, H. J. (2011). Sori Therapy for a woman with trauma to empower inner safety. In F. Baker, & S. Uhlig (Eds.), *Voicework in music therapy: Research and practice*. UK: Jessica Kingsley Publishers.

Cimarolli, V. R., Boerner, K., & Wang, S. W. (2006). Life Goals in Vision Rehabilitation: Are They Addressed and How? *Journal of Visual Impairment & Blindness, 100*(6), 343-352.

Clair, A. A. (1996a). The effect of singing on alert responses in persons with late stage dementia. *Journal of Music Therapy, 33*(4), 234-247.

Clair, A. A. (1996b). *Therapeutic uses of music with older adults*. Baltimore: Health Professions Press.

Clair, A. A., & Memmott, J. (2008). *Therapeutic uses of music with older adults* (2nd Ed.). Silver Spring, MD: American Music Therapy Association.

Codding, P. A. (1982). *Music therapy for handicapped children - visually impaired.* Washington, D.C.: NAMT.

Codding, P. A. (1988). Music in the education/rehabilitation of visually disabled and multihandicapped persons: A review of literature from 1946-1987. In Charles E. Furman (Ed.), *Effectiveness of music therapy procedures: Documentation of research and clinical practice* (pp. 107-134). Washington, DC: The National Association for Music Therapy.

Cohen, G., Conway, M. A., & Maylor, E. A. (1994). Flashbulb memories in older adults. *Psychology and Aging, 9,* 454-463.

Cohen, G., & Gericke, O. L. (1972). Music therapy assessment: Prime requisite for determining patient objectives. *Journal of Music Therapy, 9*(4), 161-189.

Cohen, N. S. (1992). The effect of singing instruction on the speech production of neurologically impaired persons. *Journal of Music Therapy, 29*(2), 87-102.

Cohen, N. S. (1994). Speech and song: Implication for therapy. *Music Therapy Perspectives, 12,* 8-13.

Cole, K. M. (2001). *Music therapy assessment for children with developmental disabilities.* Master's Thesis. Michigan State University. East Lansing. Michigan.

Cook, A., & Oltjenbruns, K. (1998). *Dying and grieving-Life span and family perspirative* (2nd ed.). Harcourt Brace College Publishers.

Corey, G. (1986). *Theory and practice of counseling and psychotherapy* (3rd ed.). Monterey. CA: Brooks/ Cole Publishing Company

Corn, A. L., & Erin J. N. (2010). *Foundations of Low Vision: Clinical and Functional Perspectives.* New York: American Foundation for the blind.

Craik, F. I. M., Anderson, N. D., Kerr, S. A., & Li, K. Z. H. (1995). Memory changes in normal ageing. In A. D. Baddeley, B. A. Wilson, & F. N. Watts (Eds.), *Handbook of memory disorders* (pp. 211-241). Chichester, U.K.: Wiley.

Crudden, A., & McBroom, L. W. (1999). Barriers to employment: A survey of employed persons who are visually impaired. *Journal of Visual Impairment and Blindness, 93*, 341-350.

Cuddy, L. L., & Duffin, J. (2005) Music, memory, and Alzheimer's disease: is music recognition spared in dementia, and how can it be assessed? *Medical Hypothesis, 64*(2), 229-235.

Damiano, D. L., Laws, E., Carmines, D. V., & Abel, M. F. (2006). Relationship of spasticity of knee angular velocity and motion druing gait in cerebral palsy. *Gait & Posture, 23*, 1-8.

Darrow, A. A. (2006). The perception of emotion in music by deaf and hard-of-hearing children. *Journal of Music Therapy, 43*(1), 2-15.

Darrow, A. A., & Novak, J. (2007). The effect of vision and hearing loss on listener's perception of referential meaning of music. *Journal of Music Therapy, 44*, 57-73.

Darrow, A., & Starker, G. (1986). The effect of vocal training on the intonation and rate of hearing impaired children's speech. *Journal of Music Therapy, 23*(4), 194-201.

Davis, W., Gfeller, K. & Thaut, M. (2008). *Introduction to music therapy: Theory and Practice* (3rd ed.). Silver Spring, MD: American Music Therapy Association.

DeCasper, A. J., & Fifer, W. P. (1980). Of human bonding: Newborns prefer their mother's voices. *Science, 208*, 1174-1176.

Deutch, D. (1982). The processing of pitch combination. In D. Deutch (Ed.), *The psychology of music* (pp. 271-316). New York: Academic Press.

Dewey, J. (1934). *Art as experience*. Rahway, NJ: The Barnes Foundation Press.

Dimitriadis, T., & Smeijsters, H. (2011). Autistic spectrum disorder and music therapy. *Nordic Journal of Music Therapy, 20*(2), 108-122.

Diserens, C. M. (1948). The Development of an Experimental Psychology of Music. In D. M. Schullian, and M. Schoen (Eds.), *Music and Medicine*, 367-386, New York: Henry Schuman. Inc.

Dobkin, B. (2003). *The clinical science of neurologic rehabilitation*. New York, NY:

Oxford University Press.

Dubois, D., Servin, L., Kenyon, B., & Derbyshire, A. (1994). Infant's intermodal knowledge about gender. *Developmental Psychology, 30*(3), 436-442.

Duerksen, G., & Chong, H. J. (2013). Preliminary study on developing protocol for music therapy assessment for cognitive and emotional-behavioral domain using rhythm (MACED-Rhythm). *Journal of Music and Human Behavior, 10*(1), 67-83.

Duffy, B., & Fuller, R. (2000). Role of music therapy in social skills, development in children with moderate intellectual disability. *Journal of Applied Research in Intellectual Disabilities, 13*, 77–89.

Eitan, Z., Ornoy, E., & Granot, R. Y. (2012). Listening in the dark: Congenital and early blindness and cross-domain mappings in music. *Psychomusicology: Music, Mind, and Brain, 22*(1), 33.

Elliott, B. (1982). *Guide to the selection of musical instruments with respect to physical ability and disability*. St. Louis, MO: MMB Music.

Engen, R. L. (2005). The singer's breath: Implications for treatment of persons with emphysema. *Journal of Music Therapy, 42*(1), 20-48.

Gardner, H. (1993). *Multiple intelligences: The Theory in practice*. New York: Basic Books.

Gaston, E. T. (1968). *Music in therapy*. New York: Macmillan.

Gfeller, K. (2007). Music therapy and hearing loss: A 30-year retrospective. *Music Therapy Perspectives, 20*(2), 100-107.

Gfeller, K. E. (1999). Music Therapy in the schools. In W. B. Davis., K. E. Gfeller., & M. H. Taut (Eds.), *An introduction to music therapy theory and practice* (pp. 259-272). St. Louis. MO: McGraw-Hill College.

Gfeller, K., Driscoll, V., Kenworthy, M., & van Voorst, T. (2011). Music therapy for preschool cochlear implant recipients. *Music Therapy Perspectives, 29*(1), 39-49.

Glanzman, M. M., & Blum, N. J. (2007). Attention deficits and hyperactivity. In M. Batshaw, L. Pellegrino, & N. Roizen (Eds.), *Children with disabilities* (pp. 345–

365). Baltimore, MD: Paul H. Brookes Publishing.

Gold, C., Wigram, T., & Elefant, C. (2006). Music therapy for autistic spectrum disorder. *Cochrane Database of Systematic Reviews*, (2), 1-22.

Gorman, J. (1996). *New psychiatry: The essential guide to state-of-art therapy medication and emotional health*. St. Martins Press.

Gougoux, F., Lepore, F., Lassonde, M., Voss, P., Zatorre, R. J., & Belin, P. (2004). Neuropsychology: pitch discrimination in the early blind. *Nature, 430*(6997), 309-309.

Grosskurth, P. (1986). *Melanie Klein: Her world and work*. New York: Basic Books. Inc. Publishers.

Grossman, H. J. (1983). *Classification in mental retardation*. Washington, DC: American Association on Mental Deficiency.

Hanser, S. (2002). *Music therapist's handbook*. St. Louis: Warren H. Green. Inc.

Hargreaves, D. J., & Galton, M. (1992). Aesthetic learning: Psychological theory and educational practice. *National Society for the Study of Education Yearbook on the Arts in Education*, 124-140.

Hasher, L., & Zacks, R. (1988). Working memory, comprehension, and aging: A review and a new view. In G. H. Bower (Ed.), *The psychology of learning and motivation* (Vol. 22, pp. 193–226). New York: Academic Press.

Hepper, P., Scott, D., & Shahidullah, S. (1993). Newborn and fetal reaponse to maternal voice. *Journal of Reproductive and Infant Psychology, 11*, 147-153.

Hervey, A. S., Epstein, J. N., & Curry, J. F. (2004). Neuropsychology of adults with attention-deficit/hyperactivity disorder: A meta-analytic review. *Neuropsychology, 18*, 485-503.

Hintz, M. R. (2000). Geriatric music therapy clinical assessment: Assessment of music skills. *Music Therapy Perspectives, 18*(1), 31-40.

Hoff, C. (2011). *Language Development* (4th ed.). Belmont, CA: Wadworth. 언어발달 (이현진 역). Cengage Learning.

Holbrook, M. C., & Koenig, A. J. (2000). *Foundations of education*. New York:

American Foundation for the Blind.

Horstmann, H. M., & Black, E. E. (2007). *Orthopaedic management in cerebral palsy* (2nd ed.). London: Mac Kaith Press.

Hsiao, F., & Gfeller, K. (2012). Music perception of cochlear implant recipients with implications for music instruction: A review of literature. *Applications of Research in Music, 30*(2), 5-10.

Isenberg-Grzeda, C. (1988). Music therapy assessment: A reflection of professional identity. *Journal of Music Therapy, 25*(3), 156-169.

Jessup, G. M., Cornell, E., & Bundy, A. C. (2010). The treasure in leisure activities: Fostering resilience in young people who are blind. *Journal of Visual Impairment & Blindness, 104*(7), 419-430.

Jourard, M., & Lasakow, P. (1958). Some factors in self-disclosure. *Journal of Abnormal and Social Psychology, 56*, 91-98.

Jourard, S., & Lasakow, P. (1984). *Some factors in self-disclosure*. University of Alabama Medical Center & University of Alabama Birmingham Center.

Karras, B. (1988). Music and reminiscence: For groups and individuals. *Activities, Adaptation & Aging, 10*(1-2), 79-91.

Kern, P., & Aldridge, D. (2006). Using embedded music therapy interventions to support outdoor play of young children with autism in an inclusive community based child care program. *Journal of Music Therapy, 43*(4), 270-294.

Kern, P., Wakeford, L., & Aldridge, D. (2007). Improving the performance of a young child with autism during self-care tasks using embedded song interventions: A case study. *Music Therapy Perspectives, 25*, 43-51.

Kim, S. J., Kwak, E. E., Park, E. S., & Cho, S. R. (2012). Differential effects of rhythmic auditory stimulation and neurodevelopmental treatment/Bobath on gait patterns in adults with cerebral palsy: a randomized controlled trial. *Clinical Rehabilitation, 26*(10), 904-914.

Koegel, R. L., Schreibman, L., Britten, K. R., Burke, J. C., & O'Neill, R. E. (1982). A comparison of parent training to direct child treatment. In R. L. Koegel, A.

Rincover, & A. L. Egel (Eds.), *Educating and Understanding Autistic Children*. San Diego, CA: College-Hill Press.

Kortebein, P., Ferrando, A., Lombeida, J., & Wolfe, R. (2007). Effect of 10 days of bed rest on skeletal muscle in healthy older adults. *Journal of American Medical Association, 297*(16), 1772-1774.

Kwak, E. E. (2000). *Effect of rhythmic auditory stimulation on gait performance in children with spastic cerebral palsy*. Unpublished master's thesis, University of Kansas, Lawrence.

Larson, D., & Chastain, R. (1990). Self-concealment: Conceptualization, measurement, and health implications. *Journal of Social and Clinical Psychology, 9*(4), 439-455.

Lenden, J. M., & Flipsen, P. R. (2007). Prosody and voice characteristics of children with cochlear implants. *Journal of Communication Disorders, 40*(1), 66-81.

Loewy, J. (2000). Music psychotherapy assessment. *Music Therapy Perspectives, 18*(1), 47-58.

Luckasson, R., Borthwick-Duffy, S., Buntinx, W. H., Coulter, D. L., Craig, E. M. P., Reeve, A., ... & Tasse, M. J. (2002). *Mental retardation: Definition, classification, and systems of supports*. American Association on Mental Retardation.

MacKay, M., & Heimlich, E. (1972). Psychotherapy with paraverbal therapy in a case of Gilles de la Tourette symdrome. *American Journal of Psychotherapy, 26*(4), 571-577.

Madsen, C. K. (1981). *Music Therapy: A behavioral guide for the mentally retarded*. Washington: NAMT. 12-28.

Magee, W. L., Siegert, R. J., Daveson, B. A., Lenton-Smith, G., & Taylor, S. M. (2014). Music Therapy Assessment Tool for Awareness in Disorders of Consciousness (MATADOC): Standardisation of the principal subscale to assess awareness in patients with disorders of consciousness. *Neuropsychological Rehabilitation, 24*(1), 101-124.

Maranto, C. D. (1992). A comprehensive definition of music therapy with an integrative model for music medicine. In R. Spintge, & R. Droh (Eds.), *Music Medicine*. St Louis: MMB.

Marschark, M., Sapere, P., Convertino, C. M., Mayer, C., Wauters, L., & Sarchet, T. (2009). Are deaf students' reading challenges really about reading? *American Annals of the Deaf*, *154*(4), 357-370.

Martin, D., Fitch, J., & Wolfe, V. (1995). Pathologic voice type and the acoustic prediction of severity. *Journal of Speech and Hearing Research*, *38*, 765-771.

Martin, J. (1991). Music therapy in palliative care. In J. Martin (Ed.), *The Next Step Forward: Music Therapy with the terminally Ill*. New York: Calvary Hospital.

Matson, J. L., & Nebel-Schwalm, M. (2007). Assessing challenging behaviors in children with autism spectrum disorders: A review. *Research in Developmental Disabilities*, *28*(6), 567-579.

Mattson, P. (1982). *Holistic health in perspective*. Palo Alto. Mayfield Pulishing Co.

McCurdy, J. T. (1925). *The Psychology of Emotion*. Harcourt. Brace and Co.

McDermott, H. J. (2004). Music perception with cochlear implants: A review. *Trends in Amplification*, *8*(2), 49-82.

McDermott, O., Orgeta, V., Ridder, H. M., & Orrell, M. (2014). A preliminary psychometric evaluation of Music in Dementia Assessment Scales (MiDAS). *International Psychogeriatrics*, *26*(06), 1011-1019.

McDonald, D. T., & Simmons, G. M. (1989). *Musical growth and development*. New York: Schirmer Books.

McDonald, M. D. (1990). Transitional Tunes and Musical Development. In S. Feder., R. Kamel., & G. Pollock (Eds.), *Psychoanalytic explorations in music* (pp. 75-95). MMB Music Inc.

Melzack, R., & Wall, P. D. (1983). *The challenge of pain*. New York: Basic Books.

Merle-Fishman, C., & Marcus, M. (1982). Musical behaviors and preferences in emotionally disturbed and normal children: An exploratory study. Music Therapy. *Journal of the American Association for Music Therapy*, *2*(1), 1-12.

Meyer, L. B. (1956). *Emotion and meaning in music*. Chicago: University of

Chicago Press.

Mick, E., Faraone, S. V., & Biederman, J. (2004). Age-dependent expression of attention-deficit/hyper-activity disorder symptoms. *Psychiatric Clinics of North America*, *27*(2), 215–224.

Mirsky, A. F., Pascualvaca, D. M., Duncan, C. C., & French, L. M. (1999). A model of attention and its relation to ADHD. *Mental Retardation and Developmental Disabilities*, *5*(3), 169-176.

Moore, T. (1992). *The care of the soul*. New York: Harper Collins Publishers.

Morgenstern, A. (1982). Group Therapy. *Music Therapy Perspectives*, *1*(1), 16-20

Morris, M., & Smith, P. (2008). *Educational provision for blind and partially sighted children and young people in Britain: 2007*. Slough: National Foundation for Educational Research/Royal National Institute for the Blind.

Mulligan, S. (1996). An analysis of score patterns of children with attention disorders on the Sensory Integration and Praxis Tests. *American Journal of Occupational Therapy*, *50*, 647–654.

Munro, S. (1984). *Music therapy in palliative hospice care*. St. Louis: Magnamusic-Baton, Inc.

Murphy, M. (1983). Music therapy: A self-help group experience for substance abuse patients. *Music therapy*, *3*(1), 52-62.

Naisbitt, J. (1982). *Megatrends*. New York: Warner Books.

Naremore, R. C. (1980). Language disorders in children. In T. J. Hixon, L. D. Shriberg, & J. H. Saxman (Eds.), *Introduction to communication disorders*. Englewood Cliffs, NJ: Prentice-Hall.

Nordoff, P., & Robbins, C. (1977). *Creative Music Therapy. Individualized treatment for the handicapped child*. New York: John Day.

Nordoff, P., & Robbins, C. (1995). *Music Therapy in special education*. New York: John Day Company.

Nordoff, P., & Robbins, C. (2007). *Creative music therapy: A guide to fostering clinical musicianship* (2nd edition: revised and expanded). Gilsum, NH:

Barcelona.

O'Callaghan, C. C. (1997). Therapeutic opportunities associated with the music when using song writing in palliative care. *Music Therapy Perspectives, 15*(1), 32-38.

Orff, G. (1980). *Orff music therapy: Active furthering of the development of child.* (M. Murray. Trans.). New York: Schott Music Corporation.

Palisano, R. J., Rosenbaum, P., Walter, S., Russeell, D., Wood, E., & Galuppi, B. (1997). Development and reliability of a system to classfy gross motor function in children with cerebral palsy. *Developmental Medicine & Child Neurology, 39*, 214-223.

Parasuraman, R. (1998). The attentive brain: Issues and prospects. In R. Parasuraman (Ed.), *The attentive brain* (pp. 3–15). Cambridge, MA: MIT Press.

Parsons, M. (1987). *How we understand art.* Cambridge: Cambridge University Press.

Pellegrino, L. (2002). Cerebral palsy. In M. L. Batshaw (Ed.), *Children with disabilities* (5th ed.). Baltimore: Brookes.

Perez-Pereira, M., & Conti-Ramsden, G. (1999). *Social interaction language development in blind children.* East Sussex, England: Psychology Press, Ltd.

Plach, T. (1980). *The creative use of music in group therapy.* Springfield: Charles C. Thomas.

Radocy, R., & Boyle, J. D. (2003). *Psychological foundations of musical behavior* (4th ed.). Springfield, IL: Charles C. Thomas.

Ragland, Z, & Apprey, M. (1974). Community music therapy with adolescents. *Journal of Music Therapy, 11*(3), 147-155.

Raz, N., Williamson, A., Gunning-Dixon, F., Head, D., & Acker, J. D. (2000). Neuroanatomical and cognitive correlates of adult age differences in acquisition of a perceptual-motor skill. *Microscopy Research and Technique, 51*(1), 85-93.

Rider, M. (1981). The assessment of cognitive functioning level through musical perception. *Journal of Music Therapy, 18*(3), 110-119.

Robb, S. L. (2000). Music assisted progressive muscle relaxation, progressive muscle relaxation, music listening, and silence: a comparison of relaxation techniques. *Journal of Music Therapy, 37* (1): 2-21.

Robinson, T. L. Jr., & Crowe, T. A. (2001). Fluency and voice. In D. M. Ruscello (Ed.), *Tests and measurements in speech-language pathology*. Boston, MA: Butterworth & Heineman.

Roederer, J. G. (1987). Neuropsychological Processes Relevant to the Perception of Music-An Introduction. In *Musik in der Medizin/Music in Medicine* (pp. 81-106). Springer Berlin Heidelberg.

Rosenbaum, P. L., Paneth, N., Leviton, A., Goldstein, M., & Bax, M. (2007). A report: The definition and classification of cerebral palsy April 2006. *Developmental Medicine & Child Neurology, 49*, 8-14.

Rosenbaum, P. L., Russell, D. J., & Cadman, D. T. (1990). Issues in measuring change in motor function in children with cerebral palsy: a special communication. *Physical Therapy, 70*(2), 125-131.

Rosenbaum, P. L., Walter, S. D., Hanna, S. E., Pailisano, R. J., & Russell, D. J. (2002). Prognosis for gross motor function in children with cerebral palsy: creation of motor development curves. *The Journal of the American Medical Association, 288*(11), 1357-1363.

Rosenhan, D., & Seligman, M. (1984). *Abnormal psychology*. New York: W.W. Norton.

Sandra, F. R. (2005). *How to reach and teach children with ADD/ADHD: practical techniques, strategies, and intervention*. San Francisco: Josset-Bass.

Scalenghe, R., & Murphy, K. M. (2000). Music therapy assessment in the managed care environment. *Music Therapy Perspectives, 18*(1), 23-30.

Seigel, B. (1996). *The World of the Autistic Child*. Toronto: Oxford Press.

Sergeant, J. A., Geurts, H., Huijbregts, S., Scheres, A., & Oosterlaan, J. (2003). The top and the bottom of ADHD: a neuropsychological perspective. *Neuroscience & Biobehavioral Reviews, 27*(7), 583-592.

Siegel, L. S. (1998). Phonological processing deficits and reading disabilities. In J. L.

Metsala, & L. C. Ehri (Eds.), *Word recognition in beginning literacy* (pp. 141–161). Mahwah, NJ: Erlbaum.

Skaggs, R. (1997). The Bonny Method of Guided Imagery and Music in the treatment of terminal illness: A practical practice setting. *Music Therapy Perspectives*, *15*(1), 39-44.

Sloboda, J. A., & Deliège, I. (Eds.). (1996). *Musical beginnings: Origins and development of musical competence*. Oxford: Oxford University Press.

Spingte, R. (1986). The anxiolytic effects of music. In M. Lee (Ed.), *Rehabilitaion, Music and Human Well-Being*. MMB Music, Inc.

Stainback, W., Stainback, S., & Bunch, G. (1989). Introduction and historical background. In S. Stinback., W. Stainback., & M. Forest (Eds.). *Education of students in the mainstream of regular education* (pp. 3-14). Baltimore. MD; paul H. Brookes.

Standley, J. M., & Madsen, C. M. (1990). Comparison of infant preferences and responses to audiotory stimuli: Music. mother. and other female voice. *Journal of Music Therapy*, *27*, 54-97.

Stein, J., Harvey, R. L., Macko, R. F., Winstein, C. J., & Zorowitz, R. D. (2008). *Stroke recovery and rehabilitation*. New York: Demos Medical Publishing.

Sternbach, R. A. (1982). The psychologist's role in the diagnosis and treatment of pain patients. In J. Barber & C. Adrian (Eds.), *Psychological approaches to the management of pain* (pp. 3-20). New York: Brunner/Mazel.

Summer, L. (1995). Melding musical and psychological spaces: The therapeutic space. *Journal of Association for Music and Imagery*, *4*, 37-48.

Swanwick, K., & Tillmam, J. (1986). *The sequence of musical development: a study of children's composition*. British Journal of Music Education.

Tarbox, J., Wilke, A. E., Najdowski, A. C., Findel-Pyles, R. S., Balasanyan, S., Caveney, A. C., ... & Tia, B. (2009). Comparing indirect, descriptive, and experimental functional assessments of challenging behavior in children with autism. *Journal of Developmental and Physical Disabilities*, *21*, 493-514.

Thagard, E. K., Hilsmier, A. S., & Easterbrooks, S. R. (2011). Pragmatic language in deaf and hard of hearing students: correlation with success in general education. *American Annals of The Deaf. 155*(5), 526-534.

Thaut, M. H. (1984). A music therapy treatment model for autistic children. *Music Therapy Perception, 1*(4), 7-13.

Thaut, M. H. (1988a). Measuring musical responsiveness in autistic children: A comparative analysis of improvised musical tone sequences of autistic. normal and mentally retarded individuals. *Journal of Autism and Developmental Disorders, 18*(4), 561-571.

Thaut, M. H. (1988b). Rhythmic intervention techniques in music therapy with gross motor dysfunction. *Arts in Psychotherapy, 15*, 127-137.

Thaut, M. H. (1990). Neuropsychology processes in music perception and their relevance in music therapy. In R. Unkefer (Ed.), *Music therapy in the treatment of adults with mental disorder* (pp. 3-32). NY: Schirmer Books.

Thaut, M. H. (2005). *Rhythm music and the brain: Scientific foundations and clinical applications*. New York: Routledge.

Thaut, M. H., & Gardiner, J. C. (2014). Musical Attention Control Training. In M. H. Thaut, & V. Hoemberg (Eds.), *Handbook of Neurologic Music Therapy* (pp. 257-269). Oxford: Oxford University Press.

Thaut, M. H., & Hoemberg, V. (2014). *Handbook of Neurologic Music Therapy*. Oxford: Oxford University Press.

Thaut, M. H., & Rice, R. R. (2014). Rhythmic Auditory Stimulation (RAS). In M. H. Thaut, & V. Hoemberg (Eds.), *Handbook of Neurologic Music Therapy* (pp. 94-105). Oxford: Oxford University Press.

Thaut, M. H., Tian, B., & Azimi-Sadjadi, M. R. (1998). Rhythmic finger tapping to cosine-wave modulated metronome sequences: Evidence of subliminal entrainment. *Human Movement Science, 17*(6), 839-863.

Took, K. J. & Weiss, D. S. (1994). The relationship between heavy metal and rap music on adolescent turmoil: real or artifact? *Adolescence, 29*(115). 613-621.

Tuttle, D. W., & Tuttle, N. R. (2004). *Self-esteem and adjusting with blindness: The process of responding to life's demands*. Springfield, Ill: Charles C. Thomas Publisher.

Tyson, F. (1981). *Psychiatric Music Therapy. Origins and Development*. New York: Fred Weider & Son Printers. Inc.

Unkefer, R. F. (1990). *Music therapy in their treatment of adults with mental disorders*. New York: Schrimer Books.

Vanstone, A. D., Cuddy, L. L., Duffin, J. M., & Alexander, E. (2009) Exceptional preservation of memory for tunes and lyrics: Case studies of amusia, profound deafness, and Alzheimer's disease. *Annals of the New York Academy of Sciences, 1169*, 291-294.

Ward, D. (2006). *Stuttering and cluttering: Frameworks for understanding and treatment*. Hove, UK: Psychology Press.

Warner, B. (1991). *Orff Schulwerk: Applications for the Classroom*. Englewood Cliffs, NJ: Prentice Hall.

Wells, N. F. (1988). An individual music therapy assessment procedure for emotionally disturbed young adolescents. *Arts in Psychotherapy, 15*, 47-54.

Wheeler, B. L. (1981). The relationship between music therapy and theories of psychotherapy. *Music Therapy, 1*, 9-16.

Wheeler, B. L. (1983). A psychotherapeutic classification of music therapy practices: A continuum of procedures. *Music Therapy Perspectives, 1*(2), 8-12.

Wheeler, B. L. (Ed.). (2005). *Music Therapy Research*, 2nd Edition. Gilsum, NH: Barcelona Publishers.

Wheeler, L. C., Floyd, K., & Griffin, H. C. (1997). Spatial organization in blind children. *RE: view, 28*(4), 177-181.

Whipple, J. (2004). Music in intervention for children and adolescents with autism: A meta-analysis. *Journal of Music Therapy, 41*(2), 90-106.

White, B. P., & Mulligan, S. E. (2005). Behavioral and physiologic response measures of occupational task performance: A preliminary comparison between typical children and children with attention disorder. *American Journal of Occupational Therapy, 59*(4), 426-436.

White, J. L., Moffitt, T. E., Caspi, A., Bartusch, D. J., Needles, D. J., & Stouthamer-Loeber, M. (1994). Measuring impulsivity and examining its relationship to delinquency. *Journal of Abnormal Psychology, 103*(2), 192.

Wicks-Nelson, R., & Israel, A. (1997). *Behavior disorders of childhood* (3rd ed.). NJ: Simon & Schuster. Prentice Hall. Inc.

Wigram, T. (2000). A method of music therapy assessment of the diagnosis of autism and communication disorders in children. *Music Therapy Perspectives, 18*(1), 13-22.

Wigram, T., Petersen, I. N., & Bonde, L. O. (2002). *A comprehensive guide to music therapy: Theory, clinical practice, research and training*. London: Jessica Kingsley.

Wilson, D. (1990). *Assessment of adult psychiatric patients: the role of music therapy*. In R. Unkefer (Ed.), *Music therapy in the treatment of adults with mental disorders* (pp. 126-144). New York: Schirmer.

Wolberg, L. R. (2013). *The technique of psychotherapy* (4th ed.). Oxford, England: Grune & Stratton.

Wylie, M. E. (1990). A comparison of the effects of old familiar songs, antique objects, historical summaries, and general questions on the reminiscence of nursing home residents. *Journal of Music Therapy, 27*(1), 2-12.

Zion, E., & Jenvey, V. B. (2006). Temperament and social behaviour at home and school among typically developing children and children with an intellectual disability. *Journal of Intellectual Disability Research, 50*(6), 445-456.

○ 찾아보기 ○

음악치료학의 이해와 적용(개정판)

펴낸날 초판 1쇄 2005년 3월 2일
2판 1쇄 2015년 2월 23일
4쇄 2021년 12월 17일
지은이 정현주
펴낸이 이승아
펴낸곳 이화여자대학교출판문화원
주소 서울특별시 서대문구 이화여대길 52(우 03760)
등록 1954년 7월 6일 제9-61호
전화 02) 3277-2965(편집), 02) 362-6076(마케팅)
팩스 02) 312-4312
전자우편 press@ewha.ac.kr
홈페이지 www.ewhapress.com
책임편집 민지영
디자인 정혜진

© 정현주, 2015
ISBN 979-11-85909-22-6 93370

값 22,000원

이 도서의 국립중앙도서관 출판예정도서목록(CIP)은 서지정보유통지원시스템 홈페이지(http://seoji.nl.go.kr)와
국가자료공동목록시스템(http://www.nl.go.kr/kolisnet)에서 이용하실 수 있습니다.
(CIP제어번호 : CIP2015003219)